社会治理创新发展报告（2018）

主　编／姜晓萍
副主编／夏志强　李强彬

乡愁忆站
XIANG CHOU YI ZHAN

四川大學出版社

项目策划：段悟吾　王　军
责任编辑：段悟吾
责任校对：卢丽洋
封面设计：阿　林
责任印制：王　炜

图书在版编目（CIP）数据

社会治理创新发展报告．2018 / 姜晓萍主编．— 成都：四川大学出版社，2019.2
ISBN 978-7-5690-2793-8

Ⅰ．①社…　Ⅱ．①姜…　Ⅲ．①社会管理－研究报告－中国－2018　Ⅳ．①D63

中国版本图书馆 CIP 数据核字（2019）第 032816 号

书名　社会治理创新发展报告（2018）

主　　编	姜晓萍
出　　版	四川大学出版社
地　　址	成都市一环路南一段 24 号（610065）
发　　行	四川大学出版社
书　　号	ISBN 978-7-5690-2793-8
印前制作	四川胜翔数码印务设计有限公司
印　　刷	四川盛图彩色印刷有限公司
成品尺寸	170mm×240mm
印　　张	20.25
字　　数	332 千字
版　　次	2019 年 2 月第 1 版
印　　次	2019 年 2 月第 1 次印刷
定　　价	80.00 元

扫码加入读者圈

◆ 读者邮购本书，请与本社发行科联系。
电话：(028)85408408/(028)85401670/
(028)86408023　邮政编码：610065
◆ 本社图书如有印装质量问题，请寄回出版社调换。
◆ 网址：http://press.scu.edu.cn

四川大学出版社
微信公众号

序

美国公共治理专家理德·C. 博克斯曾说:“如果说19世纪至20世纪之交的改革家们倡导建立最大限度的中央控制和高效率的组织结构的话,那么21世纪的改革家们则将今天的创新视为是一个创建以公民为中心的社会治理结构的复兴实验过程。”事实上,进入21世纪以来,公共管理领域创新的重心已由追求政府管理的高绩效转向社会治理结构的变革,公共治理中的政府权力本位开始转向公民权利本位。习近平总书记在我国召开的具有历史性意义的党的十八届三中全会上创新性地提出了“推进国家治理体系和治理能力现代化”,同时提出了“创新社会治理体制”。作为推进国家治理体系和治理能力现代化的重要内容,“创新社会治理体制”由此成为我国理论界和实务界关注的重要热点议题。

改革开放四十年来,我国经济发展取得突出成就。伴随着我国经济的迅速发展,社会治理体系不完善和能力不足等问题逐渐突显。早在2004年,党的十六届四中全会就提出“加强社会建设和管理,推进社会管理体制创新”,以此作为对我国社会建设和发展中存在的各种矛盾与问题的重大回应。自此,我国各级地方政府积极响应中央号召开展地方社会管理创新实践,在构建社会管理新格局、社会组织培育发展、社会稳定风险评估、基层社区协同管理等领域进行了全面探索并取得了显著成效。

在新的历史时期,我国进入中国特色社会主义建设的新时代,社会主要矛盾已转化为人民日益增长的美好生活需要和不平衡不充分的发展之间的矛盾。这为我国国家治理体系和治理能力的现代化提出了新任务、新要求、新挑战。到 2035 年基本实现国家治理体系和治理能力现代化，以及到 21 世纪中叶实现国家治理体系和治理能力现代化的战略部署必然要求进一步加强和创新社会治理。为此，必须把握好社会治理创新的基本路径：完善社会治理体系和提升社会治理能力。

在探寻社会治理创新的过程中，既有理论界学者理论探讨的百花齐放，也有实务界专家实践探索的孜孜以求。四川省哲学社会科学重点研究基地社会发展与社会风险控制研究中心集中相关研究力量，整合相关研究资源，形成了《社会治理创新发展报告（2018）》。该报告围绕社会治理理论与创新、城市与农村治理现实、贫困治理、土地治理、社会稳定治理等重点领域或重大问题的发展动态开展对策性、前瞻性研究，力求发挥在“社会治理体系与社会治理能力现代化”研究领域的决策和政策咨询作用。

该报告的撰写和出版得到了四川省社科联、四川大学公共管理学院、四川大学社科处、四川大学出版社的大力支持，在此一并深表谢意。由于水平有限，报告中难免存在不足，恳请各位专家学者、实务工作者和读者批评指正。

编　者

2018 年 11 月

目 录

CONTENTS

● 社会治理理论与创新

网络化治理在中国的行政生态环境缺陷与改善途径 …… 003

社会化：我国社会治理体制的创新与发展 …… 019

● 城市与农村治理

"治理下乡"：关于我国乡镇治理现代化的思考 …… 039

特大城市集成治理创新研究 …… 063

城市韧性动态评估方法研究 …… 078

城乡基本公共服务均等化制度绩效测量：基于分省面板数据的实证分析 …… 095

中国农村社会治理40年：从"乡政村治"到"村社协同"
——湖北的表述 …… 118

城乡社区公共区域现状分析及精细化治理研究
——基于S省多地社区的实地调查 …… 143

● 贫困治理

农村贫困结构及治理路径研究 …… 165

精准扶贫背景下西南民族地区贫困人口获得感调查研究 …… 183

● 土地治理

政府管制、土地违法与土地财政 …………………………………… 199

农地承包经营权有偿退出的现实合理性及可行性分析

——基于农业转型、新型城镇化和乡村治理视角的考察 ………… 213

● 社会稳定治理

重大工程项目自主决策式稳评的操作性偏误与矫治 ………………… 233

公众对我国内陆核电站建设的风险感知研究 ……………………… 248

社会影响评估：西方的研究与经验 ……………………………… 262

● 典型经验与个案

“四直为民”机制：基层整体性治理的新探索 ……………………… 283

跨县域公共服务合作治理的四重挑战与行动逻辑

——以浙江“五水共治”为例 ……………………………………… 305

社会治理理论与创新

SHEHUI ZHILI
CHUANGXIN FAZHAN BAOGAO（2018）

网络化治理在中国的行政生态环境缺陷与改善途径[①]

姜晓萍，田　昭[②]

伴随着全球化、信息化时代的到来，强调命令控制、程序化工作模式和等级制管理结构的传统公共管理模式面临着各种管理挑战甚至陷入困境，公共治理危机已成为一个全球性的话题。尽管20世纪中期以后兴起的新公共管理模式、新公共服务和治理理论从不同的维度努力寻找突破危机的路径，但在各国的公共治理实践中仍逐渐显现出局部的不适性和整体的滞后性。在此背景下，网络化治理作为一个新的研究路径逐渐进入公共管理领域，其所强调的权责共享、网络伙伴、多元协同、资源整合和需求导向等治理理念，在一定程度上回应了当下公共价值缺失、公共服务供需不平衡和社会治理资源不足等世界共同的难题，为应对公共治理危机另辟蹊径，提供了新的价值理念、理论框架与制度工具。然而这一理论在引入中国的过程中，却面临着是否具备适应推广的行政生态环境、缺乏哪些构成要件、选择什么样的路径才能避免理论移植中的“排异”与“不适”等现实难题。这需要中国理论界深入研究，回应疑惑。

① 基金项目：国家社会科学基金重大项目“城乡基本公共服务均等化的实现机制与监测体系”（14ZDA030）；本文载于《四川大学学报（哲学社会科学版）》2017年第4期。

② 作者简介：姜晓萍，四川大学公共管理学院教授，教育部长江学者特聘教授；田昭，四川大学公共管理学院博士研究生。

一、 网络化治理的核心内涵与应用价值

“网络化治理”首先由美国著名学者斯蒂芬·戈德史密斯和威廉·埃格斯提出，他们认为“网络化治理是指政府的工作不再依赖传统意义上的雇员，而是更多地依赖各种伙伴关系、协议和同盟所组成的网络，它的主要特征是深深地依赖伙伴关系，平衡各种非政府组织以提高公共价值的哲学理念，以及种类繁多、创新的商业关系。”① 由此可以看出，这里所指的网络化，并非技术路径的互联网络，而是特指以社会关系为核心的社会网络。网络化治理，就是为了实现公共利益，社会成员之间依托社会网络互动协同，共同参与公共事务的一种新型治理模式。其核心内涵如下：

主体多元：网络化治理的主体是包括政府在内的多元主体协同网络。学者 Choong C 与 Lam S 就将网络化治理描述为与公共治理问题密切相关的网络关系，它是一种与市场化和等级制相对的社会组织的特定模式。② Swianiewicz P 也认为网络化治理中多中心的共同行动者通过制度化的合作机制，相互调试目标，共同解决冲突，增进彼此利益；行动者相互之间存在关联影响，行动者在考虑个人行动策略时需要兼容其他行动者的选择。③ Turnbull S 将网络化治理中的网络界定为自治力量、市民社会合法性、商业利益、强制力、立法权、协调力、国家能力和国际组织。④ Khan J 对网络化

① 斯蒂芬·戈德史密斯，威廉·埃格斯：《网络化治理：公共部门的新形态》，北京：北京大学出版社，2008 年，第 6 页。

② Choong C，Lam S. The determinants of foreign direct investment in Malaysia：A revisit. Journal of Global Economic Review，2010，39（2）：133－139.

③ Swianiewicz P. An empirical typology of local government systems in Eastern Europe. Journal of Local Government Studies，2014，40（1）：292－311.

④ Turnbull S. Analysing network governance of public assets. Corporate Governance：An International Review，2007，15（6）：1079－1089.

主体的功能进行了界定，认为网络化治理中政府是公共价值的促动者；企业是公共价值的创造者；非政府组织是公共价值的提供者；公民个人是公共价值的实践者。① 国内学者田星亮更是直接将网络化治理定义为政府的横向协调服务与提供服务的非政府合作伙伴的整合，是在垂直治理中添加横向协同联系。②

互动协同：网络化治理强调的是多元主体通过互动来实现共同目标的确定和公共事务的共治。Park J 和 Park M. J 将网络化治理界定为创新公共管理的一个互动过程，"网络"意指不同社会参与者的互动，互动的基础与指向是信息和政策问题的解决。③ 田星亮也认为，网络化治理是"为了实现与增进公共利益，政府部门和非政府部门（私营部门、第三部门或公民个人）等众多公共行动主体彼此合作，在相互依存的环境中分享公共权力，共同管理公共事务的过程。"④ 还有学者认为，网络化治理既可以是自下而上的社会治理过程，也可以由政府诱导外部力量共同推动。

资源共享：网络化治理的基础在于建立资源共享体系，通过资源共享发掘和整合社会资源，夯实社会治理的基础。Wilikilagi V 认为，网络化治理的行动过程是一个能力建设和知识共享的框架建立过程，其行动框架涵盖两个层面的内容，即关系构建中的互动模式和不同独立单元之间的资源流动。⑤ Koppenjan J 与 Klijn E. H 强调，网络化治理应当坚持的行动逻辑是资源、技

① Khan J. What role for network governance in urban low carbon transitions? Journal of Cleaner Production，2013，50（1）：133－139.

② 田星亮：《论网络化治理的主体及其相互关系》，《学术界》2011 年第 2 期。

③ Park J，Park M. J. Types of network governance and network performance：Community development project case. International Review of Public Administration，2009，13（1）：91－105.

④ 田星亮：《网络化治理：从理论基础到实践价值》，《兰州学刊》2012 年第 8 期。

⑤ Wilikilagi V. What is network governance and its implications for public policy formulation? Social Science Research Network. http://ssrn.com/abstract=1494757，2009.

能和策略的网络化合作。① Awortwi N 指出，网络化治理强调创新性的资源共享和能力开发，包括创新理念开发、技能范围拓展、一致性意见达成、资源集成运用等内容。② Ateljevic J 等人认为，网络化治理就是对“物质—制度”资源和社会结构资源的协调利用。③

公共价值：网络化治理的最终目标是实现公共利益和公共目标，践行公共价值。Trah G 认为，网络化治理倡导合作行动、交互支持、资源集约利用，追求公共价值的实现。④ James G. March 与 Johan P. Olsen 认为，网络化治理是一种网络参与者展开互动的制度化而非制度的架构，其基础是参与者之间的共同价值和公共目标。⑤ 斯蒂芬·戈德史密斯和威廉·埃格斯强调，在网络化治理中，为了最大化实现公共价值，政府应更加依靠外部组织，与其形成一种更密切的战略伙伴关系，以联合行动取代竞争，契约信任、合作共赢、组织分享是其互动的基础。⑥ 孙健指出，网络化治理的核心理念就是要实现多元主体的合作共治，其终极目标是为了增进公共价值。⑦ 刘波、王力立、姚引良等学者认为，网络化治理的最终目标是提高公共服务的质量、效

---

① Koppenjan J，Klijn E. H. Managing uncertainties in networks：A network approach to problemsolving and decision making. London：Routledge，2004.

② Awortwi N. Getting the fundamentals wrong：Governance of multiple modalities of basic service delivery in three Ghanaian cities. The Hague，the Netherlands：Shaker Publishers，2003.

③ Ateljevic J，O'Rourke T，Poljasevic B. Z. Local economic development in Bosnia and Herzegovina：Role of local development agencies. Balkan and Near Eastern Studies，2013，15（3）：280－305.

④ Trah G. Business development services and local economic development. Programme description of GTZ Local Economic Development&Business Development Services Programme. Pretoria：GTZ South Africa Office，2004.

⑤ James G. March，Johan P. Olsen. Democratic Governance，New York：The Free Press，1995.

⑥ 斯蒂芬·戈德史密斯，威廉·埃格斯：《网络化治理：公共部门的新形态》，北京：北京大学出版社，2008 年，第 6 页。

⑦ 孙健：《网络化治理：公共事务管理的新模式》，《学术界》2011 年第 2 期。

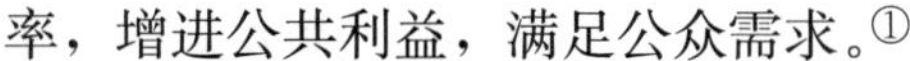

率，增进公共利益，满足公众需求。①

从网络化治理的核心内涵可以看出，该理论既有对新公共管理、新公共服务和治理理论的内涵传承，也在一定程度上努力弥补这些理论的不足，力图为回应不断变化的治理危机而寻找新的出路。新公共管理理论基于市场化理念解决了政府的职能分解问题，整合了社会资源，优化了政府职能，提升了社会治理的动力机制，但并未解决服务的公共属性问题，也没有回应公民权利这一最终价值诉求。新公共服务理论以公民权利为出发点和归属，解决了政府的价值动机问题，巩固了政府所肩负的政治价值和伦理价值，但没有回应政府与公民如何达成共识的问题，也在实践中具有操作性的困难。治理理论基于多元合作的框架，创新了治理工具，优化了治理方式，提升了治理效率，但在应对资源集中、目标冲突方面还存在着诸多缺陷。网络化治理在吸纳这些理论合理内核的基础上，另辟蹊径，从社会网络的视角寻找治理新路径。其核心在于通过网络化的伙伴关系来解决治理体系中的合作机制问题，通过参与体系实现社会资源的整合，通过信用机制来降低协同的成本，通过互动协调体系来提升运行效率，通过共同学习机制来巩固合作基础。其应用价值体现在以下三个方面：

其一，破解了因权威理性化和社会利益分散化所加剧的政府治理困境。随着民主意识和参与意识的进一步深化，政府作为唯一的、专业的、不可替代的治理主体理念在不断消解。公众对于政府的认识也从传统的绝对依赖逐步走向理性选择。特别是随着市场化、社会化和民主化的推进，公众在某些社会治理上具有了选择的空间。政府权威的弱化要求政府通过新的治理模式重新巩固自身的合法性地位。同时，随着社会利益更加分散，社会需求更加多元化、个性化以及社会事务更具动态性、复杂性，在应对社会事务和公共

① 刘波，王力立，姚引良：《整体性治理与网络治理的比较研究》，《经济社会体制比较》2011 年第 5 期。

服务时，政府在动力、资源、专业化等方面出现了治理瓶颈。网络化治理模式的实践，能够进一步整合社会资源，协同社会多元主体，这不仅实现了复杂社会的治理目标，同时也重塑了政府在合作治理体系中的地位。

其二，回应了参与普遍化对合作治理机制的需求。公共参与是政治现代化的重要内容，也是当前社会治理的核心理念。从参与主体来看，随着民主政治和互联网信息技术的发展，公民权利日益觉醒，开放的信息支撑平台日益完善，参与路径不断扩展，社会参与成为大众的权利保障和实现路径。政府的决策也更加注重社会参与的作用，将社会公众作为公共决策合法性的鉴定者、政策执行的合作者和政策效果的评价者。社会参与已经成为当前治理的主题，需要相应的合作机制予以支撑，而网络化治理所倡导的开放治理体系正好适应了这一诉求。

其三，适应了当前分享经济的发展方向。分享经济与传统的占有经济相对应，是指人们将闲置的金钱物品、空闲的时间、专业的技能和多余的服务与他人分享，让更多的人使用，进而提升资源的配置效率，增加社会福利。分享经济解决了资源闲置问题，通过分享平台将闲置资源集中配置，实现资源利用从低效率向高效率转型，成为当前新的经济增长点，同时也带来了社会治理模式的变迁——从传统基于公共权力的分配型社会治理模式走向了基于互利的分享型社会治理模式，社会各主体之间的关系发生了重大变化。而网络化治理所倡导的伙伴关系正好适应了分享经济的要求，并成为分享经济深化为分享治理的重要支撑。

二、网络化治理的行政生态环境要件与支撑体系

行政生态环境又称行政生态，是指处于特定行政系统边界之外，能够对该系统的存在、运行与发展产生直接或间接影响的各种实体、情势和事件的

综合。①行政生态理论最早由美国著名行政学家里格斯提出，他借用“生态学研究生命体与其环境的相互关系和相互作用的理论和方法，来研究行政系统与社会圈的相互关系”。②网络化治理的产生和实践是以一定的行政生态环境要件和支撑体系为基础的，行政生态环境要件构成了网络化治理的土壤，而支撑体系则是网络化治理效用得以发挥的依托（见图1—1）。

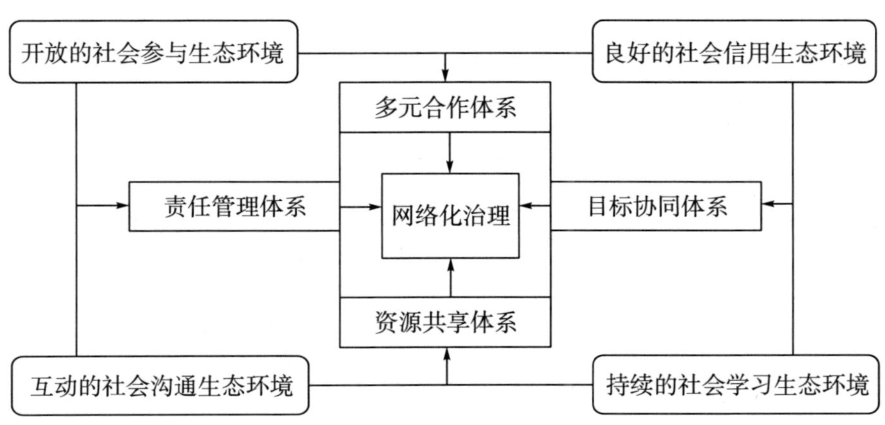

图1—1 网络化治理环境要件与支撑体系

（一）网络化治理的行政生态环境要件

网络化治理体系作为一种调动、整合社会资源，协同多元社会主体，解决社会复杂问题的治理系统，要求相应的行政生态环境要件保障。

一是开放的社会参与生态环境。开放的社会参与是网络化治理的前提，学者格里·斯托克就指出，“治理是指出自政府，但又不限于政府的一套社会公共机构和行为者，即治理主体构成超出政府组织体系”。③“它既包括政府机制，同时也包含非正式、非政府的机制，随着治理范围的扩大，各色人物和

① 丁煌：《行政学原理》，武汉：武汉大学出版社，2007年，第57页。

② 王沪宁：《行政生态学》，上海：复旦大学出版社，1989年，第14页。

③ 格里·斯托克：《作为理论的治理：五个论点》，北京：社会科学文献出版社，2000年，第34页。

各类组织得以借助这些机制满足各自的需求，并实现各自的愿望。”① 开放的社会参与生态环境包括：社会主体参与的权利保障体系，即以系统性制度设计保障社会主体能够有动力、有能力、有效率地参与到社会治理之中；社会主体参与的路径实现体系，即社会主体能够通过多样化的方式、路径有效地参与到社会治理中，其意见和诉求能够被社会治理体系所吸纳；社会主体参与的宽容体系，即要对多元社会主体的参与效果给予更多的宽容，要将社会主体的成长作为社会发展的重要参考。

二是良好的社会信用生态环境。良性的社会信用生态环境是网络化治理的基本保障，互惠、规范的信任体系是网络化治理运行的前提，Mubangizi B. C认为，网络化治理的核心是信任和互惠式协作，并超越了政府、私人部门和公民社会本身。② Giest S与Howlett M等也认为，信任机制为网络化治理下的集体行动提供了一个有序规范的管理策略。③ 规范的社会信用生态环境直接决定着网络化治理能否有效运行以及运行的绩效。良好的社会信用生态环境要求治理主体构建起完善的社会信用管理体系，包括社会征信系统、社会信用数据库系统和社会信用的惩戒机制，确保社会信用效用，降低社会运行成本。

三是互动的社会沟通生态环境。互动的社会沟通生态环境是网络化治理的核心，网络化治理不是用强制力解决复杂问题，而是基于伙伴关系通过不断沟通协调各方关系，化解矛盾，并实现共同目标。正如斯蒂芬·戈德史密斯和威廉·埃格斯所述：“与伙伴沟通和协调各种活动是网络集成这个三条腿

① 罗西瑙：《没有政府的治理》，南昌：江西人民出版社，2001年，第5页。

② Mubangizi B. C，Nhlabathi Z. F，Namara R. Network governance for service delivery：Lessons from South Africa and Uganda. Journal of Public Administration. Special Issue：Governance and Leadership，2013，48（4.1）：774－705.

③ Giest S，Howlett M. Understanding the pre-conditions of commons governance：The role of network management. Environmental Science and Policy，2014（36），37－47.

凳子的两个重要支柱，第三个支柱就是建立关系。”① 而建立关系的关键就是要有一个互动的社会沟通生态环境。构建互动的社会沟通生态环境就是要建立起社会多元主体在沟通地位上平等、在沟通方式上多样、在沟通责任上有效回应、在沟通结果上有效合作的协同体系，通过价值认同一体化、信息获取共享化、责任分担合理化以及行为协调一致化的制度设计实现有效的社会沟通，避免和化解社会矛盾，夯实社会治理基础。

四是持续的社会学习生态环境。持续学习源于实现目标的外部压力和追求卓越的内部动力，是网络化治理的保障。Khan J 就认为网络化治理的重要特征在于网络主体的相互依赖性，并形成以信任为基础构建的持续性学习机制。② 在网络化治理中，政府组织、私营企业、利益团体、公民自组织等治理主体围绕着某些公共问题或公共事务，通过对话、协商、谈判、妥协等集体选择和集体行动，达成共同的治理目标，并建立解决公共问题的纵向、横向或两者相结合的组织网络，形成资源共享、彼此依赖、互惠互利和相互合作的机制与组织结构，这是一个学习过程。③ 因此，要推进网络化治理就必须建立起一个持续学习的社会生态环境，社会多元主体在这个环境中要有压力、有动力和有路径地学习，要建立和完善终身学习的动力机制，持续提升社会主体的社会治理能力，增强网络化治理体系的适应性和持续性。

（二）网络化治理的支撑体系

网络化治理实践不仅依赖于上述的社会生态环境要件保障，同时还需要对网络自身进行管理，需要相应的支撑体系来达成管理目标。

一是多元合作体系。网络化治理是以多元协同的合作治理取代传统的政

---

① 斯蒂芬·戈德史密斯，威廉·埃格斯：《网络化治理：公共部门的新形态》，北京：北京大学出版社，2008 年，第 93 页。

② Khan J. What role for network governance in urban low carbon transitions? Journal of Cleaner Production，2013，50 (1)：133－139.

③ 李卓青：《政策网络治理：理论、模式和策略》，《湘潭大学学报》2008 年第 3 期。

府精英治理模式，其强调的是政府、市场和社会基于共同目标和共同利益的合作体系，政府的地位和作用有所变化，政府与市场以及社会的协作机制亦有改变。斯蒂芬·戈德史密斯和威廉·埃格斯就重新界定了政府在网络化治理中的地位，“在网络化治理中，政府的核心职责不再集中于管理人员和项目，而在于组织各种资源以创造公共价值；政府的角色不再是公共服务的直接提供者，而应该作为一种公共价值的促动者，在具有现代政府特质的由多元组织、多级政府和多种部门组成的关系网中发挥作用。”① 多元合作体系的核心在于政府的职能转变和简政放权，规范政府的权力边界，而多元合作体系的关键则在于激发市场和社会的活力，扩大社会主体的合作参与路径，创新多元主体合作模式，形成多元社会主体基于共同目标、公共利益和社会责任的网络体系。

二是目标协同体系。网络化治理与传统社会管理模式的最大不同就在于网络化治理强调以网络伙伴关系取代传统科层制下的“命令－服从”关系，而实现合作的动力则来源于多元主体的共同目标和共同利益，目标协同体系就成为网络化治理的重要支撑。网络化的目标协同体系以合作规范为前提。规范对于合作行为具有重要的意义，如果把规范作为合作的前提，个人利益追求就能够被包容到合作行为中来。② 网络化治理的目标协同体系的核心在于通过规范建立共同目标的协商机制、共同目标的决策机制、共同目标的分工机制和共同目标的评价机制实现共同目标的确定和实践。

三是资源共享体系。网络化治理的重要价值就在于能够通过合作实现各种资源要素的整合，发掘并利用多方资源共同推进公共事务的管理和社会诉求的回应。资源共享体系主要包括信息共享机制、资源整合机制和管理协调

① 斯蒂芬·戈德史密斯，威廉·埃格斯：《网络化治理：公共部门的新形态》，北京：北京大学出版社，2008 年，第 7 页。

② 米歇尔·鲍曼：《道德的市场》，北京：中国社会科学出版社，2003 年，第 448－449 页。

机制。其中，信息共享机制主要是网络治理主体需要打破信息隔离和解决信息不对称问题，以互联网技术平台形成信息的集成机制和开放体系，通过规范的信息管理制度实现信息共享，降低信息的沟通成本，促进信息传播；资源整合机制，即公共部门、私营部门、社会组织以及公民所拥有的资源要素要整合到整个网络化治理体系，并基于共同的目标统一调配和统一协调，以维护和实现共同利益；管理协调机制，即多元主体基于共同目标的行动必须得到有效的协调，通过信用体系、沟通体系以及多样化的协同方式实现管理功能的互补化和行动目标的一致化。

四是责任管理体系。斯蒂芬·戈德史密斯和威廉·埃格斯指出："许多政府误将公私伙伴关系和对外承包看成是解决服务管理头痛问题的途径，而忽略了对其进行充分的管理和监督。如此做法所带来的必然结果则是成本超支，服务失败，甚至是丑闻。"① 相对于传统官僚制下等级管控以及对立法机构负责的民主秩序，网络化治理中的网络主体是一种平等的横向连接，大部分网络主要通过汇报机制和同行审查机制等自我负责的手段实现问责，② 而这种问责机制因为缺乏强制力和明确的责任主体容易出现责任失衡问题。因此，网络化治理的关键在于责任管理体系的构建。一方面是责任划分机制的构建，不同于官僚制下责任流程链条的划分机制，网络化治理要求建立基于公共事务管理的横向功能责任划分，网络主体不仅存在具体的事务性职责，也包括协同性职责，同时还应承担起基于公共事务完成的共同责任；另一方面则是责任追究机制的构建，要明确问责主体、问责对象和责任惩处机制，避免因为问责模糊而出现的集体行动困境问题，确保网络化治理目标的实现。

---

① 斯蒂芬·戈德史密斯，威廉·埃格斯：《网络化治理：公共部门的新形态》，北京：北京大学出版社，2008年，第39页。

② 陈剩勇，于兰兰：《网络化治理：一种新的公共治理模式》，《政治学研究》2012年第2期。

三、 网络化治理在中国面临的行政生态缺陷与困境

网络化治理所要求的行政生态环境要件和支撑体系在一定程度上限制了其适应性和推广性，但其关于合作体系以及协同机制的理念却成为当前完善社会治理体系的核心内容，也逐渐为各国所接受和实施。在中国，网络化治理的理论被引入国家治理实践，并逐步成为推动社会管理走向社会治理转型的重要路径。但在实际推进过程中，网络化治理却面临执行不力、效果欠佳等诸多理论移植中的“排异”现象，其“是利器还是钝器”之争也在理论界出现。笔者认为，这些皆缘于我国网络化治理的行政生态环境尚有缺陷，一些构成要件存在缺失。

（一）多元合作体系仍然存在着结构性和功能性的失衡

相对于网络治理所要求的开放性参与环境以及多元合作体系，当前我国的社会治理体系仍然体现为政府主导的协作模式，政府地位在应然和实然上仍处于超脱地位，其他主体更多充当着治理的依附性协作角色，多元合作在结构上有所欠缺。同时，我国的市场和社会主体由于发展历程较短，在组织结构、行为能力以及职能履行方面还有所不足，功能性缺陷明显。在这种背景下，我国当前的治理体系呈现出以下的实践状态：一方面政府因为社会和市场的不成熟仍然承担着超负荷的治理职责，市场和社会的治理活力仍未得到有效的激发，市场和社会并未完全有效履行社会协同治理的职能，政府与市场和社会的网络合作体系面临着结构性失衡问题；另一方面政府与市场、社会的合作机制仍然欠缺，政府服务购买机制虽在不断完善，但在服务购买的事中事后监管和风险管理方面仍然存在不足，制约了这一机制的发展，委托、代理协商等合作机制仍然缺乏，导致网络化合作体系存在着功能性失衡问题。

（二）社会信用体系不健全产生了大量的社会成本

网络化治理期望通过认同、信任、互利等形式来确定共同目标，并通过合作、协商以及伙伴等关系来解决公共问题，其中社会信任机制是其基础和保障。而我国当前却存在着一个具有广泛特征的社会信用问题，产生了大量的社会成本，动摇了网络化治理的适用性基础。

一是部分地方政府公信力不足问题。部分地方政府行为因为领导班子变动、政策规范性不足以及其他的偶发性因素，政策变动较为频繁，造成了社会对政府行为的期望差距，甚至成为引发社会矛盾的导火索，在一定程度上造成了部分地方政府的公信力问题，也成为制约网络化合作的障碍。

二是社会信用缺失问题。由于失信行为没有得到有效的惩治，导致当前社会面临着一定程度的信用危机，基于预防信用危机产生了大量的社会合作成本，也降低了许多潜在的合作可能性，造成了网络化治理合作基础的薄弱。

三是信用管理机制不健全问题。我国当前信用数据整合不足、信用动态监测体系不完善和失信的社会惩戒机制不健全等现状，导致社会信用危机、失信问题凸显，造成了网络化治理的合作机制处于管理失衡的状态。

（三）社会互动体系不畅造成了社会协同困境

网络互动体系强调网络治理主体之间通过合作互动降低合作成本，实现治理效益，典型的方式就是对话、协商和一致性行动。而从我国当前的实践来看，网络治理主体之间的协同机制仍然存在以下困境。

一是信息共享机制不健全。由于统一的大数据平台尚未建立，多元社会治理主体在信息获取和信息占有方面具有局限性和封闭性。信息割裂和信息孤岛问题普遍存在，造成了多方互动的不顺畅和不协调问题。

二是社会参与机制不健全。网络化治理要求对话、协商的互动体系，而当前除政府外的其他社会治理主体面临着参与路径单一、参与过程形式化和参与结果不确定的影响，参与动机不足，互动对话与协商效果有限，共同的目标难以形成。

三是责任管理机制不健全。网络化治理强调平等主体之间基于制度框架和网络规范的协同治理，责任主体由单一明确的政府扩展到多元的不完全明确的社会主体，不可避免地引发了“众人拾柴的问题”和“责任分享的困境”。①

（四）利益分散化使得网络化治理的持续性基础不够

网络化治理体系要求网络治理主体共同学习，在共同的目标下为适应不同的行政生态环境而改革和创新，以保障网络化治理的持续适应性。而在实践中，当前中国社会的重要特点就是利益分散化，政府所倡导的公共利益、社会组织所追求的社会公益、企业所追求的市场利益以及公众的个人利益呈现出一定程度的差异化特征，导致多元治理主体存在着目标的协调问题和困境。加之沟通、互动机制的缺陷，以及政府与市场、社会治理体制的结构性失衡，当前目标形成机制所达成的共同目标往往成为政府的行政目标，网络化主体的治理参与动力不足，长久以来形成的对行政权威和行政权力的依赖使得变革更加困难，网络化治理的持续性难以得到保障。

四、 改善行政生态推进网络化治理

要将网络化治理成功植入中国社会治理实践，“变钝器为利器”，关键在于从社会资本构筑、参与体系建设、合作机制设计以及评估机制保障四个层面上进行改善，为网络化治理在中国实践营造良好的行政生态环境。

（一）强化社会资本，构建网络化治理基石

所谓社会资本，就是“社会组织的特征，诸如信任、规范和网络，它能通过促进合作行为来提高社会的效率”。② 对于网络化治理而言，社会资本具

① 陈剩勇，于兰兰：《网络化治理：一种新的公共治理模式》，《政治学研究》2012年第2期。

② 罗伯特·帕特南：《使民主运转起来》，南昌：江西人民出版社，2001年，第192页。

有双重意义，良好的社会资本能够有效促进网络主体参与的积极性、规范参与行为以及增强参与效果，而异化的社会资本会成为合作制度障碍。社会资本具有明显的积累效应，社会资本不仅可以通过实践进行自我强化，还可以通过培育进行外在强化。因此，一方面要不断提高社会资本的存量，特别是塑造对网络主体参与社会治理具有积极意义的社会资本形态；另一方面，应优化社会资本的效用，即针对社会资本的异化，通过制度创新构筑适应于现代社会的社会资本，为网络化治理打造一个拥有优质社会资本存量的生态环境。

（二）完善参与体系，提升网络化治理能力

一是完善提升参与治理的动力机制。网络化治理强调的是网络化主体基于共同目标的合作行为，治理主体应该有一种积极主动的参与状态。治理主体应建立目标管理机制，将目标作为治理主体参与的核心要素，以柔性化管理方式推动治理主体的治理方式方法创新；应完善参与激励机制，探索“众筹”“众包”等市场模式在公共事务治理中的应用，提升网络治理主体的参与动力。

二是完善网络治理主体的组织结构，推进网络治理主体管理制度建设。治理主体要通过完善相应法律规范促进治理主体的法制化和标准化建设，通过完善监管体系确保治理主体组织设计和行为的规范化，通过健全退出机制强化治理主体的竞争力。

三是不断提升网络主体的参与能力。一方面，强化治理主体公共理性和公共精神的培育，从思想上和组织内部解决网络主体的组织利益和公共利益协调问题，提升参与的积极性；另一方面，要提升网络主体参与的业务能力，包括参与的方式、参与的技巧、参与的规则，掌握现代民主的基本知识和技能，保障参与的有序性和有效性。

（三）构建合作体系，优化网络化治理结构

网络化治理体系的关键在于合作，构建良好的合作制度体系是网络化治理的关键。一是完善网络化治理的制度体系。建立约束治理主体的管理机制，包括主体的进入和退出机制、组织结构体系、岗位要求、职责体系等；建立网络化治理的合作机制，包括联席会议制度、超时默认机制、缺席默认机制以及一票否决等制度；完善工作的流程设计，基于全面质量管理体系科学地设置办事流程，优化治理主体的职能履行方式，提升治理的效率。二是建立明确的责任共担和分担机制，对于网络治理主体应该基于共同目标实行明确的责任共担机制，同时根据具体的职责分工和流程设计实施分工机制，两种机制结合一方面可保障各个主体的工作投入；另一方面可确保共同目标的实现。三是建立基于任务导向的职责分工体系和工作流程设计，在分工优化的基础上建立协同体系，最大程度地降低行政成本。

（四）建立评估机制，保障网络化治理效益

治理具有效益特征，治理的效益不仅体现为治理本身是否具有合法性、民主性和科学性，还包括治理能否达到设计的目标，更包括治理能否实现目标以外的外部效益。

一是建立评价指标体系。这一体系包括治理过程评估、治理结果评估和治理效果评估三个部分。治理过程评估主要评价治理过程是否具有民主性、合法性和科学性。治理结果评估主要是目标管理下的目标实现程度。治理效果评估则是强调治理本身在推动政治、经济、社会、文化以及生态发展方面所做的贡献。

二是建立完善的评估体系。建立包括网络主体、相关利益参与者以及独立的第三方机构和专家学者参与的多元评估体系，确保评估的客观性和全面性，实现对网络化治理效益的全方位把控。

三是建立评估的动态调整机制。根据客观行政生态环境的变化，对治理评估进行动态调整，确保评估的准确性和可持续性。

社会化：我国社会治理体制的创新与发展①

刘智勇②

2004年，中共十六届四中全会首次提出“党委领导、政府负责、社会协同、公众参与”的社会管理基本格局，其中的“社会协同、公众参与”要求体现了社会治理的社会化思想。党的十九大报告在要求完善社会治理体制的基础上，还提出了提高社会治理社会化、法治化、智能化、专业化水平（以下简称“四化”）。社会治理的“社会化”概念首次在党的全国代表大会报告中出现并被置于“四化”之首，其原因和意义何在？相对于既有的“社会协同、公众参与”提法，其创新之处何在？社会化有何标准及如何实现？这些都是当前值得深入探讨的重大理论和实践问题。

一、 社会治理社会化思想的形成和发展回顾

在我国，社会治理社会化虽然近期才在党的文件中被正式提出，但作为一种思想和工作实践，可以追溯到中国共产党在革命战争年代所形成的群众

① 基金项目：国家社会科学基金项目“我国环境群体性事件合作治理模式研究”(16BZZ044)、四川大学社会发展与社会风险控制研究中心项目“环境群体性事件治理中的风险沟通机制研究”(SR15A05)；本文载于《上海行政学院学报》2018年第3期。

② 作者简介：刘智勇，电子科技大学公共管理学院教授、社会安全与危机管理研究中心主任。

路线。党的群众路线的核心内容是一切为了群众，一切依靠群众，从群众中来，到群众中去。具体运用于社会管理领域，就要求保障人民群众在党的领导下广泛参与社会管理，其所体现的正是社会化思想。1954 年颁布的第一部《中华人民共和国宪法》总纲指出，“中华人民共和国是工人阶级领导的、以工农联盟为基础的人民民主国家。”“中华人民共和国的一切权力属于人民。”“全国人民代表大会、地方各级人民代表大会和其他国家机关，一律实行民主集中制。”这些规定从法律上赋予人民当家作主的基本权利，是社会治理社会化思想的重要来源。社会治理社会化思想体现了社会主义民主政治的本质和核心要求。

新中国成立以来，党和国家开始了对社会治理社会化理论和实践的不懈探索。特别到了改革开放初期，在对社会主义经济体制和政治体制改革的探索和讨论中，有关政府与市场、政府与社会的关系问题随之显现。我国在长期的社会主义计划经济时代，实行高度的全民所有制，在国家行政管理方面形成了高度集权的管理体制以及“全能政府”管理模式。自 20 世纪 90 年代以来，随着我国社会主义市场经济体制的建立和深入推进，原有行政管理体制的弊端日益凸显，深化行政管理体制改革、转变政府职能、简政放权的动因更加强烈，有关政企分开、政资分开、政事分开、政社分开方面的改革随之展开并逐步深入。特别是近 10 年来，党在社会管理领域不断推动构建党委、政府、社会组织、公众等主体参与的格局，并探索多元主体协同治理的体制机制，社会类主体（如社会组织、公众）参与社会治理的地位和作用进一步彰显。“我们已经进入一个开放的社会，社会的多元化正在成为时代的新特征，由政府单一主体肩负社会治理职责的时代正渐行渐远，非政府组织以及其他社会自治力量正在迅速成长起来，并开始在社会治理中扮演越来越重

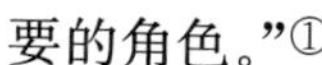

要的角色。”①

作为一种思想，社会治理社会化是伴随着长期以来我国政治、经济、社会等领域内的各项改革实践而逐步形成和发展的。下面以中共十六届四中全会以来党的全国代表大会、全国人民代表大会、中共中央全会的有关报告及文件为依据做简要回顾。

2004 年 9 月，党的十六届四中全会通过《中共中央关于加强党的执政能力建设的决定》，提出了社会主义和谐社会、社会建设等新概念，勾画出社会管理的基本框架。该决定指出：“建立健全党委领导、政府负责、社会协同、公众参与的社会管理格局。”这指明了社会管理的主体构成及其地位职责，是我国社会管理体制在党的文件中的最早表述。2006 年 10 月，党的十六届六中全会通过的《中共中央关于构建社会主义和谐社会若干重大问题的决定》以及 2007 年 10 月党的十七大报告中仍沿用这一表述。

2012 年 11 月，党的十八大报告对社会管理格局的表述有了新变化，即“要围绕构建中国特色社会主义社会管理体系，加快形成‘党委领导、政府负责、社会协同、公众参与、法治保障’的社会管理体制。”其变化有二，一是将“社会管理格局”改称为“社会管理体制”，这使得概念更为科学和专业。二是新增“法治保障”要素，因为“法治保障”不属于主体要素，而是社会管理的手段，所以就社会管理的参与主体及职责而言，其提法仍与过去相同。不过，十八大报告对社会主体及其作用提出了更具体和更高的要求，如“加快形成政社分开、权责明确、依法自治的现代社会组织体制。”“强化企事业单位、人民团体在社会管理和服务中的职责，引导社会组织健康有序发展，充分发挥群众参与社会管理的基础作用。”这些要求表明社会主体在社会管理中的地位得到进一步重视和提升，标志着党对社会管理社会化的认识进一步

① 张康之：《论主体多元化条件下的社会治理》，《中国人民大学学报》2014 年第 2 期，第 2—3、第 6 页。

深化。

2013 年 11 月，党的十八届三中全会通过《中共中央关于全面深化改革若干重大问题的决定》。在该决定的“创新社会治理体制”部分，未见有关社会治理体制的内容，但特别提出了“改进社会治理方式”“激发社会组织活力”等要求，切中了以往社会治理中的问题要害。对于“改进社会治理方式”，要求“加强党委领导，发挥政府主导作用，鼓励和支持社会各方面参与，实现政府治理和社会自我调节、居民自治良性互动。”这更加突出了社会主体的地位和作用。值得特别指出的是，该决定提出了实现国家治理体系和治理能力现代化这一重大命题，自此，社会管理作为国家治理体系的组成部分随之被改称为“社会治理”。“社会治理”概念的提出，更加强调主体多元、合作共治，标志着党对社会治理社会化的认识上升到新水平。

2015 年 10 月，党的十八届五中全会通过《中共中央关于制定国民经济和社会发展第十三个五年规划的建议》。该建议对社会治理体制的表述与十八大以来的表述相同，但提出了新要求：“推进社会治理精细化，构建全民共建共享的社会治理格局。”这为十九大提出社会治理的“智能化”以及“共建共治共享”格局奠定了基础。

2017 年 10 月，党的十九大报告在“打造共建共治共享的社会治理格局”部分，要求“加强社会治理制度建设，完善党委领导、政府负责、社会协同、公众参与、法治保障的社会治理体制，提高社会治理社会化、法治化、智能化、专业化水平。”社会治理的“四化”表述虽最早见于 2016 年 10 月习近平总书记就加强和创新社会治理工作所作的重要指示中，但在党的全国代表大会报告中正式出现，十九大还是首次。这表明对社会治理的“四化”要求已上升为党和国家的意志，标志着我国社会治理开始走向转型升级阶段，以提升质量和水平为目标。尤其是“社会化”的提出并被置于“四化”之首，意味着我们“比以往任何时候更需要依靠全社会的力量，发挥全体民众的智慧，从公开问题到解决问题，治理机制要照顾到各方面的利益，治理能力要能够满足人民群众更高层次的需求。”①

综上可知，从党的十六届四中全会至党的十九大前，党对我国社会治理创新的探索从未停止，对社会治理社会化思想的认识也逐步深化。在对社会治理体制的认识上，我们一直坚持构建党委、政府、社会组织、公众等主体参与的治理结构，对于社会类主体（如社会组织、公众等）在社会治理中的职责、地位的认识，虽然在不断进步，但仍停留于“社会协同、公众参与”这一空泛的要求层面上，在提升协同和参与水平进而实现社会化方面缺少实质性、根本性突破。

提高社会治理社会化水平的要求，比“社会协同、公众参与”的要求更具创新性。在新中国成立以来的各个时期，在我国社会管理领域中，社会协同、公众参与并非完全缺失，一般意义上的社会治理社会化实践一直都在进行，但由于缺乏量的规定和质的要求，并非是真正意义上的社会化。因此，如果仅仅只讲社会协同、公众参与，而不注重其质量和水平，那么社会协同、公众参与可能仅仅是流于形式。提高社会治理的社会化水平的要求，正是基于我国社会治理中长期存在的社会协同、公众参与的低水平问题而提出的，是社会协同、公众参与的升级版，反映了党的社会治理社会化思想的新发展。

二、 近年来全国各地社会治理社会化的实践创新探索

在我国，虽然社会管理及其创新在各地的实践有较长的历史，但进入国家议事日程的时间较晚，大致始于 2004 年中共十六届四中全会后。党的十七大提出必须在经济发展的基础上，更加注重社会建设，完善社会管理，此次会议成为我国全面、深入推进社会管理工作的新起点。2010 年 10 月，中央政

---

① 金泽刚：《着力推进社会治理实现新“四化”》，奥一网（http://www.oeeee.com/mp/a/BAAFRD00002017103056437.html）。

法委、中央综治委确定了全国 35 个社会管理创新综合试点市、县，制定颁布了《全国社会管理创新综合试点指导意见》，细化了社会管理创新的具体内容，并在同年 12 月 7 日召开了全国社会管理创新综合试点工作推进会。自此，各级地方党委和政府积极探索创新社会管理，在基层社会治理、行业治理、社会组织培育、社会参与、多元主体共治、治理平台建设等方面获得了许多新经验，创建了不少新模式。下面以社会化为视角，就近年来全国各地探索社会治理社会化的典型实践做总结。①

（一）拓展社会治理参与主体范围

在拓展社会治理参与主体范围的探索中，各地主要以吸纳和扩大社会类参与主体为重点。治理主体单一是长期以来我国社会治理中存在的突出问题，也是实现社会治理社会化亟待破解的困境。“社会管理议题的实质是国家与社会的关系问题，社会管理创新的实质就是如何通过一系列的政策和手段转变政府与社会之间的关系，促进政府与社会共同治理公共事务。”② 近年来，各地强化合作开放意识，重点拓展参与的社会类主体范围，使社会治理的参与主体逐渐由过去以党委和政府组织为主，发展为吸纳更多群团组织、企事业单位、群众自治组织、民间组织、公众等主体，主体覆盖面进一步扩大，社会性特点更加显著。例如，北京市朝阳区创建了“全覆盖、全过程、全参与”的社会服务管理系统，而“全参与”就是使各类社会主体都能参与社会治理；天津市滨海新区创建了“无缝关爱”的“泰达社区模式”，根据城市人口构成多元化特点，构筑“社会治理共同体”，以实现政府部门、社区、社工、社区居民之间的高效互动；江苏省太仓市建立了政府行政管理与基层群众自治有

① 本部分所用案例，参见姜晓萍：《社会管理创新案例读本》，北京：中国人民大学出版社，2014 年；连玉明、武建忠：《加强和创新社会管理领导干部读本》，北京：北京工业大学出版社，2011 年；陈振明等：《地方社会管理创新的实践进展及其研究——文献综述》，《电子科技大学学报（社科版）》2012 年第 6 期。

② 陈振明，耿旭：《社会管理创新研究的进展》，《东南学术》2013 年第 4 期，第 62 页。

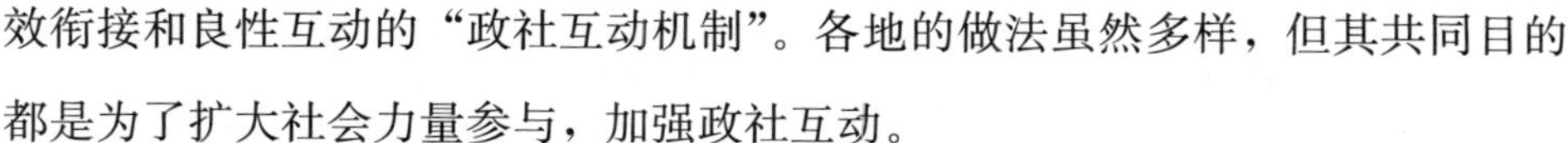

效衔接和良性互动的“政社互动机制”。各地的做法虽然多样，但其共同目的都是为了扩大社会力量参与，加强政社互动。

（二）培育和壮大社会组织力量

“绝大多数社会问题的解决，都需要通过调动社会自身的活力和挖掘社会中所蕴含的潜力去争取理想的效果”①，培育和壮大社会组织力量是实现社会治理社会化的重要条件。各地在探索培育和壮大社会组织力量方面的主要做法是积极健全政策、深化体制改革，以鼓励、扶持各类民间组织、公益性组织、志愿服务组织健康有序发展，并做好服务与管理工作，使社会治理的社会力量进一步增强。例如，成都市锦江区构建了孵化、培育、服务、监管“四位一体”的社会组织管理模式；北京市以人民团体等有较大影响的社会组织为依托，建立了市、区、街三级“枢纽型”社会组织工作网络，发挥其桥梁纽带、业务龙头、服务管理平台作用；深圳市社会组织管理局推行“社会组织登记管理体制改革”；南京市民政局推进“社区社会组织登记管理体制改革”。此外，各地还探索居民自治组织（居委会）的管理体制改革，主要从两个方面入手：一是去行政化，促进社区自治；二是实行社会管理工作重心下移，夯实基础。如深圳市盐田区委、区政府开展的“社区治理体制改革”。

（三）扩大公众有序参与

公众是有别于社会组织的另一社会类主体，有数量大、成员复杂的特点。公众参与是社会治理社会化的具体体现。各地探索公众参与社会治理的主要做法是引导公众理性参与、扩大公众参与范围、保障公众参与的权益、搭建公众参与的平台和制度体系。例如，北京市大兴区清源街道办事处实施“参与式社区治理与社区服务项目化管理”；深圳市盐田区创建的“社区民意表达工作室”，使民意表达透明、快速与真实；浙江省温岭市实行“行业工资协商

---

① 张康之：《论主体多元化条件下的社会治理》，《中国人民大学学报》2014 年第 2 期，第 2—3、第 6 页。

制”；湖南省妇联推行“农村妇女参与村级治理”。此外，一些地方通过完善志愿者服务体系，鼓励发展志愿和慈善服务，吸纳公众依法有序参与。例如，北京市朝阳区建立了社会志愿者公益储蓄中心网站，对已有的社会志愿者和新发展的志愿者实行统一编号并建立档案，启动服务计时，制定品牌社会志愿服务队伍、星级志愿者的评定办法；广东省佛山市南海区通过举行“关爱桂城”授勋典礼，推动民间力量参与社会建设，并借助“社工+义工”服务体系建设，逐步形成“社工引领义工、义工协助社工”的社区工作模式。

（四）鼓励社会力量参与公共服务供给

以公共服务供给为主要内容的民生保障，既是社会治理的物质基础，也是社会治理的内容之一，必须在保障民生中加强社会治理。社会力量在公共服务中参与什么、如何参与，一直是各地在实践中努力探索的问题。近年来，我国在公共服务的供给方式上初步形成了公私合作模式，从中央政府到地方各级政府纷纷出台了购买公共服务的一系列政策和制度，由政府向社会力量购买公共服务已成为普遍实践。根据公共服务的性质和供需特点，各地的做法可归纳为两种基本模式：一是政府发出需求，由社会生产、政府购买公共服务的模式；二是社会发出需求，由政府直接生产并提供公共服务的模式。无论哪种模式，都使得社会力量有机会参与公共服务供给，并从中获得政府资金支持和提升自身能力，这对于实现“共建、共治、共享”的社会治理目标具有重要的意义。

（五）创新社会治理社会化的技术手段

实现社会治理社会化离不开相应的治理手段，特别是技术手段。近年来，各地充分利用大数据、物联网、云计算等现代信息技术，大力发展互联网+社会治理、互联网+益民服务，提高了社会治理社会化的水平和效率。例如，深圳市把全市 632 个社区划分为 10014 个网格，把网格内的全部服务管理对象、不稳定因素再分为不同类别和级别，指派工作人员开展细化、量化和标准化的服务管理，建成立体化的网格服务管理格局；江苏省无锡市以打造物联网应用示范先导区为起点，建设中国首个“感知城市”，提升社会治理信息化水平；浙江省宁波市以“信息化强政、信息化便民”为思路，设立“81890求助服务中心”，构建多元合作“大服务”平台，研发“社区警务e超市”，打造智能化立体平安网，积极推进信息技术在社会治理领域的应用。

综上可知，在党中央的坚强领导和国务院的强力推动下，社会治理及其社会化探索工作在全国各地全面深入展开，呈现出良好的发展态势。社会治理社会化也逐渐从理念走向实践，并初见成效。

三、我国社会治理社会化存在的主要问题

社会治理社会化，不仅需要坚实的理论基础，而且也是迫切的现实需要。受多种因素的影响，目前我国社会治理社会化的水平不高，存在的问题不少，具体表现在以下几个方面。

（一）政强社弱、政热社冷的状况依然存在

在我国现有的社会治理多元主体结构中，除党委、政府两大基本主体外，还涵盖了其他各类社会主体，如人民团体、企事业组织、第三部门、公众等。虽然这些社会主体已实际参与社会治理，其参与的范围、渠道也逐步扩大，但参与的形式化、表面化倾向仍很显著。即使在一些本该由社会主体主导完成的社会治理领域，也仍被政府部门包揽和主导，社会主体仅充当配角、辅助角色。社会治理事务常常由政府单方发起，采用行政化手段推动实施，社会主体被动、辅助参与，呈现出明显的政强社弱、政热社冷的失衡问题，离实现政府治理与社会自我调节、居民自治良性互动的目标仍有较大差距。

（二）社会治理社会化的制度性保障不够

我国已基本建立起了“党委领导、政府负责、社会协同、公众参与、法治保障”的社会治理体制，确定了党委、政府、社会和公众这四大类别主体在社会治理中的权责。但是这些权责划分过于原则和宏观，配套的具体实施

细则和制度体系尚不健全，在实际工作中，对四类主体行为特别是对政府负责、社会协同、公众参与的权责边界及其实现方式难以准确把握。权责的模糊性普遍导致政府部门行为失范，习惯于凭经验、领导意志行事，选择性理解和执行，使社会主体边缘化，参与权利被弱化。因此，“要把制度建设作为社会治理的关键”①，以此完善各类参与主体权责明晰的社会治理运行机制，保障社会主体的参与权利。

（三）社会主体有序和理性参与能力不足

随着我国民主政治的发展，各类社会组织、公众参与社会治理的愿望、积极性有所提高，但这并不代表其参与能力必然同步增强。参与能力是参与者的意识、知识和经验的集成和体现。此外，这里所谓的参与能力还包含质的要求，是指有序和理性参与的能力，如果只片面地讲提升参与能力，而忽视参与的目的、依据和手段，提升参与能力反而有害无益。近年来，在我国社会治理领域，公众参与也出现了一些问题，有的人只强调自己的民主、自由和权利，不讲法制、纪律和义务，一些群体性泄愤事件、缠访和闹访事件的发生就与有序和理性参与的能力缺失有关。“公众参与社会治理必然会被要求有序地进行，必须被纳入民主程序和法制框架之中”②。因此，提升社会主体参与能力所要解决的突出问题不是参与愿望、积极性的高低问题，而是如何依法有序参与的问题。

（四）社会治理社会化发展水平的不均衡性

社会治理的社会化水平，既存在发展时间上的阶段性差异，又有发展结构上的不均衡性。由于全国各地经济、文化、自然条件、治理水平差异，我国社会治理的社会化水平存在不均衡性，具体表现在不同的行政区域、行业、

① 李培林：《社会治理与社会体制改革》，《行政管理改革》2014 年第 9 期，第 46 页。

② 张康之：《论主体多元化条件下的社会治理》，《中国人民大学学报》2014 年第 2 期，第 2—3、第 6 页。

领域、层级组织以及城市与乡村间。从行政区域来看，社会经济发展较快的东部地区，其社会治理社会化水平高于中西部地区；从城乡来看，城市社会治理的社会化水平高于农村；从社会治理领域来看，民生类公共事务治理的社会化水平高于其他领域。目前，在各类不均衡发展中，城乡间、区域间的社会治理社会化水平不均衡的问题更加突出。虽然社会治理社会化发展的不均衡性问题难以避免，但不均衡性应该适度、可控，并应进一步缩小差距，基本实现均衡化。

（五）社会治理社会化的效能不高

社会治理社会化的效能是反映社会治理社会化目标实现程度或效果的评价尺度。社会治理的内容具有公共产品属性，社会治理的结果应该满足人民群众最直接、最现实、最迫切的利益诉求，人民群众的幸福感、获得感和安全感是评价社会治理社会化效能的最终标准。目前，在我国教育、医疗卫生、生态环境等社会民生领域，由政府主导供给的社会治理产品与人民群众的实际需求仍存在部分错位，供非所需，群众被动地接受政府的“恩赐”，政府也“费力不讨好”；此外，在社区事务治理、信息公开、行政听证、基层选举等方面，人民群众的参与还存在一定的形式化问题。总之，在地方和社会治理的某些领域，人民群众的幸福感、获得感、安全感还不太强，社会治理社会化的效能有待进一步提高。

四、 我国社会治理社会化水平提升的途径

提升社会治理社会化水平是我国社会治理发展的方向，也是一项长期而艰巨的系统工程，必须以习近平新时代中国特色社会主义思想为指导，系统谋划，综合施策，现就此提出如下途径。

（一）全面深刻理解和把握社会化的内涵

何为社会化？社会化的标准是什么？这是提升社会治理社会化水平不可

回避的基础性问题。社会治理的社会化是一个从量变到质变的发展过程和趋势，具有动态性、模糊性。因此，如果不能深刻理解和把握社会化的内涵，对社会化没有一个基本的评判标准，那么，提升社会治理社会化水平也许会陷入不可知或仁者见仁的境地。社会治理社会化有何内涵呢？

一是社会治理主体的社会化。所谓主体的社会化，包含量和质的双重要求。从量来看，是指在社会治理主体结构中不可缺少社会类主体，社会类主体包括作为群体的社会组织和作为个体的公众两大基本类别。对社会组织存在多维度理解，这里不是指党政机构、人大、政协、工青妇等公共性组织，而是从中观层面特指企事业单位、社会团体、行业协会、自治组织等组织。从质来看，参与社会治理的社会主体应该具有代表性和广泛性。

二是社会治理任务的社会化。社会治理的任务较为广泛，2011 年 2 月，胡锦涛同志在省部级主要领导干部社会管理及其创新专题研讨班开班式上提出了社会管理七项基本任务，包括协调社会关系、规范社会行为、解决社会问题、化解社会矛盾、促进社会公正、应对社会风险、保持社会稳定。① 这是首次对社会管理基本任务的全面表述，对于社会治理的基本任务未见其他新提法，应与社会管理的基本任务相近。这些任务总体上属于社会公共事务和公共问题，而非组织机构内部事务和私人事务，具有显著的社会性、公共性特点，是社会治理任务的社会化体现。

三是社会治理目的的社会化。加强和创新社会治理的核心是人，“目的是满足社会需求，维持社会秩序。”② 因此，要以人为本，确保人民安居乐业、生活美好、社会安定和谐。这表明社会治理具有鲜明的人民性、社会性特征，

---

① 《胡锦涛在省部级主要领导干部社会管理及其创新专题研讨班开班式上发表重要讲话》，中华人民共和国科学技术部网站（http://www.most.gov.cn/jgdj/djyw/201103/t20110330_85718.htm）。

② 何增科：《做社会治理和社会善治的先行者》，《学术探索》2013 年第 12 期，第 1 页。

不是为了实现某一组织、群体、个体的部门利益、私人利益、特殊利益，而是为了实现社会以及人民群众的普遍利益、共同利益。党的十九大提出打造“共建、共治、共享”的社会治理格局，社会在“共建、共治”中能“共享”治理成果，这体现的就是社会治理的社会化目的。

四是社会治理手段的社会化。社会治理属于国家治理的重要组成部分，离不开政治、经济、法律、行政、道德、教育等基本手段，这些手段也是国家治理的常用手段，具有社会性特点，是社会治理手段的社会化体现。

综上可知，社会治理的社会化体现在社会治理的各要素中，社会治理具有诸多社会性特征，这是社会治理社会化的客观基础和依据。

（二）坚持在保障和改善民生中推进社会治理社会化

党的十九大报告指出，“提高保障和改善民生水平，加强和创新社会治理”，这表明保障和改善民生与社会治理社会化存在密切联系，是实现社会治理社会化的基础条件。如果没有民生的保障和改善，没有人民群众在“共建、共治”中“共享”成果，那么社会治理就会失去社会和民意基础。因此，社会治理社会化要立足于保障和改善民生，提升公共服务水平。

保障和改善民生，既要讲保障更要讲改善，保障是基础，改善是重点。进入新时代，我国社会的主要矛盾已经转化为人民日益增长的美好生活需要与不平衡不充分发展之间的矛盾。民生是人民美好生活的重要组成部分，保障和改善民生，正是实现人民美好生活的条件。具体到社会领域也存在类似矛盾，“当前，社会主要矛盾的形态已经变成落后的社会管理体制和公共服务体系跟不上人民群众的需要，并且束缚了人民群众自己解决自己生计问题的努力。”①

民生的内涵与外延是不断发展变化的。当前，民生不仅是指传统意义上

① 童星：《社会主要矛盾与政府主要任务的转变》，《中共浙江省委党校学报》2015年第6期，第70页。

的生存性民生，还包括精神文化、安全、环境等发展性民生。因此，保障和改善民生，需要树立大民生理念，注重解决发展性民生，提升民生质量。

在保障和改善民生中，推进社会治理社会化的主要措施是完善公共服务体系，努力建设高质量的服务型政府；坚持以需求为导向原则，及时了解把握人民群众的真实需求及其新变化、新特点；通过创新社会治理和完善公共服务供给侧改革，提供量足而质优的社会治理和基本公共服务产品，使人民群众有更充足的获得感、幸福感和安全感。

（三）完善多元主体参与社会治理的权责体系

社会治理社会化水平的提升，不仅需要包括社会主体在内的多元主体参与，“从政府垄断社会管理转变为与其他社会治理力量合作治理”①，更需要使社会主体能够实质性地参与。多元主体参与治理是前提，社会主体实质性的有效参与是关键。为此，必须明确多元主体间的权责关系，健全分工协作机制。现行社会治理体制所确定的“党委领导、政府负责、社会协同、公众参与”，只从原则上明确了各主体的地位和权责，比较宏观和抽象，至于领导什么、负责什么、协同什么、参与什么，都没有更具体的要求，在实践中只能凭惯例、经验甚至领导者的意志行事。如果不明晰各主体权责，特别是不能确保社会类主体的有效参与权利，那么提升社会治理的社会化水平则难以实现。明晰社会治理中多元主体的权责可从以下维度考量：

一是在横向上明晰不同类别主体之间的权责关系。在社会治理的几大基本主体中，党委主体发挥的应是政治领导和统领各方的核心作用，其职责相对较明确，但政府、市场、社会这三类主体间的权责关系却常常交织难分，尤其需要重点研究解决。理顺政府、市场、社会三类主体的关系，就是要构建起合理而清晰的政企关系、政事关系、政社关系，实行主体权责清单制，

① 张康之：《论主体多元化条件下的社会治理》，《中国人民大学学报》2014 年第 2 期，第 2—3、第 6 页。

推动各类社会主体各司其职，更好地发挥作用。具体要求包括：其一，进一步发挥企事业单位在资源、技术、人才等方面的优势，激发其参与社会治理的积极性；其二，大力推进社会组织明确权责、依法自治，发挥作为党委和政府有力助手的作用；其三，更好地发挥基层群众组织的自治作用，实现自己的事情自己管、自己办，“促进群众在城乡社区治理、基层公共事务和公益事业中依法自我管理、自我服务、自我教育、自我监督”①；其四，积极引导广大社会公众增强主人翁责任感，实现自我管理、自我服务、自我发展。

二是在纵向上明晰不同层级主体间的权责关系。在我国，党委、政府及其工作部门在层级上存在着较为明确的隶属关系，但大部分社会类主体间并非隶属关系而是平行关系。因此，在社会治理领域，明晰层级主体间的权责关系主要是针对党委、政府系统而言。党中央、中央政府主要负责全国社会治理的大政方针、原则、总体方案制定，主要发挥政治领导、宏观指导、重要资源保障作用；省（直辖市）级党委、政府主要负责本级行政区域内社会治理的政策、规划制定和条件保障，发挥承上启下的作用；地（市、州）、县（区）、街道（乡、镇）等地方基层党委、政府主要负责本级行政区域内社会治理的具体组织、实施工作。纵向主体间的权责关系呈现出由宏观到中观再到微观、从领导到执行的特点和趋势，纵向上对主体间权责的界定，重点解决的是“放权”和“集权”关系问题。

三是在治理内容与主体的胜任力间构建匹配的社会治理模式。社会治理内容与责任主体的选择之间存在特定的对应关系，一方面，社会治理的内容广泛而复杂，其类别、性质、难易不同；另一方面，不同主体拥有的地位、资源、能力也有差异。因此，为了扬长避短并提高社会治理的效能，就应该根据不同的社会治理内容，选择最为适合的治理主体承担。不同的选择和组

① 《〈中共中央关于全面深化改革若干重大问题的决定〉辅导读本》编写组：《〈中共中央关于全面深化改革若干重大问题的决定〉辅导读本》，北京：人民出版社，2013 年，第 31、第 50 页。

合可形成不同的治理模式，在此仅以政府、社会（包括市场、社会组织、公众）两大类主体为例分析，其所构建的社会治理基本模式有两种：一是“政府主导+社会协同”的治理模式，即指政府负主责，社会主体仅承担参与配合之责，对于重大公共安全防控、基本的民生和公共服务保障等适合采用此模式。二是“政府引导+社会自治”的治理模式，即指社会主体负主责，政府仅承担指导和协助之责，在社区环境卫生、治安事务、邻里纠纷调处、村规民约制订、移风易俗、业主委员会选举、社区信息公开等领域适合采用此模式，真正实现“适合由社会组织提供的公共服务和解决的事项，交由社会组织承担。”① “社会自治的运动需要政府的引导和支持，但政府却不应当参与这种社会治理活动”。②

随着政府简政放权工作的推进和社会自治能力的提升，第二种模式应该成为发展的重点和方向。这两种模式若能有机结合，对于实现党的十九大提出的“政府治理和社会自我调节、居民自治良性互动”的目标具有重要的意义。

（四）积极而稳妥培育和发展社会组织

没有一定规模和素质的社会组织有效参与社会治理，社会治理社会化水平的提升就难以实现。处于社会转型期的我国面临社会力量相对弱小的问题，必须积极培育社会组织，壮大社会力量。③ 目前，对社会组织的范畴有不同角度的解读，这里特指除政党、政府、人大、政协、企事业单位、工青妇组织等之外的狭义、微观视角的组织，包括称谓相近的民间组织、第三部门、非

---

① 《〈中共中央关于全面深化改革若干重大问题的决定〉辅导读本》编写组：《〈中共中央关于全面深化改革若干重大问题的决定〉辅导读本》，北京：人民出版社，2013 年，第 31、第 50 页。

② 张康之：《论新型社会治理模式中的社会自治》，《南京社会科学》2003 年第 9 期，第 39 页。

③ 王华杰，薛忠义：《社会治理现代化：内涵、问题与出路》，《中州学刊》2015 年第 4 期，第 67 页。

营利组织、自治组织等。培育和发展社会组织，不仅在于规模、数量的增长，更重要的是要着眼于质量的提升、作用的发挥。为此应从以下几方面入手：

一是平衡好活力与秩序、发展与稳定的关系。① 长期以来，在我国一些地方，对社会组织的培育和发展存在比较矛盾的心态，一方面希望社会组织得到发展，另一方面又担心其发展壮大后影响社会稳定，以致有关社会组织的政策常常出现“收”和“放”失度的情况，当激发社会组织活力与维护社会稳定发生矛盾时，习惯于采取限制发展的“一刀切”做法。“社会治理不能把社会管死，而是要让社会充满活力”。② 目前，对于社会组织的培育和发展应该解决思想认识问题，消除误区，坚持积极而稳妥的原则，正确处理和平衡好激发社会组织活力与维护社会秩序和稳定之间的关系，防止出现将二者关系对立、顾此失彼的情况。

二是优化社会组织结构，实现均衡协调发展。社会组织是一个复杂的结构体系，目前，在我国社会组织体系内部还存在发展不平衡的问题。其中，互益性组织尤其是互益性经济类组织，如行业协会、商会等发展较快，而公益性社会组织，如基金会、民办非企业组织等发展相对较慢。因此，要改革完善社会组织管理制度，优化社会组织体系结构，补齐短板，要“支持和发展志愿服务组织”，“重点培育和优先发展行业协会商会类、科技类、公益慈善类、城乡社区服务类社会组织，成立时直接依法申请登记”。③

三是支持和鼓励社会组织依法健康发展。社会组织的发展也存在失灵和失范问题，必须坚持依法治理，以确保健康发展。要“运用法律、法规、民

---

① 谢志强：《创新社会治理：治什么谁来治怎么治》，《光明日报》2016 年 7 月 13 日，第 10 版。

② 李培林：《社会治理与社会体制改革》，《行政管理改革》2014 年第 9 期，第 46 页。

③ 《〈中共中央关于全面深化改革若干重大问题的决定〉辅导读本》编写组：《〈中共中央关于全面深化改革若干重大问题的决定〉辅导读本》，北京：人民出版社，2013 年，第 31、第 50 页。

主协商、社会政策来规范、引导、支持、服务社会自主管理”。[①] 第一，建立完善社会组织发展的法规体系，引导社会组织依法开展活动；第二，营造社会组织健康发展的良好的舆论环境，以开放和平等的心态对待各类社会组织；第三，创新社会组织发展的体制机制，要“正确处理政府和社会关系，加快实施政社分开”，“限期实现行业协会商会与行政机关真正脱钩”[②]，以此解决政强社弱的问题；第四，加强基层群众自治组织建设，健全社会管理和服务体系，完善村民自治、城市居民自治制度。

四是加强社会组织的能力建设。社会治理具有较强的专业性和科学性，社会组织的能力建设是提升社会治理社会化水平的重要保障。目前，我国各地的社会组织普遍存在规模较小、能力不强的问题。因此，需要大力加强社会组织能力体系建设，具体措施如下：首先，建立健全社会组织从业人员的教育和培训体系，提高培训的有效性；其次，吸引更多高素质人员加入社会组织队伍，提升社会组织队伍的专业化水平；最后，简政放权，让社会组织广泛参与社会治理工作，在实践中得到锻炼、提升能力。

---

① 郭苏建：《中国国家治理现代化视角下的社会治理模式转型》，《学海》2016 年第 4 期，第 16 页。

② 《〈中共中央关于全面深化改革若干重大问题的决定〉辅导读本》编写组：《〈中共中央关于全面深化改革若干重大问题的决定〉辅导读本》，北京：人民出版社，2013 年，第 31、第 50 页。

城 市 与 农 村 治 理

“治理下乡”：关于我国乡镇治理现代化的思考①

夏志强，谭　毅②

当前，我国共有乡镇31800多个，户籍人口超过8亿，常住人口近6亿。数量庞大的乡镇政府在我国“三农”问题治理和工业化、城镇化、农业现代化进程中扮演着重要角色。但是，随着城镇化进程的推进，农村人口加速向城市转移，伴随着城镇化进行的工业化也使得不少农业从业人员转变为工业和服务业从业人员。因此，农村人口大幅减少，乡镇政权运行的人口基础发生了重大变化。同时，农村的生产生活方式和社会结构也发生了深刻的改变，特别是在免除农业税及农村土地“两权分置”和“三权分置”等一系列改革后，农村土地流转和集约化开发利用全面铺开，乡镇政府作为农业生产组织者、农村社会管理者和税收管理者的角色逐步退化，乡镇政权运行的产业基础和社会基础也发生了重大变化。这种变化必然要求乡镇治理实现转型。中共十八届三中全会提出了实现国家治理体系和治理能力现代化全面深化改革的总目标，2017年中央又出台了《关于加强乡镇政府服务能力建设的意见》，明确提出要强化乡镇政府的公共服务功能，推进乡镇治理体系和治理能力现

---

①　基金项目：国家社会科学基金重大专项项目“国家治理体系和治理能力现代化”研究专项“服务型政府建设的战略要点与关键环节研究”（17VZL015）；中央高校基本科研业务费专项资金资助2017年四川大学研究生科研创新基金项目（2012017yjsy214）。

②　作者简介：夏志强，四川大学公共管理学院教授，博士生导师；谭毅，四川大学公共管理学院博士生。

代化发展。历经数十年的变迁，乡镇治理进入了国家治理现代化这一新议程。习近平总书记在党的十九大报告中进一步明确了实现国家治理现代化的时间表，并提出了乡村振兴战略，对乡镇治理现代化及其经济基础进行了战略部署，明确提出“健全自治、法治、德治相结合的乡村治理体系”的要求。乡镇治理是国家治理的基础和重心所在，乡镇治理体系是国家治理体系的重要组成部分，是国家治理体系构建在乡镇开展的应然内容，乡镇治理能力是国家治理能力在乡镇基层的直接体现，是为乡镇居民所直接感知的国家治理能力。也就是说，实现乡镇治理现代化是实现国家治理现代化的重要内容和基础。在这样的背景下，探讨乡镇治理现代化具有重要的理论价值和现实意义。

一、 迈向治理现代化：我国乡镇治理的历史回顾

我国现存的乡镇体制有其历史渊源，本质上是现代国家建构过程中“政权下乡”的产物。传统中国确实存在“皇权不下县”的现象，实行的是“县政乡治”。乡镇主要靠乡绅治理，乡绅是县政与老百姓之间的中介者和斡旋者，有些学者称之为“经纪人”。但除了被默认具有组织或帮助政府向乡村社会收取赋税的职能外，其角色缺乏明确的官方规定。19 世纪末期，这种“县政乡治”模式因为乡绅蜕化为“营利型经纪人”（通过向乡村社会多征税作为国家与乡村社会之间中介者的合理佣金）或“掠夺型经纪人”（从收取合理佣金变为直接利用中介身份对乡村社会进行掠夺）而异化为“经纪体制”（国家利用非官僚化的机构及人员代行政府的正式职能①），原有的国家权力深入乡村的渠道遭到深度破坏，导致国家权威在乡村缺乏施加影响的渠道和空间，

① 周庆智：《县政治理权威、资源、秩序》，北京：中国社会科学出版社，2014 年，第 1—50 页。

呈“悬空”之势，形成了所谓“国家政权内卷化”的现象①。清末民初，随着科举制被废除，在此之前由科举而获得的士绅身份不再具有法理上的有效性和权威性，乡绅仅凭社会惯性和历史延续性继续发挥着乡镇治理作用。但是，随着新思想进入中国和近代革命向乡村扩散，清朝遗留的乡绅群体逐步分化、凋零和蜕变，乡绅的治理也受到了严重冲击，作为“四民”之首的“士”很快退出了历史舞台。国家政权开始了由县直接下放到乡镇的努力，国家政权的“触角”延伸到基层以填补经济体制崩坏之后所留下的乡镇权力真空，同时从乡村社会汲取现代国家建设所需资源。但由于在科举制废除之后没有及时新建官僚选拔体制，民国的官员来源变得繁杂而欠缺规范，科举时代的“士绅”被其他各种来路不明的“绅”所取代，缺乏理性官僚人员。与此同时，由于民国政府乡镇官僚人员总数巨大，导致组织运行成本极高，为了弥补乡镇行政经费和官僚收入的缺口，乡镇行政人员被默许对农民进行摊派或浮收②，使得官民关系紧张。乡镇官僚来源的鱼龙混杂和居高不下的组织成本导致民国时期国家政权整合乡村社会的计划难以成功。

新中国成立以后，实行与计划经济相适应的“全能主义”政治模式，社会变成了“总体性社会”③，政治权力和行政控制无远弗届，在农村建立起了经济、政治、社会高度统一的人民公社。至此，国家政权延伸到了乡村的每一个角落，乡村社会的治理被完全纳入国家政权范围。在早期，人民公社在稳定农村社会、进行意识形态渗透、为发展工业积累资金等方面发挥了积极作用。但是，随着时间的推移，人民公社的治理绩效边际效应逐年递减。在后期，人民公社几乎导致乡村经济社会破产，基于人民公社的乡村治理模式

① 杜赞奇著，王福明译：《文化、权力与国家：1900—1942 年的华北农村》，南京：江苏人民出版社，2010 年，第 53—55 页。

② 王奇生：《民国时期乡村权力结构的演变》，周积明，宋德金主编：《中国社会史论》，武汉：湖北教育出版社，2005 年，第 573—587 页。

③ 孙立平等：《改革以来中国社会结构的变迁》，《中国社会科学》1994 年第 2 期。

难以为继。随着改革开放政策的确立，“政社合一”的人民公社体制逐步解体，“政社分离”逐步开展。我国通过“社改乡”建立了现在的乡级政权，并在1982年通过的《中华人民共和国宪法》中明确了乡级政权的法律地位。与此同时，《中华人民共和国宪法》也明确了要设立农村基层群众自治组织，实现了乡和村的分离，现行的乡镇政府体制得以建立。鉴于“社改乡”之后的乡镇和行政村数量太过庞大，行政成本居高不下加重了农民负担，从1986年开始，我国又开展了旨在转变乡镇政府职能和减轻农民负担的“撤乡并镇”改革。此项改革的要点在于乡镇撤并，减少乡镇数量。与此同时，我国又开始了县乡综合改革试点和健全农业社会化服务体系改革，此项改革的切入点在于县对乡简政放权，目的在于理顺县乡关系。这些体制改革结合2000年后开始的农村税费改革直至2006年全面取消农业税的税制改革，对形成和塑造当前的乡镇政府体制产生了巨大影响，使得乡镇政府与县级政府的关系、乡镇政府与村及村民的关系发生了一系列重大的变化，同时也积蓄了诸多矛盾和问题。这些改革具有多个政策目标，如统筹城乡发展、城镇化、工业化、农业现代化等，各个政策目标之间相互关联，处理不好难免会发生冲突。在取消农业税的历史关口，国务院提出推进农村综合改革，其目标是在乡镇建立服务型政府和法治政府。① 此后，乡镇政府职能转变的方向被明确下来，建设服务型乡镇政府成为政界和学界热衷的提法。在中共十八届三中全会提出“推进国家治理体系和治理能力现代化”的改革总目标之后，在政策文件和学术论文中，“乡镇治理现代化”这个内涵更广的表述开始取代“服务型乡镇政府”，逐渐普及并得到了认同。

从通过“社改乡”建立乡一级体制，到通过“撤乡并镇”进行乡镇机构改革，到理顺县乡关系，再到转变乡镇政府职能，最终经由建设服务型乡镇

① 温家宝：《巩固税费改革成果　积极稳妥推进农村综合改革》，《人民日报》2005年6月8日，第1版。

政府落脚到实现乡镇治理现代化，这是我国40年来乡镇治理变革的简明线索。从裁并机构到转变职能再到治理现代化，从改革外在的结构到改革内在的功能，从单纯的乡镇政府改革到乡镇整体改革，体现的是我国乡镇治理改革的逐步深化。在这一过程中，各种国家政权建设的要素不断“下乡”，以实现国家权力对乡土社会的渗透和整合。比如，通过“政党下乡”①，将分散的农民纳入政党组织，提高其政治意识，进而将传统的乡绅社会改造成现代政党领导的政治社会；通过“行政下乡”②，将行政任务通过命令的形式介入农民的生产生活之中，实现对乡村资源的动员；通过“政权下乡”③，在乡村建立基层政权组织，政权的行为可以直接到达农民；通过“政策下乡”④，将政策输入到农民的生产生活中去，用权力集中渗透促使农村社会规范化，增强农民对党和国家的政治认同；通过“法律下乡”⑤，力图用法律机构向乡村延伸和向乡镇基层普法等手段构建统一的法律制度，在传统礼俗社会解体之后建立法治乡村社会；通过“服务下乡”⑥，在服务中将国家权力软性渗透到乡镇居民的日常生产和生活之中；通过“宣传下乡”⑦，强化农民的阶级、政党、国家等意识，用以改变其乡土地方和家族意识。通过上述种种“下乡”手段

---

① 徐勇：《“政党下乡”：现代国家对乡土的整合》，《学术月刊》2007年第8期，第13—20页。

② 徐勇：《“行政下乡”：动员、任务与命令——现代国家向乡土社会渗透的行政机制》，《华中师范大学学报（人文社会科学版）》2007年第5期，第2—9页。

③ 徐勇：《政权下乡：现代国家对乡土社会的整合》，《贵州社会科学》2007年第11期，第4—9页。

④ 徐勇：《“政策下乡”及对乡土社会的政策整合》，《当代世界与社会主义》2008年第1期，第116—121页。

⑤ 徐勇：《“法律下乡”：乡土社会的双重法律制度整合》，《东南学术》2008年第3期，第19—27页。

⑥ 徐勇：《“服务下乡”：国家对乡村社会的服务性渗透——兼论乡镇体制改革的走向》，《东南学术》2009年第1期，第64—70页。

⑦ 徐勇：《“宣传下乡”：中国共产党对乡土社会的动员与整合》，《中共党史研究》2010年第10期，第15—22页。

实现国家权力对乡土社会的渗透和整合之后，国家政权在乡镇一级的框架较为完整地建立了起来，乡镇在名义上和实质上被国家化，被纳入了国家政权体系，对乡镇的“统治”和管理已经实现，这是中国国家政权建设的一大成果。

但是，各种“下乡”如何在乡镇和农村扎根还存在很多尚未解决的问题，乡镇政权的有效运转也存在诸多亟待解决的问题，其根本原因在于传统管制思维主导下的乡镇公权力单向度行使，使乡镇政治从形式上呈现“有政权无治理”的“无治”困境。

二、“下乡”失灵：管制思维下的乡镇“无治”困境

不断进行的乡镇改革，本身就是乡镇一级的国家政权建设工作并未彻底完成的证据。在改革进程中，甚至出现了“乡镇政权悬浮化”① 和农村群体性事件层出不穷等问题。在管制思维下，乡镇公权力单向度行使虽然解决了一些问题，但同时也导致更多的问题。国家对乡村社会进行渗透的各种“下乡”，甚至导致乡镇治理体系破碎不堪，以此为基础的治理能力严重不足，使得乡镇几乎处于“无治”的边缘。

（一）“政党下乡”的困境

“政党下乡”的目标是要通过政党向乡村的延伸和渗透，将“一盘散沙”的乡土社会整合为一个高度组织化的政治社会，让党组织成为乡村治理的权力主体，替代传统乡村社会的精英治理体制。② 然而，实践结果并不如意，主要原因如下：一是农村基层党组织建设薄弱，农村党组织有效覆盖面不足，

① 周飞舟：《从汲取型政权到“悬浮型”政权——税费改革对国家与农民关系之影响》，《社会学研究》2006 年第 3 期，第 1—38 页。

② 徐勇：《“政党下乡”：现代国家对乡土的整合》，《学术月刊》2007 年第 8 期，第 13—20 页。

组织力低下，普遍存在缺人、缺钱、缺办法等问题，甚至出现“弱化、虚化、边缘化”的困境，严重影响了其政治功能的发挥。二是“政党下乡”被部分地方精英裹挟，缺乏民意基础。能力强、经济条件好、有知识文化的农村精英往往主导农村基层党组织，甚至将专断、粗暴等作风带入党内，使党内民主受到破坏，也使得党组织脱离群众，群众路线难以贯彻，群众甚至只知道“强人、恶人和富人”，而不知有党组织。三是党的农村基层组织与村民自治组织的关系仍需要理顺。在实行村民自治后，行政村普遍建立了“两委”组织，但村级党组织与村民自治组织的关系时有混乱。村党组织常常越俎代庖地管起村务事宜，加剧了村民自治行政化，实质上导致对农村基层自治和农村基层党建的双重破坏。中国政府公信力研究中有一个“差序政府信任”论，强调公民对行政级别较高政府的信任程度高于对行政级别较低政府的信任程度①，其中，民众对乡镇党委和村党支部的信任度是最低的。

（二）“政权下乡”的困境

“政权下乡”的宗旨，一方面是要将散落于乡土社会的权力集中于国家，另一方面又要将集中于国家手中的权力渗透到乡土社会，从而改造、组织传统的乡土社会，将政治上官民隔离的社会转变成官民一体的社会。② 但是在实践中，乡镇政权和乡镇政府建设还存在许多问题。一是乡镇人大机关设置形式化。乡镇人大机关是位于农村基层的国家权力机关，是农村居民行使当家作主权力的重要方式，是支撑基层民主的重要政权组件。但目前，乡镇人大制度法治化程度不足、职责履行不到位、职权保障条件不完备、地位名不副实、行政化严重等是常见的问题。③ 乡镇人大设主席团，但没有常设机关，乡

---

① 李连江：《差序政府信任》，《二十一世纪》2012 年第 3 期，第 108 页。

② 徐勇：《政权下乡：现代国家对乡土社会的整合》，《贵州社会科学》2007 年第 11 期，第 4—9 页。

③ 张英民，何乃华：《乡镇人大制度存在的问题及其成因——基于“行为—过程”范式的实证研究》，《人大研究》2011 年第 10 期，第 4—9 页。

镇人大往往仅设置一名人大主席，没有副主席和办事人员。这种设置不符合《中华人民共和国宪法》及相关组织法的规定，而且相关法律也没有赋予乡镇人大主席单独行使权力的工作机制①，无法真正履行权力机关的职责，也无法发挥依法监督政府工作的作用，其发挥的功能往往仅限于召集代表开会，乡镇人大的权力在实质上被虚化、边缘化和形式化了。二是乡镇政府职权配置不科学。虽然在我国政治体制设计中，乡镇政府是整个行政科层体系中的独立一层，但在实际运作中，乡镇的经济、教育、卫生、公安、司法、环保等诸多事权已经被县级政府统筹管理或被相关领域部门垂直管辖，很多领域的行政执法权也被上收，财政实行了“乡财县管”，但有关责任和任务却不断下放，导致乡镇政府有事无钱、有责无权。当前，县乡关系畸形化、权力和责任不对等、任务和财力不匹配、人力与任务不相称、行为与角色不协调等问题广泛存在，乡镇政府“有责任无权利，有要求无权力，有任务无资金”的现象较为普遍。乡镇作为一级政府的能力严重不足，已经不能作为完整独立的政府承担职责了。乡镇作为“任务型机构”，疲于完成上级的任务，其思维也未能从追求管制的惯性思维方式中走出来，乡镇基层社会也远未实现柔性治理和官民共治，乡镇政府本来大有可为的公共服务和社会管理职能之履行也难以令人满意，大大制约了乡镇政府治理现代化。

（三）“行政下乡”的困境

“所谓行政下乡是指国家通过行政体系将国家意志传递到乡村，从而将分散的乡村社会整合到国家体系”，② 以实现国家对乡村的行政整合和有效治理。行政下乡虽然取得了一定成效，但在运作中也存在许多问题。一是乡镇行政权力越界，特别是在行政许可中存在越权作为与违法作为。主要表现在没有

---

① 胡进：《当前乡镇人大工作存在的问题、原因及对策》，四川南充人大网（http://www.ncrd.gov.cn/?viewnews－5280.html）。

② 徐勇：《“行政下乡”：动员、任务与命令——现代国家向乡土社会渗透的行政机制》，《华中师范大学学报（人文社会科学版）》2007 年第 5 期，第 2－9 页。

法律规定的范畴里，乡镇政府通过红头文件越级行使一些行政许可权力，甚至擅自颁发不在法定许可目录内的许可证。二是对村自治组织实行行政化领导。从乡村关系看，乡镇与村的关系模式是“乡政村治”，即乡镇是一级政权，村一级实行村民自治。在国家治理体系中，乡镇政权是与村民自治直接联系的治理层级。但在现实运作中，乡镇往往越俎代庖，用行政化的领导和命令取代村民委员会的自治权，从而也将村在实质上纳入了国家的行政体系之中，逾越了法律的界限。三是乡镇政府行政受到乡村社会人情化特征的影响。部分本地公务员在原则立场和情感勾连之间无法从容不迫，在“法理”手段与“情理”手段之间难以抉择，无法依法行政。总之，在传统管制思维的主导下，乡镇政府习惯了行政权力的单向行使，熟练于用行政权力解决一切问题，甚至放任行政权力任性、粗暴的行使，造成了官民关系紧张，“行政善治”的目标难以实现。

（四）“政策下乡”的困境

一般来说，政策是政党或政府为实现一定目标和任务而制定的行动计划和行为准则。在中国语境下，“政策下乡”就是要通过各种具体政策，将党和政府的意志贯彻渗透到乡村社会，实现对乡村的善治。① 但在实践中可以看到，“政策下乡”仍有许多障碍。一是基层公务员和普通群众对国家政策的领会不到位，把握不准确。特别是一些乡镇干部在实践中长于处理琐碎的行政事务，政策解读能力不足，对一些领会要求高的国家政策缺乏深入理解，使得国家政策效果在乡镇基层大打折扣。这是无意的政策效果折损。二是基层政府政策执行走样。在执行时采用政策变通、选择性执行，甚至直接扭曲政策原意，采取“上有政策，下有对策”和不落实政策等行为，导致上级政府政令在乡镇不畅通。这是人为有意的政策效果折损。三是面对政策冲突无所

---

① 徐勇：《“政策下乡”及对乡土社会的政策整合》，《当代世界与社会主义》2008年第1期，第116—121页。

适从。乡镇是国家许多“条条”政策执行末梢的汇集地。各项政策不时有相互矛盾的地方，出现“文件打架”现象，乡镇工作人员在面对这种情况时会显得束手无策，不知道该执行哪一项政策，只有糊弄了事。

（五）“法律下乡”的困境

“法律下乡”体现了国家依法行政、依法治国，用法律制度整合乡土社会，建构统一的法律制度共同体的努力，“但起源于工业和城市社会的现代法律下乡，与根植于乡土传统的农村社会遭遇着碰撞和困惑”。[①] 一是“信访不信法”。相比于信仰传统礼法的数千年历史，乡村社会接触现代法律的历史显然太过短暂。许多不具备现代法律意识的乡镇居民多基于传统皇权社会“告御状”的思维，常常进行越级上访，企望青天大老爷伸张正义，而不信任对其相关案情具有管辖权的本地司法机构，对法律和司法机构的信心不足。二是“信礼不信法”。虽然受到逐步加强的社会流动的冲击，农村社会基本上还是一个熟人社会，碍于“低头不见抬头见”的社会交往现实，村民往往不将与其他人的矛盾诉诸法律，而愿意请乡镇或村里有威望的人来评理。然而，现在乡村社会的状况已经不同于往昔的礼序社会，中间调解人本身的权威性是否被公认、其中立立场是否可信赖、其调解行为是否公正等都难以得到保证。三是“信软法而不信硬法”。法律不可能穷极社会生活的所有方面和细节，并且任何矛盾都依靠司法解决也是低效率高成本的，所以必须有公序良俗来弥补法律的这些缺点，也就是需要有许多法学家所称的不依靠国家强制力保障实施的“软法”（如乡规民约）来协同国家制定的“硬法”，从法律上实现对乡村社会“软硬兼施”的治理。但现实中这些“软法”有时候并不能弥补国家“硬法”的不足，甚至本身可能违背了国家法律（如一些所谓的族规赋予家族长者动用私刑的权力）。对这些“软法”的信赖严重背离现代法治

① 徐勇：《“法律下乡”：乡土社会的双重法律制度整合》，《东南学术》2008 年第 3 期，第 19—27 页。

精神，已不适应乡镇治理现代化的要求。

此外，“服务下乡”也面临较大困境。一是在教育、医疗、社保、法律等核心基本公共服务领域，农村严重滞后于城市。二是农村公共服务单向供给、强制供给，不能对接农村居民的实际需要，往往以完成任务而不是让村民满意为目的。三是受制于乡镇财力不够、人力不足等因素，乡镇政府公共服务能力不能满足农村需求。党和政府主导的“宣传下乡”更是受到网络时代的巨大冲击。首先，信息来源多元化时代官方渠道宣传功能的弱化，典型示范等宣传策略的作用日趋衰减。其次，宣传方式多采用标语口号，有些标语口号低俗甚至涉嫌违法，如“一日行窃，终身是贼”“打击违法上访”“你乱砍我乱罚”等，是对公民合法权益的侵犯和对自身权力规范的漠视。最后，传统的单向传播方式难以为继，新传播工具叠加、多元的新影响源深入农村，移动互联网时代的新信息技术使乡镇居民可以成为“自媒体”，为其意愿表达和治理参与提供了新手段，也增加了“宣传下乡”发挥实质作用的难度。

在城市化、工业化和信息化的洪流影响下，不少乡镇和农村人口流失严重，产业凋敝，社会活力不足，出现了衰败之相。在面对这些新形势、新问题时，原来的各种“下乡”普遍出现了失灵现象，其直接后果就是在乡镇出现了形式上有政权、实质上无治理的“无治”困境。就设立初衷而言，是否设立乡镇政府主要取决于其在政治上是否有利于国家政权的稳固和在经济上是否有助于国家从乡村社会汲取资源。① 在汲取资源方面，全面废除农业税之后，乡镇政府对于国家从乡村社会汲取资源已经没有多少实际意义。在稳固国家政权方面，很多情况下，乡镇政府反而是农村基层不稳定的来源，比如截留转移支付、干涉村务、破坏基层民主、与民争利等，常常引发官民矛盾。更有少数乡镇基层官员利用乡镇“无治”的困局和真空，与本地豪强、大家

① 吴理财：《乡镇政府：撤销抑或自治?》，《安徽决策咨询》2003 年第 5 期，第 33 页。

族联合垄断地方公权力，形成独立的权力疆域，导致政权的公信力被蚕食，不少群体性事件就暴露出了部分地方农村基层的“无治”困境。

综上所述，要突破乡镇基层“有政权无治理”的困境，就必须推动“治理下乡”，用“治理”取代“统治”和管理，继续完善乡镇政权建设、重构乡镇治理体系。在中国语境和当前社会现实条件下，乡镇政府在乡镇治理中无疑占据绝对主导地位，因此，本文提出要以建设理性化的乡镇政府为核心，构建乡镇多主体合作治理的格局，推进乡镇治理现代化。

三、 乡镇治理现代化的内涵与标准

推进乡镇治理现代化，首先就要厘清乡镇治理现代化的内涵和标准。“治理”这个时髦的概念存在可怕的混乱，对此学界已有许多讨论。① 有时候治理被视为一个可以统摄统治、政治、行政、管理等概念的一个上位概念，依据这种观点，传统社会也存在着治理，只是不够现代。有时候治理又被视为一个区别于统治、管理、行政的概念，一个现代意义上的学术概念，意味着人类社会进化到了一个不单单靠政治权力单向运转的时代。有时候治理之前会被加上国家、社会、政府、市场等限定词，但其表述的意思却是动宾结构的，即治理国家、治理社会、治理政府、治理市场等，大家对这些加上限定词之后的概念也难以达成共识。在中国的政治语境中，治理概念则又不同于西方。在学界研究和政界文件中，治理的概念既相互联系又有所区别，研究者倡导治理是相对于统治的理念革命，实务者强调自己应理所当然地作为治理者，二者的共同点就是普遍强调党和政府的治理主导地位，实际在一定程度上等同于“治国理政”的简称。凡此种种，不一而足。如果说治理这个概念还有

---

① 辛西娅·休伊特·德·阿尔坎塔拉，黄语生：《“治理”概念的运用与滥用》，《国际社会科学杂志（中文版）》1999 年第 1 期，第 105—113 页。

新意的话，那就是现代意义上的治理强调多元协商、合作共治，这区别于统治强调的政治权力单向度行使。本文将治理理解为介于“没有政府的治理”和政府垄断所有治权这两个极端之间的一个中间状态。如此意义上的治理理念已经成为当今世界、国家、区域和地方各层级普遍奉行的理念，也成为中国共产党治国理政的重要理念，是当前我国政治体制改革和行政管理体制改革的重要方向。在中国语境下，治理实践既强调政府主导，也重视主体多元和向社会分权，其本质是政府主导下的合作共识。

乡镇治理现代化，就是以推进乡镇政府自身理性化为基础，以建构多元共治的乡镇治理新格局为主要任务，构建党领导下以政府为主导的乡镇治理现代化模式。乡镇治理现代化的总目标是实现乡镇政府理性化和乡镇治理格局多元化，通过“治理下乡”纠正其他“下乡”失灵，解决其他“下乡”措施未能解决好的问题。一方面，要重塑之前绩效不良的各种“下乡”举措。通过有效提升乡镇党委的组织力，发挥其在乡镇基层治理中的领导作用；通过完善乡镇人大和政府机构设置，优化职能配置，实现乡镇国家机关的有效运转；通过拓展和增强对民意的回应性，提升乡镇政府公信力；通过扩大公民参与和监督，解决基层官僚自利问题；通过发掘利用乡镇本土治理资源，实现国家政策和法律在乡镇有效落地；通过优化乡镇基本公共服务资源配置和创新乡镇公共服务供给方式等手段，强化乡镇政府服务职能等。另一方面，要强调社会力量和自治力量在乡镇治理中的主体地位和重要作用，这是“治理下乡”从根本上不同于其他“下乡”举措的一个方面。公权力对乡村的单方面管控不但成本高昂，而且不能保证乡镇社会的活力。要制定相关制度和保障机制，主动培育和积极引导乡镇社会力量参与到乡镇治理中来，将乡村基层自治的作用发挥出来，这样既有利于增强乡镇社会活力，又有利于降低治理成本，改变官民对立状况，实现乡镇民主治理。

基于乡镇治理现代化的总目标，乡镇治理现代化的具体内涵一方面应包括政府理性化的三个维度，即乡镇政府职权科学化、乡镇政府组织科层化和乡镇政府行为法治化；另一方面应包括优化乡镇治理格局的三个维度，即治理主体多元化、治理手段现代化和治理过程民主化。

乡镇政府职权科学化。科学合理的政府职能和权力配置是政府得以高效运转的基础。我国历次行政体制改革的一个重要内容就是转变政府职能，以及在各层级政府之间进行合理的权力划分。乡镇政府作为最基层的政府层级，要切实遵循政企分开、政资分开、政事分开、政社分开的改革要求，理顺自身与市场和社会的关系。乡镇政府作为一级法定政府，其职能和权力配置要严格遵循法律的规定，保证其职权行使的相对独立性，其与上级政府和村级自治组织的关系要有明确的界定和界限，要杜绝一切形式的任务转嫁和权力架空。

乡镇政府组织科层化。科层制是现代组织特别是政府组织内部最典型的结构形式，其明显特征包括职权法定下的分工与协作、层级节制、以书面文件为管理基础、职务专业化和非人格化、官员工作能力全面、按照规则管理和运行。① 乡镇政府治理现代化要求乡镇政府组织科层化，要求其无限接近理性科层制这一基于合理、合法、权威的组织形式的理想类型。机构设置合法有据，实现政府内部的非人格化、理性化和可预测化，这实际上是因应了现代化的理性维度，是理性模型下的组织设计选择。需要说明的一点是，虽然科层制在当代饱受诟病，但在我国包括乡镇政府在内的各层级政府组织的科层理性建构仍然较为缺乏，需要加强。诚如胡伟所说，“我们国家离理性官僚制还有很大的距离，因此目前主要任务不是打破官僚制而是如何建构理性官僚制的问题”。②

乡镇政府行为法治化。法治是现代社会的基本价值，法治理性是现代治

---

① Weber M. From Max Weber: Essays in Sociology. Edited by Gerth H. H. and Mills C. W., Oxford University Press, 1946: 228—230.

② 胡伟：《如何推进我国的国家治理现代化》，《探索与争鸣》2014 年第 7 期，第 8 页。

理最基本的理性之一，没有法治就没有治理现代化。法治意味着非人格化、非随意化，强调照章办事和依规协商，拒绝独断专行和按照人情关系办事。就乡镇政府行为而言，法治化意味着政府依法行政，建立法治政府。政府行为法治化意味着法律对政府行为范围的框定和限制，哪怕是自由裁量权也得在法律的规范内行使。因此，政府行为有限化是政府行为法治化的必然要求。乡镇政府不得擅自通过红头文件等形式给自己赋予法律没有赋予的权力，更不能用这些不存在的权力去限制公民的权利。

治理主体多元化。主体多元化是实现治理现代化的重要内容，建立党政主导下多方参与的治理格局已经成为我国各类治理行为中的共识。乡镇政府不是乡镇治理的唯一主体，也不可能包揽乡镇范围内所有的治理事务。要树立新的治理观和政社观①，调动一切可以调动的社会力量参与乡镇治理。在加强党委领导和发挥政府主导作用的前提下，要鼓励和支持社会各方面参与乡镇治理，实现乡镇政府治理和乡镇社会自我调节、乡镇居民自治的良性互动。特别是要注重发挥社会组织在乡镇社会治理和公共服务中的作用，激发乡镇社会活力，化解社会矛盾，提高公共服务供给的质量。特别是在人力、物力、财力和公信力都较为缺乏的情况下，乡镇政府要有平台化观念，要有“搭台”意识，给予乡镇居民、企业和社会组织充分的信任，注重调动各方参与乡镇治理的积极性，积极培育乡镇社会组织和公民的参与能力，实现乡镇的共建、共治、共享。

治理手段现代化。恰当、合适的治理手段是构建和优化治理格局的重要内容，也是提高治理绩效的重要保证。城乡社会治理二元化格局的一个重要问题是就治理手段上的现代化程度而言，城市要远远高于农村，城市治理对法治方式和信息技术的运用水平也远远高于农村。例如，农村与城市存在

---

① 朱光磊：《全面深化改革进程中的中国新治理观》，《中国社会科学》2017 年第 4 期，第 27—39 页。

“数字鸿沟”，农村的互联网基础设施水平、农村互联网服务水平、农业的互联网技术应用水平和农村居民对互联网的使用能力水平等方面都低于城市，乡镇政府运用互联网等现代技术的能力也低于城市政府。虽然通过“村村通”、淘宝下乡、智慧农业等工程的努力，我国乡镇治理手段的现代化程度有所提升，但与城市的水平依然不可相提并论。要加强大数据、云计算等现代技术手段在乡镇治理中的应用，使其逐步迈向智慧化，实现智慧治理。

治理过程民主化。民主是现代社会的重要价值，“主权在民”也经过了无数理论家的强力论证，保障公民社会治理的主体地位也已逐渐成为社会各方的共识。治理过程的民主化有利于增进乡镇治理的社会资本，增进治理客体与治理主体的交融，促进乡镇走向善治。无论是在公共服务中的公民参与，还是在乡镇重大决策事项中的协商民主，都在我国的乡镇治理中发挥着重要作用，是“人民当家作主”理念在乡镇治理中的生动体现。不仅如此，通过指导村民自治，对农民进行民主训练，通过乡镇协商民主实现基层公共治理中公权力与居民参与权协作互动，对于提升乡镇居民政治参与意识和能力具有重要意义，同时，也为探索我国民主从基层到地方再到中央的发展路径开启了有益的尝试，通过自下而上的治理民主化实践扩散路径为实现国家治理民主化提供基层经验。

乡镇政府主导乡镇治理的现实，要求乡镇治理必须建立在乡镇政府理性化的基础上，而治理理念则对乡镇政府提出了从观念上认识和行动上构建以及优化治理格局两方面的要求。在上述内涵和标准中，提出政府职权科学化、政府组织科层化、政府行为法治化的依据是我国乡镇政府主导基层治理的地位，以及这种地位对其自身理性化和现代化的要求；提出治理主体多元化、治理手段现代化和治理过程民主化的依据则是践行治理理念对构建和优化乡镇治理格局提出的要求。实际上，上述标准只是乡镇治理体系现代化的标准，而乡镇治理现代化还包括乡镇治理能力现代化。乡镇治理能力现代化，主要是指在乡镇治理体系优化的基础上，治理体系运行和作用发挥的情况能够满足乡镇实现善治的需要。《中共中央关于全面深化改革若干重大问题的决定》提出，“加强地方政府公共服务、市场监管、社会管理、环境保护等职责”。对于乡镇政府而言，市场监管和环境保护职责已经被上级政府部门或垂直管理部门所承担，其主要职责落脚到公共服务和社会管理。因此，乡镇治理能力现代化主要是公共服务和社会治理能力的现代化。当然，乡镇治理体系和治理能力是不可分割的，治理体系是治理能力的前提和基础，治理能力是治理体系的功能发挥情况，关系到体系设计的合理性及其改进。

对比上述标准，我国目前许多乡镇特别是中西部地区的乡镇，其治理体系还存在诸多欠缺，治理能力还严重不足，很有必要思考建立完善的乡镇治理体系和形成较强的乡镇治理能力的路径。

四、 实现乡镇治理现代化的路径

（一）明确乡镇治理在国家治理中的地位

我国是单一制国家，从中央到地方再到最基层都包含在政权意义上的“国家”范畴之内。基于此逻辑，国家治理理应包括乡镇基层治理。乡镇治理与其他层级治理一样都是国家治理体系的重要组成部分。不仅如此，鉴于乡镇政权是我国最基层的政权层级，直接与普通乡镇居民接触，乡镇治理就成为国家治理的落脚点，是国家治理的基础和重心之所在。乡镇治理的好坏善恶是整个国家治理绩效最直接的表征之一，也是广大乡镇居民对国家治理最直接的认知来源。乡镇治理事关国家治理的群众基础。

从治理实践来看，世界上积极将现代治理理念灌注到行动中的国家大都选择其最低层级政府作为多主体共同治理的体制领域，这既是在多元治理时代对政权和主权的保护举措，也是因为基层政府直接与公民打交道，公民对国家治理的印象中有很大比重来自其对基层治理的直接印象。在我国，乡镇基层是政治领域、公共领域与私人领域交叠的领域，也是政府、市场、社会、公民几大治理主体直接交往的领域，是国家治理与基层自治互相衔接、融合的领域，是实行社会共治天然而良好的试验场，也是许多治理创新的生产地。因此，国家治理现代化要从基层做起，从乡镇开始改变，形成顶层设计与基层实践的良性互动。

乡镇基层治理实践要求国家健全乡镇基层治理体系，增强乡镇基层治理能力。中央层面的国家治理现代化建构从立法机构到对其负责的司法机构和行政机构等的“四梁八柱”正在逐步完善，国家治理能力逐步提升，治理格局正在逐步形成，但作为国家治理基层体系的乡镇治理现代化建构远远落后于中央层面。因此，为了避免国家政权悬空和国家治理远离社会，必须实行“治理下乡”，完善国家治理体系的基层建构，夯实基层治理的能力基础，使国家政权和国家治理能够有效渗透到乡镇基层社会治理中。

（二）用合作治理思维克服行政垄断思维

传统行政垄断思维主导下的乡镇治理过程与民主相差甚远。其主要表现在政府独占治理之位和专擅治理之权，其目的都是保留和捍卫乡镇政府作为乡镇治理唯一主体的地位。从治理主体看，受传统社会一元化治理方式和计划经济时代高度集权体制的深刻影响，不少乡镇政府依然秉持传统的唯一“治者”姿态，固守“官民有别”的官僚心理，不适应治理现代化时代“被治者”成为治理主体的趋势，不相信乡镇居民、企业与社会组织参与乡镇治理的能力，担心权威旁落，害怕承担治理责任，不善于与其他治理主体协调配合。从治理权看，在治理过程中，许多乡镇政府最大限度地降低了公民参与的程度，认为公民参与治理过程存在削弱政府威信、助长“刁民”气焰、降低治理效率、加大治理成本等方面的缺点，认为公民参与会使群众“得寸进尺”，还是政府独自治理来得快、来得好。行政垄断思维主导下的乡镇治理是缺乏群众基础和公信力的，在基层治理民主化的时代，这种思维越来越没有市场，应该果断摈弃，用合作治理的思维取而代之。

合作治理是一种由多元治理主体通过合作互动的方式而开展的社会治理①，正在成为社会治理的主流模式。合作治理思维要求在乡镇治理过程中，政府改变原有的治理权垄断和单边主义思维，还政于民，正确处理单靠政府人员及少数人进行的精英治理与依靠广大群众进行的大众治理之间的关系，规范精英治理行为，保障乡镇居民的治理参与权和监督权。② 一要树立"共治"思维，充分确立公权力的开放性，将社会管理和公共服务职能的履行统一到多主体合作治理上来，通过构建和优化乡镇治理格局修复乡镇政府与乡镇居民缺失的联系和信任，实现乡镇政府的职能转型。二要树立全局思维，通过大力发展乡镇农村社会组织等"异己"力量为合作治理贮备主体力量，通过服务外包、PPP 模式、政府购买等方式探寻适合本地的合作治理模式，通过主动与社会各类力量合作，塑造合作治理的共同愿景，推进协同行动，实现共同目标，协调各方参与乡镇治理，建立以"掌舵"为主的领航型乡镇政府。三要树立共享理念，破除官民对立思维，立足于多方共赢，将政府的政绩、社会的稳定与居民群众的获得感有机统一，坚持以居民为中心的乡镇治理，实现共治基础上的乡镇共荣和成果共享。总之，乡镇政府在合作治理中要主动与各种有利力量进行合作，用创新治理思维引导乡镇社会进步，最终实现乡镇社会的善治，使乡镇社会充满活力。

（三）建构理性化的乡镇政府

在乡镇基层的合作治理中，乡镇政府仍然占有主导地位，因此，实现乡镇治理现代化必须首先建构理性化的乡镇政府。从长期战略来看，随着城乡二元分割局面的破解和城乡一体化的逐步实现，乡镇人口规模还会进一步萎缩，人口集中居住和产业集中布局也是大势所趋，将乡镇治理纳入县域治理

---

① 张康之：《走向合作治理的历史进程》，《湖南社会科学》2006 年第 4 期，第 31—36 页。

② 夏志强，岳红印：《提升农村基层民主质量的路径》，《四川大学学报（哲学社会科学版）》2013 年第 4 期，第 18 页。

总体格局既具有现实可行的操作性，又具有治理成本的经济性。在这种情况下，可以考虑修改《中华人民共和国宪法》及相关法律，撤销乡镇政府，将乡镇建成区域公共服务中心，县级政府则将社会治理和公共服务等职能直接延伸到乡镇一级。从短期策略来看，可继续坚持将乡镇政府作为我国五级政府之最基层一级，但须全面深化乡镇政府改革，修订和落实关于乡镇政府职权的法律规定，明确乡镇政府的核心职能定位，在机构、体制、过程方面进行科学布局，全面增强乡镇公共服务能力，发挥乡镇政府在乡镇治理中的主导作用。

首先，要修订和落实关于乡镇政府职权的法律规定。《中华人民共和国地方各级人民代表大会和地方各级人民政府组织法》第六十一条关于乡镇政府职权的规定较为笼统，看不出乡镇政府职能与其他高层级政府职能的具体区别，而其中的规定“办理上级人民政府交办的其他事项”可能造成上级政府及部门无节制地转移乡镇政府的行政任务。随着形势的变化，法律条文规定的乡镇政府职能已与乡镇政府实际上能履行和在履行的职能有很大差别。因此，上述法律条文亟待修订或出台实施细则，明确乡镇政府职能的具体内容和与其他层级政府相区别的职能重点。应在现有政策性文件的基础上出台相关法律法规，保障乡镇政府合理的人事权。应当逐步告别“乡财县管”，培养乡镇一级的预算编制和预算监督能力，遵守《中华人民共和国预算法》关于乡镇财政作为一级财政地位的规定，落实乡镇政府的财政权力，建立独立的乡镇公共财政。

其次，要促进乡镇政府职能配置科学化、机构设置合理化和行政行为法治化。在职能配置方面，要合理划分乡镇政府与县级政府的职能，明确经济调节、市场监管、环境保护等职能主要由上级政府及其部门垂直管理，乡镇政府只起有限的配合协调作用，不执行相关的行政管理权限。乡镇政府要将有限的能力和资源集中在公共服务和社会治理方面，实现职能由管治到服务和治理的转变。在机构设置方面，要按照结构服从功能的原则，以履行好公共服务和治理职能为目标进行组织设计。一要建设与公共服务供给相适应的内部机构设置，整合事业单位性质的“七站八所”，协同履行乡镇公共服务职能，建成乡镇区域内的公共服务中心，承担部分县级公共服务事项在本乡镇区域内的落实和开展乡镇一级的公共服务项目。二要建立满足乡镇治理需要的专门机构，搭建乡镇公共事务治理平台，并借由专门的机构和平台牵头制定乡镇公共事务治理规则，营造乡镇多主体共同治理的社会氛围等。在行政行为方面，要在乡镇加强法治政府建设，促使乡镇政府依法行政，模范遵守宪法法律。加大上级政府对乡镇政府依法行政的指导力度，在逐步减少许可事项和处理权力的基础上，明确乡镇政府保留的具体的许可、处罚清单，在乡镇政府普遍设置法律顾问，对乡镇政府关涉行政当事人的文件实施审查报备制度，及时纠正乡镇政府的违法行为。

要实现政府理性化，还需要强化政府体制方面的保障，理顺乡镇政府与乡镇党委、乡镇人大和县级政府的关系。乡镇党委是乡镇区域的领导核心，要加强对乡镇政府的领导，支持和监督乡镇政府依法行使职权，促进乡镇政府加强公共服务能力，支持和帮助乡镇政府构建基层治理平台。乡镇人大是乡镇的国家权力机关，要按照《中华人民共和国地方各级人民代表大会和地方各级人民政府组织法》等法律的规定，充分发挥其保障宪法法律在本区域执行审查监督乡镇财政、乡镇政府行政行为的作用。县级政府是乡镇政府的上一级政府，在现行行政体制中对乡镇政府影响最大。县级政府要在尊重乡镇政府独立行使职权的前提下保障其法定的事权和财权，通过取消任务摊派和统筹解决乡镇财政资金等手段促进事权和财权相匹配，特别是在财政体制上要促进乡镇政府的财权与其承担的公共服务职能相匹配，从吃饭财政、生产型财政迈向公共财政，绩效考核和问责内容也需要转变到公共服务和社会治理上来。

（四）找准实现乡镇治理现代化的着力点

随着中国特色社会主义进入新时代，社会主要矛盾发生了改变，基层治理的重心也发生了新的变化。实现乡镇治理现代化，目前迫切需要的是加强乡镇社会治理，强化公共服务能力，实现乡镇治理与基层群众自治的有机衔接。

首先，要加强乡镇社会治理。乡镇范围内的社会组织和社区是乡镇基层社会的"细胞"，是乡镇基层社会治理的两个重要领域，加强乡镇社会治理就要在这两个方面着力。一是加强社会组织治理。积极培育和规范发展各类社会组织，特别是农业服务组织、社区服务组织、公益慈善组织等，为乡镇治理提供大量的充满生机活力的非官办组织，增强乡镇社会的组织性，同时提高个体通过各种组织有序参与社会治理的能力。二是加强乡镇社区治理。乡镇社区的人际关系大多为熟人社会关系，这种社区类似于斐迪南·滕尼斯提出的"共同体"①，是由自然村落中的人们组成，依靠情感、伦理等因素来维系，共同体成员的同质性较高。按照社会资本理论的观点，乡镇社区的社会网络密度大，社会资本要远高于城市陌生人社区的社会资本，这是乡镇社区可贵的治理资源。在社区治理过程中，要主动创造机会培育农民和辖区其他居民参与社区治理的意识和能力，建构群众参与基层治理的有效机制，发挥群众的主人翁精神，充分利用农村社区的社会网络资源，结合具有丰富情感成分的"群众路线"开展治理。

其次，要提高乡镇公共服务能力。目前，提高乡镇公共服务能力需要抓住以下几个关键环节。一是要实现乡镇公共服务标准化。县级政府要主导实现城乡基本公共服务规划一体化，指导乡镇建立公共服务基础设施和平台，为实现基本公共服务均等化打好基础。乡镇政府要在上级政府的统筹领导和指导下，出台本区域公共服务清单，实施公共服务全流程标准化管理，逐步

① 斐迪南·滕尼斯著，林荣远译：《共同体与社会：纯粹社会学的基本概念》，北京：商务印书馆，1999 年，第 52—91 页。

缩小城乡基本公共服务差距。二是要创新公共服务运营机制，探索设置“社区服务经理”专职运营辖区内公共服务，以专业化提高公共服务的质量。这也要求乡镇政府工作人员实现角色转型，让更多的人从机关的行政事务中解脱出来，从官僚机构的官僚人员转变为面向公民的公共服务提供者，从公务员变为公共服务经理人。三是要注重乡镇居民和社会组织对乡镇公共服务过程的参与，将发展基层民主和公共服务结合起来。要注重设置多元化的公共服务需求表达渠道，博采众意，齐集民智。公共服务决策要注重吸收公民代表参与，兼顾效率与民主。公共服务供给要打破政府垄断，综合采用政府供给、政府购买公共服务、市场化等多元化方式进行，还要鼓励乡镇居民的自我服务、互助服务和社会公益服务。公共服务质量评估和监督要注重收集公民反馈，实现公共权力监督和服务质量改进的有机整合。

最后，要实现乡镇治理与基层群众自治的有机衔接。在观念方面，通过实现乡镇政府职能和治理思维的转变，有效阻断乡镇政府伸向群众自治组织的“行政之手”，真正履行指导自治而不是领导自治的义务。在法律方面，通过完善《中华人民共和国村民委员会组织法》等相关法律及实施细则，赋予乡镇基层群众自治从形式到实质上的权利，从法律上去除乡镇政府越俎代庖的可能。同时，加强对乡村居民自治组织负责人的监督，完善基层群众自治监督机制。在乡镇治理与基层群众自治衔接机制方面，一是通过设立乡镇基层社区服务中心，将乡镇政府的基本公共服务和社会管理职能直接面向基层群众而不经过村级自治组织，这样既减轻了基层自治组织的负担，同时又实现了乡镇政府“寓治理于服务”和保障基层自治权的目的；二是通过基层民主协商统筹乡镇治理和基层群众自治，按照《关于加强社会主义协商民主建设的意见》等文件的要求，以解决乡镇群众实际问题和困难为出发点，坚持与民协商、为民协商的要求，推进乡镇协商、行政村和社区的协商、企事业单位协商和社会组织协商，着力构建基层协商平台和民主协商实施机制，实现乡镇政府指导和基层自治的有机结合。

五、 结语

在破解城乡二元结构的过程中，在解决“三农”问题的历程中，在整体推进我国国家治理体系和治理能力现代化的历史性变革中，乡镇治理现代化均占有重要地位，推动“治理下乡”从而实现乡镇治理现代化可以说是几千年来我国乡镇治理未有之大变革。目前看来，乡镇社会面临双重任务：一方面要逐步缩小城乡发展差距，加强经济发展；另一方面要缩小城乡治理差距，使乡镇治理堪当国家治理的基础和重心。在发展方面，随着中国特色社会主义进入新时代，社会主要矛盾演变为人民对美好生活的需要同不平衡不充分的发展之间的矛盾，应对城乡发展不平衡和乡镇发展不充分问题已有乡村振兴战略等根本性破局之举。在治理方面，我们要应对治理供给无法满足治理需求的问题，在实现乡镇政府理性化的基础上实现治理主体多元化、治理手段现代化和治理过程民主化，健全自治、法治和德治相结合的治理体系。换句话说，国家发展意味着乡镇必须要发展，国家治理意味着乡镇不能“无治”，乡镇不只需要实现新发展理念指导下的经济振兴，还需要实现现代治理理念和国家治理意义上的社会善治。只有推进乡镇发展和治理双管齐下，才能达到十九大报告关于“产业兴旺、生态宜居、乡风文明、治理有效、生活富裕”的总要求，才能为在 21 世纪中叶实现我国国家治理现代化的目标打下坚实的基础。

特大城市集成治理创新研究①

衡　霞，陈　果②

特大城市治理不仅要重视城市建设与发展带来的环境破坏、公共服务短缺等问题，更要高度关注城市发展与治理的矛盾问题。也就是说，我们一方面要积极谋划特大城市“怎样可持续发展”的路径选择问题，另一方面还要深刻反思“为谁发展”的价值诉求问题。党的十九大报告指出，要深入贯彻以人民为中心的发展思想，打造共建共治共享的社会治理格局。这些重要论述深刻阐明了社会治理的基本内涵和时代要求，明确了城市治理的实践逻辑。从共建的角度来看，要实现“碎片化管理”到“整体性治理”的转变；从共治的角度来看，要实现“单一行政管理”向“多方协商治理”的转变；从共享的角度来看，要实现“单向度发展”到“共享式发展”的转变。由此可见，特大城市的治理需要城市发展目标、治理主体、治理技术与资源等跨部门、跨业务的整合集成，需要激发全民共建共治共享热情，从而解决特大城市治理中资源的分散性与“大城市病”的冲突性，通过集成模式达到城市治理绩效最大化。

---

① 基金项目：国家社会科学基金青年项目（16CZZ010）；本文载于《吉林大学社会科学学报》2018 年第 3 期。

② 作者简介：衡霞，四川大学公共管理学院副教授，经济学博士；陈果，四川省社会科学研究杂志社编辑，政治学博士。

一、 特大城市集成治理的内涵解析

根据《现代汉语词典》的解释，“集成”是指同类事件的汇集。查尔斯·萨维奇认为，集成不仅是一种技术手段，更影响着组织结构的变迁，成为组织内外部联系的关键环节。[①] 20 世纪 80 年代国外 Gell-Mann 等人开始用集成思想专门研究复杂性问题，而国内著名科学家钱学森早在 20 世纪 70 年代就已经把还原论和整体论运用到科学研究中，并形成了新的方法论体系。至此，集成作为一种创新性的思维与方法成为科学界解决复杂问题的重要思想工具。2016 年 3 月，国家主席习近平在十二届全国人大四次会议的上海代表团审议和中央全面深化改革领导小组第二十二次会议上均强调：“推进改革要树立系统思想，推动有条件的地方和领域实现改革举措系统集成”[②]，尤其强调同一领域改革举措的前后呼应、相互配合。至此，以系统集成理念谋划改革、以系统集成思维聚力改革、以系统协同模式整体推进改革成为当今中国凝聚共识、催生改革动力的关键。显然，集成不仅仅是一种方法，更是一种思维的创新，通过对复杂社会问题进行综合性、系统性思考，从而形成问题的整体解决路径。1998 年哈佛大学教授 Marco Iansiti 提出了“技术集成（Technology Integration）”的理论，被大多数学者认为是集成创新理论的首次明确提出。随后集成创新逐步融入更多要素，从技术到企业管理，再超越企业边界的内外部资源，发展到产业及区域层面，当然也不同程度地应用到

① 查尔斯·萨维奇：《第五代管理》，珠海：珠海出版社，1998 年。

② 《改进完善国家治理体系我们有主张有定力》，《人民日报（海外版）》2014 年 2 月 18 日，第 1 版。

了治理领域，如将其应用到制度治理和农村治理中。[①][②] 中国基层政府在城市社会治理中启动了集成治理实践，如湖北武汉将集成治理理念应用到基层社会治理创新、浙江杭州将集成治理理念应用到街道职能改革等。

改革开放四十多年来，随着快速的城市化进程，成千上万的农业转移人口涌入城市，大型城市又因其优越的自然条件和社会资源不断向特大城市演变，从而对城市的公共服务体系、社会秩序形成了较大挑战，从制度和文化上改变了传统社会财富分配的运行逻辑。随着特大城市向国家中心城市、全球城市转型，城市的开放性、流动性及伴生风险增加，城市中活动频繁且权利关系复杂的异质性群体，以及急剧增加的人口对生态环境与城市公共资源的巨大压力正日益成为特大城市面临的重要问题。对此，特大城市顺应城市发展的新形势，纷纷提出了城市治理体系与治理能力现代化发展的战略要求，即着力解决“城市病”等突出问题，通过城市环境质量与竞争力的提升，建设宜居与富有活力的现代化城市，城市社区复合化治理趋向愈加明显。[③] 由此表明，城市治理是一项“极为宏大的工程”，不仅要处理好“建设”与“管理”的关系，还要处理好“发展”与“治理”的关系；不仅要改变“九龙治水”导致的城市治理分工过细、城市问题突出的现状，还要加快利用现代信息技术与管理手段构建“局部分工、整体集成”的“现代化”集成治理观。只有这样，才能破解城市现代化进程中的难题，推动治理成本的最小化和治理绩效的最大化。部分地方政府创新城市治理方式，通过治理理念集成、治理过程集成以及治理技术集成有效地防范了城市治理风险，基本上改变了传统治理的单一性、碎片化，实现了城市治理的系统性、协同性。这也与中央

① 艾琳，王刚，张卫清：《由集中审批到集成服务——行政审批制度改革的路径选择与政务服务中心的发展趋势》，《中国行政管理》2013 年第 4 期。

② 虞卫，冯书剑：《以土地整治为抓手整镇推进城乡统筹》，《资源与人居环境》2011 年第 4 期。

③ 杨涛，黄弘椿：《城市社区复合化治理及其发展路径》，《吉林大学社会科学学报》2016 年第 3 期。

“推动有条件的地方和领域实现改革举措系统集成”的理念相呼应，也是中共十八届三中全会以来集成创新思想在城市治理中的广泛运用。

集成治理作为一种“既见树木，又见森林”的系统论思想，强调系统集成、协同集成和人才集成，在多要素集成中实现城市和谐与美的哲学治理观。根据国家治理要求，城市治理主体是城市政府，行政推动与共建共享协同推进，城市政府把许多有形和无形的资源集成，从而发挥整体优势，提升区域经济发展软实力。① 然而，特大城市治理却有一定的特殊性，一是特大城市人口屡控屡破，根据 2014 年国务院出台的《关于调整城市规模划分标准的通知》，我国超大城市由 1990 年的 1 个增加到现在的 6 个，特大城市数量有 10 个。二是特大城市还存在人口进一步聚集的可能，区域经济理论认为，经济集中度与人口集中度正相关，即经济高度集中的区域也是人口流入量最大的区域，再加上自然资源与环境因素，人口更有向特大城市聚集的可能。三是特大城市发展与治理存在矛盾，特大城市要向国家中心城市、全球城市转变，就要加快推进城市建设与发展，但同时也会带来交通拥堵、环境污染、房价上涨、城市公共服务短缺等问题。特大城市中的机构与人员专注于建设与发展，传统治理模式的强大惯性使得城市治理理念转型困难，再加上公共权力运行不规范，往往弱化了城市发展最终意义上的价值诉求，难以实现“人民城市”的“共建、共治、共享”治理格局。事实上，城市问题的解决也不能简单地依赖某些治理技术和新的分析概念的引入，而是需要针对性很强的科学研究和政策设计的大力支持②，集成治理理念的引入将有助于城市政府的治理体系与治理能力现代化发展。

综上所述，特大城市集成治理是指在集成管理理论指导下，以问题为导向、以系统内部集成为主，综合运用系统论、整体论、管理论的技术和方法，

---

① 衡霞：《集成推进统筹城乡综合改革的价值意蕴与实践探索》，《农村经济》2017 年第 7 期。

② 李友梅：《特大城市社会治理问题的再认识》，《城市与环境研究》2015 年第 2 期。

针对特大城市特点跨部门、跨业务的资源整合、综合利用，通过多要素的集成创新在耦合匹配中实现城市治理绩效的倍增效应。从特大城市治理的内涵来看，集成治理的要素包括理念、目标、制度、资源、手段、过程等，基本路径是由集成创新到集成管理再到集成治理。在特大城市集成治理创新中包括资源、组织、治理三个集成维度的创新，即人力、信息、资金等资源集成体系，治理结构、职责与权力、类型与层次等组织集成体系，以及城市政府在城市治理中的规范能力、领导能力、汲取能力等治理集成能力。由此可见，达到以上三个维度才能实现城市治理体系与能力的现代化发展，也只有集成治理创新才能准确把握特大城市的基本趋势，充分激发全民共建共治共享城市治理的新格局，推动城市治理各要素的整合增效，同时也是加强和改革城市治理的现实动因。

二、 特大城市集成治理的现实困境

根据国务院 2014 年底发布的《关于调整城市规模划分标准的通知》，我国城市类型由四类变为五类，城市人口的统计口径也从非农人口调整为城区常住人口，城市的细分有助于城市规划建设的精准和人口的分类管理，从而避免苏格兰学者帕特里克·格迪斯所说的“城市结束于一片枯骨狼藉的公共墓场或死亡之城”①。然而，城市管理者在治理实践中难以跳出经济增长与城市治理的冲突窠臼，进而使得城市治理绩效难以随环境和时间的变化而改进。

（一）特大城市“以人为本”的治理价值有弱化倾向

传统城市管理中，城市政府依靠公共权力机关对公共事务进行单一化管理，从城市规划建设到城市摊贩的管理“事必躬亲”，非但没有提升城市管理

① 刘易斯·芒福德著，宋俊岭，倪文彦译：《城市发展史——起源、演变和前景》，北京：中国建筑工业出版社，2005 年。

质量，反而导致较高的管理成本，管理效率也非常低下。为了更好地满足人们对美好生活的追求，为城市居民提供更优质的社会服务，城市管理者也不断地向治理者转变。虽然两者只有一字之差，但治理理念与价值取向却完全不同。恩格斯认为，“每一时代的理论思维，都是一种历史的产物，在不同时代具有非常不同的形式，并因而具有非常不同的内容”。[①] 特大城市治理所面临问题的复杂性风险迫使城市政府将改革、发展、治理的多元目标集成，激发城市居民的参与意识，培育公平正义的城市治理价值，提升城市社会自我管理的能力。特大城市多有“国家中心城市”“首位城市”“全球城市”等战略定位，城市政府必将“有所为有所不为”，市场机制成为城市治理准则。但长期以来，城市政府把自己看成是“万能机构”，认为只有政府才能治理好城市，公众只会添乱，尤其是当城市政府认为“大量流动人口涌入城市后，对城市社会结构造成较大冲击，社会矛盾触点多、燃点低，更容易出现突发性事件”[②]，更加倾向于把“不该管和管不好”的公共事务“一把抓”，这不仅增加了城市治理成本，降低了城市治理效率，还滋生了治理机构与人员寻租的土壤。虽然中共十八届五中全会提出了“创新、协调、绿色、开放、共享”的五大发展理念，但是仍然不能在短期内根除地方政府治理决策中的“唯GDP”倾向和土地城市化高于人口城市化的现象，因为城市治理的社会效益与生态效益远远慢于城市经济增长所带来的直接收益。我们看到，许多城市推行网格化管理，促进城市政府由直接行政主导向行政权力空间主导转变，但城市居民仍然是被管控的对象，社区共同体的属性日益消失。对于亟须不断提升治理质量的城市政府来说，城市的生产生活质量与生态环境质量相互依存，人既是城市治理的目标又是城市治理的核心，如何集成、整合多元城

---

① 中共中央马克思 恩格斯 列宁 斯大林著作编译局译：《马克思恩格斯全集》（第 20 卷），北京：人民出版社，1979 年。

② 中共中央文献研究室编：《习近平关于社会主义经济建设论述摘编》，北京：中央文献出版社，2017 年。

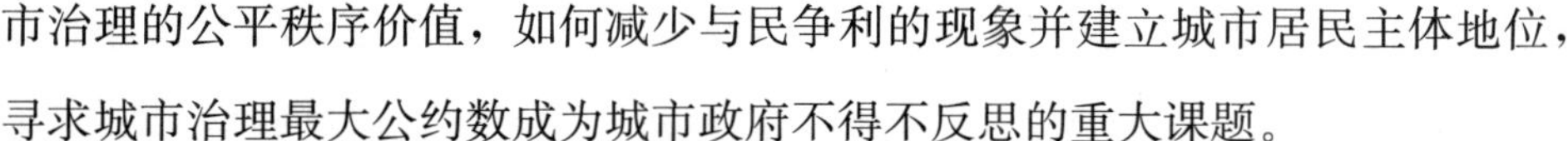

市治理的公平秩序价值，如何减少与民争利的现象并建立城市居民主体地位，寻求城市治理最大公约数成为城市政府不得不反思的重大课题。

（二）特大城市发展与城市治理的矛盾

有研究表明，目前我国80%以上的经济总量产生于城市，51%的劳动力在城镇就业，86%的消费在城镇，90%以上的投资在城镇，66%的信贷在城镇投放。[①] 由此可见，我国城市的经济发展体量非常巨大，已经成为人口、资源和产业的最大平台。截至2016年底，我国城市数量增加657个，城市规模增加到5.4万平方公里，我国城镇常住人口达7.9亿，常住人口城镇化率达57.4%，但户籍人口城镇化率只有41.2%。例如，深圳有常住人口2100万，但非户籍人口占80.7%；作为西部龙头的成都市有2000万常住人口，其中非户籍人口也占到31.5%。[②] 显然，特大城市可以更集中地提供各类基础设施，聚集更多的产业和企业优势，已经成为创新资源和人才最集中、创新活动最活跃的区域，从而持续地推动经济增长，这是城市变迁的基本规律。从世界范围来看，大城市化的趋势从未停止。[③] 城市人口的高速扩张使得城市政府不得不大规模地推行“造城运动”，期望以高速的城市发展来降低公共服务成本核算，提高居民收入和消费能力，进而改善居民的生活质量。但正是这种发展理念使得城市政府继续保持对土地财政的高度依赖，又直接导致债务规模的不断扩大，使城市陷入了发展悖论中。

特大城市在现代化过程中均过分注重城市的外延建设，却忽略了城市的内涵建设，导致城市土地、基础设施、公共服务、公共安全、资源环境等的承载力不断下降，城市社会风险不断积聚，城市治理体系与治理能力的现代

---

① 易军：《推动我国城市现代化建设迈上新台阶》，《求是》2016年第11期。

② 《住建部：2016年我国城市达657个，城市户籍人口4.03亿人》，《城市化杂志》2017年9月11日。

③ 樊纲：《当务之急是发展大城市》，中财网（http://www.cfi.net.cn/p20171017000351.html.）。

化水平与城市的现代程度不匹配。从纽约、伦敦、巴黎等城市的发展历史来看，城市在发展中或多或少都要经历“城市病”的困扰，但这些城市却早在20世纪五六十年代开始就已经实行中长期的城市规划，或实行“多规合一”改革，让社会主体“以脚投票”，间接推动城市空间品质的改善。具有高度共识的“多规合一”体现的是当前城市发展战略，要解决的是规划“打架”问题，一方面可以打破传统行政管理体制的条块分割和条条分割的制约，促进城市治理由末端向前端转移、治理重心下沉等；另一方面可以促进资源利用和环境保护，提升城市政府行政效率和公众参与积极性，并通过“多规合一”来纠正“九龙治水”的城市治理现状。虽然，我国的北京、上海、厦门、成都等城市均形成了多领域、多层次的空间治理体系，融合了经济、政治、文化、社会和生态建设各领域，解决了城市发展中不平衡、不协调和不可持续的问题，从而有助于提升城市政府治理体系与能力的现代化发展，但在实践中，仍然出现城市发展与城市治理多项制度不相容、不匹配的问题，再加上各部门对自己的集成要素资源分配权和使用权的保护倾向，使得城市治理诸要素的集成和资源整合变得尤为困难。从理论上来看，科学发展与有效治理相互依存、互促共进，具有内在一致性，但是对于城市政府来说，如何有效地用集成治理思维来平衡城市发展与治理的矛盾是目前城市政府的当务之急。

（三）特大城市行政权力与社会权力的边界问题

城市政府通过行政权力的主导来保证城市治理目标的实现，城市居民则运用社会权力实现社区的“共建、共治、共享”，两者相互结合共同推进城市治理体系与能力现代化发展。从城市治理实践来看，党委领导下的行政主导是城市治理的基本保证，通过政府行政权力的主导有利于财力物力保障、政策支持和能力建设指导，厘清城市治理的权责清单、事项清单，避免“条、块”对多元共治的掣肘。然而，城市治理长期注重政府的“主导”作用，“大包大揽促发展”的方式方法广泛运用到城市治理中，分散到五十多个部门中的城市管理职能难以形成治理的合力，导致“三社联动”机制运行不畅，居民参与意愿不强，“共享易、共治难”的局面没有得到根本改变。从基层治理体制来看，虽然部分区县在十多年前就进行了创新性探索，但大多数城市的发展治理方式仍然是传统的单位管理模式，没有结合城市经济地理空间的变化和人的流动性等特点，基层群众性自治组织仍然承担了大量行政事务和经济职能，街道也没有改变“二传手”的地位，相关人员和工作也被纳入街道层面的统一考核。尤其是目前强调自上而下发挥党建引领的背景下，城市政府更加担心过分强调社会权力“共建、共治、共享”对党执政基础的削弱，甚至降低党和政府的威信，从而进一步约束社会力量介入城市治理的深度和广度。从治理流程再造的技术支撑来看，Emerson认为，在公共事务治理中，多部门合作不会自动形成，不论是部门间协作、区域协作还是公私伙伴关系，都需要构建一定的治理结构或机制①，但部分城市政府对于以云计算、互联网、大数据等信息化手段实现的“服务网、民生网、安全网”三网融合不以为然。在现代信息技术广泛应用的环境下，城市治理部门却忽略了以此为基础建立起的城市治理过程与法律法规的动态关联和责任边界，使得市民的多元化诉求经常受到“条”与“块”的“踢皮球”，城市政府的综合治理能力日益受到断裂的权威和重叠的管辖权破坏。尽管十九大报告提出要“打造共建共治共享社会治理格局”，但城市政府如何处理好行政推动与共建共享的关系，如何处理好党建引领与融合共治的关系等，都是需要认真思考的问题。如果城市政府仍然理所当然地采取行政主导的外部控制路径，通过掌握居民牢骚、固执、偏激等行为的发展演变，避免与多元主体在城市治理中的权力再分配，那么这种思路不仅与十九大报告的社会治理精神相违背，也会成为城市治理体系与治理能力现代化发展的绊脚石。

（四）特大城市的“合理”治理与依法治理的现代化城市发展矛盾

不同城市有不同的发展特点，但对于长期存在和持续繁荣的特大城市来

① 莱斯特·M. 萨拉蒙：《公共服务中的伙伴——现代福利国家中政府与非营利组织的关系》，北京：商务印书馆，2008年。

说，城市文明的浸润是其竞争力与魅力所在。随着我国快速推进的城市化进程，城市规模日益扩大，城市空间密度不断加大，城市建筑越来越西化，城市成为若干封闭的“大院和围墙”组成的“围城”，作为城市记忆的历史街区和文化古迹因建设性破坏而使城市被割裂了城市文脉，城市传统文化也在先进的建筑理念和技术等现代化思想的步步紧逼之下趋于没落。陌生的社区环境使居民难以形成文化连接的“共同体”，城市文态消失、城市地域特色淡化、城市不和谐因素增加，城市治理成本不断攀升。城市化是经济发展的产物，城市文明更应成为现代城市发展的内涵和精髓。尽管越来越多的城市开始注重城市传统文化的保护，制订了城市文态规划，但大多还是停留在“文化搭台、经济唱戏”的阶段，城市文明的浸润功能并没有融入城市建设与发展，反而使得传统文化中的糟粕被放大。现代化的城市治理更多依赖于没有温度的多种网格进行管理，忽略了优秀传统文化浸润于城市每个角落对城市风险防范和矛盾化解的预见性思考，使得依法治理与普通市民的“合理”治理产生冲突。在陌生的城市社会中，多元主体的利益冲突和对城市美好生活的追求，使得依法的“硬”治理消解于居民的“非理性”诉求，传统城市文化和日益凝聚的社区文化却更加注重不平衡、不充分的城市基层建设与治理水平，三者的冲突构成了特大城市较高交易成本治理的重大难题。

党的十八届三中全会将“党委领导、政府负责、社会协同、公众参与”的社会管理体制修改为“党委领导、政府主导、社会协同、公众参与、法治保障”的社会治理体制，这表明法治是社会治理创新的最优模式，法治思维是解决社会治理难题的关键保障。但对于社会矛盾的处理，公众已经形成“大闹大解决，小闹小解决，不闹不解决”的惯性思维，使得社会问题更加复杂，矛盾也更容易激化。浙江桐栌、四川泸州、湖北武汉等地纷纷探索“法治、德治、自治”三位一体的手段集成治理模式，坚持以民为本，紧紧围绕“人”这个核心，充分保障其利益的表达与协调，这与党中央系统推进意识形态建设、更加注重人的主体性与创造性要求一致，只有人与人能够和谐相处，城市秩序才能安定有序，城市治理体系才能逐步现代化。但是，对于如何处理好有助于城市治理现实依据和手段问题的法治、有助于解决治理载体的自治和城市文明浸润下有助于解决治理主体精神层面思想修养问题的德治三者的关系，却成为许多地方政府的难题，包括何时以谁为主导、何时进行最佳组合以互补匹配和持续优化等。三者关系的恰当匹配，不仅是解决城市文明浸润与依法治理的关系问题的方法，更是推动特大城市治理体系与治理能力现代化发展的内在动力。

三、 特大城市集成治理路径创新分析

特大城市的特征首先是人口规模巨大，经济地理空间宽广，社会阶层结构、利益结构和需要结构日趋分化，城市的生产生活体系与经济社会体系的互适性面临更大的张力，它既能带来资源集聚也会产生大量的负外部性，城市逐渐陷入经常性的“骚动不安”中，这就对特大城市的治理体系与治理能力现代化发展提出了新要求。集成治理作为“既见树木，又见森林”的创新性思想，区别于常规的城市治理理念，认为城市各要素的优化并不等于整体的优化，需要以价值为导向、以信息为载体、以文化为基础、以社会为目标，实现各治理要素的协同运作，并非各要素的简单相加，而要体现“化”的过程，需要可以担当“集成治理”大任的现代化人才，从而解决特大城市中治理资源的分散性与“大城市病”的冲突性，通过集成模式达到城市治理绩效最大化。

（一）以目标集成整合治理价值的弱化问题

目标管理理论认为，组织必须有多种目标而不是唯一目标，目标的战略性要求组织结构动态变化并与之匹配，这种思想体现的就是以共识、共力、共赢、共享为基础的集成管理模式，这样就把对人的管理和组织的管理相结合，实现了管理有效性与价值观的统一。根据《关于加强和完善城乡社区治

理的意见》，特大城市治理的出发点和落脚点均在社区，只有依靠城市居民、组织居民群众参与社区治理，才能减少城市中异质性群体的矛盾冲突。在特大城市里，原住民越来越少，新生群体和流动群体成为城市的主体，他们需要有与城市居民相同的获得感、幸福感，需要同样的生活便捷性和城市环境安全性，但是这些诉求对特大城市的多元发展目标形成了挑战。一方面，特大城市有多个目标定位，如国家中心城市、全球城市、首位城市等，其重点任务是体现国家意志、引领区域发展、跻身国际竞争领域，经济引领仍然是首要目标；另一方面，特大城市还肩负有代表国家形象的重大使命，这就需要有“向上、向善、向美”的城市环境，需要城市的良治。因此，尽管城市发展有多元目标，不同的目标导向可能使得城市政府在治理时采用不同的价值取向，但仍然可以通过对多元目标共性的梳理，集成整合出城市唯一的价值取向，如上海“有温度的城市”、成都“宜居生活的城市”，只有把生活在城市中的人作为一个整体，采用共同的价值取向进行治理，才能调动居民、社会组织和其他社会主体的广泛参与，激发城市活力，畅通居民利益诉求通道，避免多元城市目标定位引发的城市政府和市民的价值观错位，从而有效预防和减少城市矛盾与冲突。

（二）以多元集成推动城市发展与城市治理的良性互动

科学发展与有效治理是城市工作的“一体两面”。科学发展是前提，是根本，是解决所有问题的关键，城市的规模、结构、功能完善等都必须融合新的发展理念；有效治理则是途径，是方法，是实现善治良序的必然选择，城市的安定祥和、生机活力等都必须通过有效治理来维护。要实现用“绣花”功夫来推进特大城市的精细治理、以现代化治理来促进城市发展，就必须要有制度集成作为城市治理基础的理念。首先，制度集成是指以技术创新为手段，按照治理结构和功能以及集成机制选择相应的制度作为集成要素，以实现治理系统的预定目标。显然，制度集成并非是多个制度的简单叠加，而是要为城市政府的整体性治理创造宽松的制度环境和政策环境，为集成治理增加制度驱动力。从治理体制来看，市、区、县、街道的四级管理体制并未因为特大城市的典型性而发生根本性变革，街道仍然将八成以上的行政事务摊派给社区，并就经济指标进行体制内考核；从治理结构来看，党组织并未实现社会全领域覆盖，政府的行政和服务水平与市民诉求不匹配，涉及社区的治理主体多达四五十个以上，“多头治水”的局面未能得到有效控制；从治理领域来看，专项的、局部的制度集成均非常有成效，如“多规合一”，但仍然是按照“条”与“块”进行系统集成。对此，可以借鉴上海市与成都市的做法，成立专门的机构，对城市治理进行整体性的制度设计，既避免城市政府的全能性和权责不清导致治理效率低下等问题，又能避免“小肩膀挑大担子”出现的主业不清的问题。其次，集成治理是理念、技术、结构的系统融合，不仅需要城市政府在制度设计上达成共识，也需要社会多元主体推动制度的整合，以共识、共力、共享等方式促进城市治理的系统集成。再次，特大城市的典型性决定其制度集成不能单凭机构整合来实现制度的统一性，还需要对中央的顶层设计做出准确把握、对先进城市的治理经验进行借鉴吸收，从而摒弃制度集成中的弊端，形成城市治理的完整治理体系。最后，要根据十九大报告中提出的“社会化、法治化、智能化、专业化”的“四化”要求，按照“专家定制度、依法公开、公众审议”的程序使集成后的制度对城市治理具有正向激励作用，从而破解特大城市科学发展与有效治理的矛盾。

（三）以技术集成平衡城市治理主体的权力冲突

技术集成是指将两个以上的单项技术通过重组而统一为整体功能的新技术，显然这种技术集成手段在许多特大城市中已经被广泛运用，如“三网融合”“三社联动”通过技术手段实现了三大社会主体及其治理技术的融合。但上述融合只能算是概念性的技术集成，而不是城市治理技术的系统集成。在特大城市治理中，治理主体包括政府、企业、社会等领域，但三者并未完全融合；城市规划中的“多规合一”探索于十年前已经开始，但仍然需要有“条”和“块”的分别规划；市民尤为关心的城市交通、公共安全、人居环境也分别有自己的技术支撑体系，因而，特大城市治理的技术支撑系统与普通城市不相同，既需要各部门技术支持系统的集成整合，更需要跨部门的大数据运用。例如，社区治理中既有组织部、民政局、宣传部的网格系统，也有综治和城管的网格系统，数条网格系统为城市治理提供了庞大的数据来源，尽管数据格式多样、来源复杂、形式冗余，但并不妨碍大数据库的建立和运用。纽约、新加坡、芝加哥等城市都较早地利用了大数据进行城市治理，提升了治理效率，降低了治理成本。对此，可以针对我国特大城市的特殊性和典型性，创新性地整合各系统的大数据，形成全市“一张网”的信息技术支撑系统，推动城市的整体性治理，从而避免城市政府的大包大揽和对社会主体参与城市治理的“不信任”。当然，再先进的技术也代替不了管理，城市政府需要依赖信息技术来固化治理标准和流程，通过技术推动城市治理的需求导向，实现城市政府、市民、技术和文化的融合，从而成为城市治理的组织者、规划引领者、政策制定者；社会主体不拘泥于权力的大小与“谁”应当供给的问题，而是从“要我做”变为“一起做”，不断提升自我管理、自我教育、自我服务的能力；企事业单位也不再抱有“与我无关”的态度，与政府、居民共驻共建，主动为城市居民提供多样化、个性化服务。由此，在共建共治中既明确了多元主体的权力边界，又减少了城市生活的不确定性，通过信息资源系统集成，降低城市治理交易成本，构建“共建、共治、共享”的发展治理格局。

（四）以资源集成推动“合理”治理与依法治理的融合

依法治理是城市治理体系的基石，城市文明有赖于文化的浸润、植根于法治的土壤，二者相互促进、相辅相成。当法治信仰镌刻于市民心中时，城市文明、个人品德、依法自律浑然一体，城市的有效治理就能达到一种理想状态。在城市中，我们经常可以听到居民谈论政府时用“你”“要我做”等表述，缺乏“我”“我们一起做”的意识，这也是城市发展与治理中存在的各种矛盾和冲突所致。登哈特（2004）认为，“在一个民主政体中，需要做的正确事情恰恰是更多的参与，更多的参与有助于强化政府责任，改进公共政策质量，提升政策执行成效，增加对政府的信任度，建立一种新型合作关系。”①虽然我国城市政府与西方国家有很大不同，但对于共同生活的城市居民而言，美丽家园需要民主协商，需要相互信任，只有人民城市人民建、人民城市人民管，才能充分调动社会主体参与城市治理的积极性，才能弥补城市治理人才的不足，最终才能满足政府与居民对城市美好生活的新需要。人才、制度的集成仅仅是完成了集成治理的第一步，缺乏有效的资金集成，任何治理都是空想。尽管目前许多特大城市依照不同的标准，对社区、居民密切关注的城市问题给予较大的财政资金预算，但对于如何统筹使用各部门、各层级的专项资金以及提高资金使用效率并没有明确的规划，而且，资源部门化、责任属地化的现状仍然是各大城市面临的主要问题。对此，对于已经成立专门治理机构的特大城市政府来讲，有必要将城市治理资金等资源划拨指定机构集中谋划；对于还未设置专门机构的其他特大城市政府来说，也需要在决策时统一专项资金管理机构。除此以外，还需要拓宽城市治理资源的筹集渠道，尤其是社会主体愿意积极投入的社区治理领域。当资源集成成功助推和谐社区的营造时，城市治理主体的多元协作、合作共治思维必然融入城市文明与法治思维，从而推动高品质和谐宜居城市建设，实现习近平总书记关于特大城市的治理理念和“共建、共治、共享”的社会治理格局。

① 珍妮特·V. 登哈特，罗伯特·B. 登哈特：《新公共服务：服务而不是掌舵》，北京：中国人民大学出版社，2004 年。

城市韧性动态评估方法研究

黄　超　王燕梅①

一、引言

当前，我国正处于工业化、城镇化的快速发展时期，经济、社会和自然环境都进入了一个各类突发事件发生概率高、破坏力大、影响力强的阶段，各种传统的和非传统的、自然的和社会的风险及矛盾交织并存，公共安全和应急管理工作面临的形势更加严峻。② 在公共安全领域中，城市防灾减灾建设一直是一个热点话题，国务院颁布的安全生产“十三五”规划重点强调要开展“城市安全能力建设工程”。2018 年 1 月 7 日，中共中央办公厅、国务院办公厅印发《关于推进城市安全发展的意见》，提出把安全发展作为城市现代文明的重要标志，促进建立综合性、全方位、系统化的城市安全发展体系，全面提高城市安全保障水平。城市安全和可持续发展的双重要求，使得“韧性城市”成为一个学术流行词。2015 年，在日本仙台举办的联合国第三届世界减灾大会提出的十年全球计划中，就把“韧性建设”作为五个重点关注领域之一。

本文首先回顾了韧性概念的起源与发展历程，总结了城市韧性的国内外

---

① 作者简介：黄超，四川大学公共管理学院博士，副研究员，研究方向：应急管理、应急决策；王燕梅，四川大学公共管理学院硕士研究生。

② 马凯：《落实科学发展观，推进应急管理工作》，《求是》2009 年第 3 期。

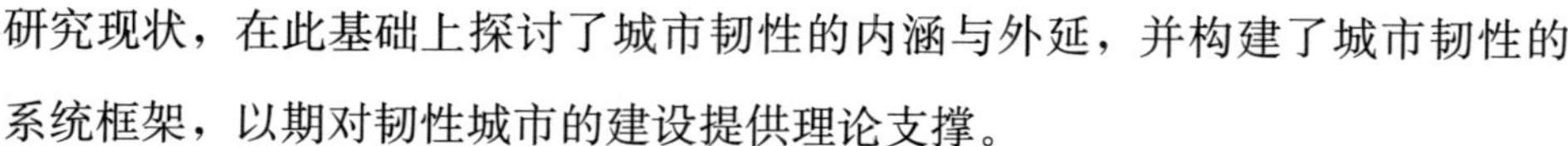
研究现状，在此基础上探讨了城市韧性的内涵与外延，并构建了城市韧性的系统框架，以期对韧性城市的建设提供理论支撑。

二、 韧性概念的起源与发展

“韧性（resilience)”一词最早起源于拉丁语“resilio”，其本意是指回复到原始状态。从古至今，韧性概念随着时代的变迁被应用到了不同的科学领域。① 在 19 世纪中叶，随着西方工业革命的演进，韧性这一概念最初被广泛应用到了物理学领域，用来表示材料在塑性变形和断裂过程中吸收能量的能力。韧性在心理学领域被定义成“是一种压力下复原和成长的心理机制，指面对丧失、困难或者逆境时的有效应对和适应”。之后，加拿大生态学家霍林首次将韧性的含义运用到生态学领域，用以说明生态系统稳定状态的特征。自 20 世纪 90 年代以来，学者们对韧性的研究逐步从自然科学领域向社会科学领域转变。②

韧性这一概念发展至今，经历了两次具有突破性意义的飞跃。首先，“工程韧性”是最早被提出的一种认知观点。③ 布莱克莫尔认为，工程韧性主要强调当外在扰动消除之后，系统功能逐渐复原的能力。④ 维尔达夫斯基认为，韧性是遇到干扰之后在变形之前恢复原状的一种能力。⑤ 可以看出，工程韧性强调系统在受到干扰和外在压力时能够保持最初稳定状态的一种反应。

---

① 邵亦文，徐江：《城市韧性：基于国际文献综述的概念解析》，《国际城市规划》2015 年第 2 期，第 48—54 页。

② Holling C. S. Resilience and stability of ecological system. Annual Review of Ecology and Systematics，1973（4)：1—23.

③ 邵亦文，徐江：《城市韧性：基于国际文献综述的概念解析》，《国际城市规划》2015 年第 2 期，第 48—54 页。

④ Wang C H，Blackmore J. M. Resilience concepts for water resource systems. Journal of Water Resources Planning and Management，2009，135（6)：528—536.

⑤ Wildavsky A. Searching for safety. New Brunswick，NJ：Transaction，1991.

随着时间的推移，学界对韧性这一概念的研究不断深入，工程韧性也暴露出其僵硬、单一的缺陷。霍林开始将韧性一词应用到生态学领域，用以表述生态系统动态平衡，在受到扰动之后系统也能够通过自身调节来达到一种新的稳定。① 同时，伯克斯和福尔克也认为系统不应该只有一个稳定状态，它可能会在遭受扰动之后对自身系统进行自我修复以形成一个新的稳定状态。② 由此我们可以看出，从工程韧性到生态韧性的飞跃体现了更加注重系统自身的“修复能力”的观点：修复是指通过自我修复以形成一个或多个新的稳定状态，而不仅仅是保持原有稳定状态。

在生态韧性的基础上，随着学者们对韧性理论研究的加深，“演进韧性”这一观点应运而生。在演进韧性理论中，世界被看作是复杂的、不确定的和不可理性预测的，因此过去的经验和模式在这种情况下将不再适用。冈德森和霍林提出的适应性循环理论是演进韧性中较为经典的一个理论：系统不再是保持一个稳定状态而是处于持续不断的变化中，它主要包括利用、守恒、释放和重组四个阶段。③ 沃克等人也认为，韧性不应只是对系统自身的一种修复能力，它更应该被看作是在外在压力下所激发的一种改变、适应和调整的能力。④ 因此，演进韧性更加强调系统着眼于未来的一种长期适应能力，系统在不断变化的环境中不断调适和修复，进而形成能够适应更多复杂情况并保持更新的系统。

---

① Holling C. S. Resilience and stability of ecological system. Annual Review of Ecology and Systematics，1973（4）：1—23.

② Berkes F，Folke C. Linking social and ecological systems for resilience and sustainability//linking social and ecological systems：Management practices and social mechanisms for building resilience. Cambridge：Cambridge University Press，1998：13—20.

③ Holling C. S. Gunderson L. H. Resilience and adaptive cycles//panarchy：Understanding transformations in human and natural systems. Island Press，2001：25—62.

④ Walker B. Holling C. S，Carpenter S. R，et al. Resilience，adaptability and transformability in social—ecological systems. Ecology and Society，2004，9（2）：5.

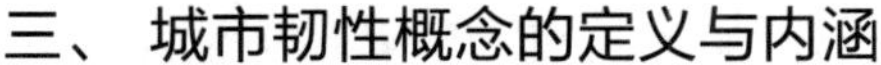

三、城市韧性概念的定义与内涵

国外对于城市韧性的研究起步较早，但在城市韧性的概念界定和内涵阐释上并未达成一致。布朗①和佩顿②等人将韧性的概念引入社会学领域，指出韧性是促进城市可持续发展的重要因素。跟韧性概念的发展进程一样，现有的对韧性城市的定义也呈现出三种不同的主流观点。第一种观点认为韧性城市即具有一定“稳定性”的城市③，以盖斯④、戈德沙尔克⑤等人为代表，认为韧性城市能够承受住各种危险以及干扰同时保持系统内部稳定。第二种观点是库力格⑥和卡特⑦等人认为，韧性主要表现为城市在灾后的一种自我恢复能力，即“可恢复性”⑧。第三种观点则是以布诺⑨、科尔斯⑩等人为代表，他

---

① Brown D. D，Kulig J. C. The concepts of resiliency：Theoretical lessons from community research. Health and Canadian Society，1996（4）：29—52.

② Paton D. Disasters and communities：vulnerability，resilience and preparedness. Disaster Prevention and Management，2013（4）：270—277.

③ 唐庆鹏：《风险共处与治理下移——国外弹性社区研究及其对我国的启示》，《国外社会科学》2015 年第 3 期，第 81—87 页。

④ D. E. Geis，By Design：The disaster resistant and quality of life community. Natural Hazards Review，2005（11）：151—160.

⑤ Godschalk D. R. Urban hazard mitigation：creating resilient cities. Natural Hazard Review，2003（3）：136—43.

⑥ Kulig J. C，Edge D. S，Joyce B. Understanding community resilience in rural communities through multi-method research. Community Development，2008（3）：77—94.

⑦ Cutter S. L，Barnes L，Berry M. A place-based model for understanding community resilience to natural disasters. Global Environmental Change，2008（18）：598—606.

⑧ 唐庆鹏：《风险共处与治理下移——国外弹性社区研究及其对我国的启示》，《国外社会科学》2015 年第 3 期，第 81—87 页。

⑨ Bruneau M，Chang S. E，Eguchi R. T. A framework to quantitatively assess and enhance the seismic resilience of communities. Earthquake Spectra，2003（4）：733—752.

⑩ Coles E，Buckle P. Developing community resilience as a foundation for effective disaster recovery. The Australian Journal of Emergency Management，2004（19）：6—15.

们认为韧性城市应主要落脚于城市在灾害事件中形成的长期适应能力和学习能力，即“长效性”。近年来，第三种观点更多地受到学者的关注，如坎帕内拉[①]就提出应该重视“社区在建设韧性城市中的力量”；伊伦尼・萨邦[②]也明确提出韧性城市建设需要“社会倡导力”“社区能动力”“社会包容性”。

国内学者对韧性城市也进行了一定的理论探讨。以王吉祥[③]为代表的学者认为，韧性应该强调城市在经历灾害之后还能维持基本稳定状态的一种能力，其研究重点关注城市保持稳定运行的层面，在面临各类突发事件时以抵抗手段为主，多处于较被动的局面。廖桂贤等学者提出，“在面临洪水等自然灾害的时候，采取的应对措施应该由抵抗向韧性疏导转换”。[④] 这一观点使越来越多的学者意识到在建设韧性城市的问题上应该采取一种主动的态度，除了被动地等待他方的救援以外，城市系统自身也应该进行自救，即拥有“自我修复”能力。另外，在韧性城市研究的框架体系下，不少学者开始将研究重心转移到社区上来，但我国更多使用的是“弹性社区”这一概念。[⑤] 较有代表性的是徐江提出的“授人以渔、长期治痛”，通过物质层面与社会层面相结合来长期提升城市社区的系统韧性。[⑥] 可以看出，当前国内对于韧性社区的研究总体上处于初步阶段，但也有部分学者开始对韧性社区进行发散思考和对比研究，进而开始形成新的思潮。

---

① Campanella T. J. Urban resilience and the recovery of New Orleans. Journal of the American Planning Association，2006，72（2）：141－146.

② Ireni-Saban L. Challenging disaster administration：Toward community-based disaster resilience. Administration and Society，2013，45：651－673.

③ Wang C. H，Blackmore J. M. Resilience concepts for water resource systems. Journal of Water Resources Planning and Management，2009，135（6）：528－536.

④ Liao K. H. A theory on urban resilience to floods—a basis for alternative Planning Practices. Ecology and Society，2012，17（4）：48.

⑤ 唐庆鹏：《风险共处与治理下移——国外弹性社区研究及其对我国的启示》，《国外社会科学》2015 年第 3 期，第 81－87 页。

⑥ 徐江，邵亦文：《韧性城市：应对城市危机的新思路》，《国际城市规划》2015 年第 2 期，第 1－3 页。

综合国内外不同学者对城市韧性的理解，尽管各类说法的侧重点不同，对于韧性城市的定义由“抗逆性城市”“有复原力的城市”到“弹性城市”也经历了不少争议①，但我们仍可以总结出关于定义城市韧性概念的几点共识：其一，城市的韧性是在经历各类突发事件的扰动之后能够保持正常运作的一种能力；其二，韧性城市能够在受到外在压力后进行自我修复来恢复其正常运行；其三，韧性城市在遭受突发灾害后不仅能够进行自我管理、自我恢复，还能够进行自我调适以保持长期对灾害的适应性。②

综上所述，城市韧性是指城市在遭遇自然灾害、事故灾难、社会安全事件等突发事件干扰后，在没有接受外部力量援助的情况下，能够通过自我组织、自我调适和自我修复来维持当下正常运行，同时保持对未来风险长期有效的适应性。城市韧性主要有以下几个内涵：第一，韧性主要强调城市的自治能力，即不依靠外在力量而是通过自发意识和自主管治能力来提高对各种风险灾害的应对能力；第二，韧性体现为一个主动的过程，它摒弃了过去僵硬单一的“抵御”式反应，而是包括了预测、准备、缓解、适应等环节来应对各类突发事件；第三，韧性着眼于未来的长期适应性，它不仅仅着力于现下处理突发灾害的能力，更致力于在总结经验和更新系统的同时对未来的风险也保持着有效的适应性，是可持续发展的一种新思路③；第四，韧性不仅是重建的能力，更是一种创新的能力，也就是使应对灾害的能力不断向前跃进，从而达到一个更高的层次的能力。④

---

① 唐庆鹏：《风险共处与治理下移——国外弹性社区研究及其对我国的启示》，《国外社会科学》2015 年第 3 期，第 81－87 页。

② 王冰，张惠，张韦：《社区弹性概念的界定、内涵及测度》，《城市问题》2016 年第 6 期，第 75－81 页。

③ Ahern J. From fail-safe to safe-to-fail：Sustainability and resilience in the New Urban World. Landscape and Urban Planning，2011，100（4）：341－343.

④ Manyena S. B. The concept of resilience revisited. Disasters，2006，30（4）：434－450.

四、 城市韧性系统框架构建

关于城市韧性的系统框架同样存在着多种说法。1999 年，韧性联盟从管治网络构建、代谢流、建成环境以及社会动力机制四个方面建立了城市韧性的主体框架。① 斯坦顿和迈纳认为，城市韧性主要由基础设施韧性、制度韧性、经济韧性和社会韧性四个方面组成。② 康福特在论述如何提升城市减灾能力时提到，应该将信息技术和组织学习结合起来。③ 特威格认为，韧性应当包含共同利益、价值、行为结构等多个维度，不能仅仅从物理维度上来理解这一复杂概念。④

综合国内外专家对韧性系统的理解，本文将从自然环境资本、物质资本、人力资本、经济资本、社会资本五个方面来构建城市韧性的系统框架。

第一，一个城市所处的自然环境在一定程度上决定了该城市面临的风险，因此对各类致灾因素的分析是构建城市韧性的前提。本框架使用自然环境资本来描述容易诱发各类突发事件的环境因素，包括城市周边区域的地理分布、水文条件、气候状况三个方面。从脆弱性因素来讲，我们需要明确城市周边的地势条件、水文特征等情况，便于城市内部根据其所处的具体环境绘制灾害风险图和安全逃生路线。而资源存量则是为了评估城市所在环境的资源存量和可利用的资源优势，如城市附近有可靠安全的饮用水源、地势平坦空旷

---

① Resilience Alliance. A research prospectus for urban resilience：A resilience alliance initiative for transitioning urban systems towards sustainable futures. http://www.resalliance.org/files/1172764197_urbanresilienceresearchprospectusv7feb07.pdf.

② Jha A. K，Miner T. W，Stanton-Geddes Z. Building urban resilience：Principles，tools，and practice. World Bank Publications，2013.

③ Comfort L. K. Shared risk：Complex systems in seismic response. Oxford，UK：Elsevier，1999.

④ Twigg J. Characteristics of a disaster-resilient community. Hazard Research Center，2007（1）：1—36.

的临时灾民安置区等，这体现了城市对灾害的适应能力和环境可利用的灵活性。

第二，物质资本是指长期存在的生产物资形式，如地下管线、建筑物、交通运输设施等。城市的物资资本决定了城市在面对风险时所具备的基本生存能力，本框架通过基础设施、交通能力、通信能力、物资储备和技术设备五个方面来描述物质资本。

第三，人力资本是指通过教育、培训、实践经验、迁移、保健等方式而获得知识和技能的积累，同时它也包含人为制定的各项政策以及由人组成的各种组织层级。随着经济的发展和知识经济的到来，物质资本越来越容易被复制，而人力资本由于具有独特性和创新性，其重要性也越来越高。在城市韧性框架中，人力资本体现在组织体系、管理制度和教育培训三个方面。

第四，经济资本作为社会发展程度以及人民生活水平的价值体现，无论是宏观的整体经济态势还是微观的个人收入水平，都与城市韧性密切相关。经济资本主要由内部经济基础、宏观经济发展水平、商业环境和公共财政四个方面组成。

第五，城市韧性强调的是全社会参与的可持续发展理念，因此社会资本也是城市韧性框架不可缺少的一部分。社会资本主要体现在文化氛围和社会网络关系两个方面。文化氛围主要体现在公众对突发事件的认知水平和防灾减灾的参与意识；社会网络则着重强调个人、社区、政府以及其他非政府组织之间相互协调配合、彼此沟通合作的紧密程度。

综上所述，城市韧性的建设不单单体现为物质上的建设，还应包含整个社会所有利益相关者协调配合下的社会氛围。构建城市韧性的系统框架有助于建立、加强城市系统结构，完善资源配置，以减缓各类突发事件造成的影响，增强城市系统的适应能力与可持续发展能力。

五、 城市韧性的定量评估方法

本文以“resilience modeling”“resilience quantification”“resilience metrics”为关键词在美国科学引文数据库（Web of Science，WoS）的核心合集内检索不同学科利用定量方法评估韧性的英文研究性期刊文献，获得了6671篇文献，并通过文献计量方法进行可视化分析，剖析国外关于韧性定量评估方法的可视化结果，挖掘文章的研究方向。WoS生成的知识图谱如图2—1所示（WoS总共检索出118个研究方向，本文选择了排名靠前的25个研究方向）。图中数字代表了发表文章数量的多少，我们可以看到关于韧性的研究主要集中于生态环境领域、心理学领域、工程领域、计算机科学领域以及经济学领域等。图2—2反映关于韧性定量评估研究的文章呈上升趋势，“韧性”越来越多地得到学者们的关注，这也与政府决策者们对韧性建设的重视不谋而合。

1481 环境生态科学
985 心理学
755 工程学
488 计算机科学
488 精神病学
354 科学技术其他专题
329 企业经济学
322 神经科学
314 水资源
299 公共环境与职业安全
277 海洋与淡水生物学
225 地理学
206 通讯学
183 社会工作
179 生物多样性保护
160 家属研究
144 气象和大气科学
133 物理学
132 农学
128 数学
127 社会科学其他专题
118 林学
118 海洋学
112 教育研究
110 运筹与管理学

图2—1　研究方向知识图谱

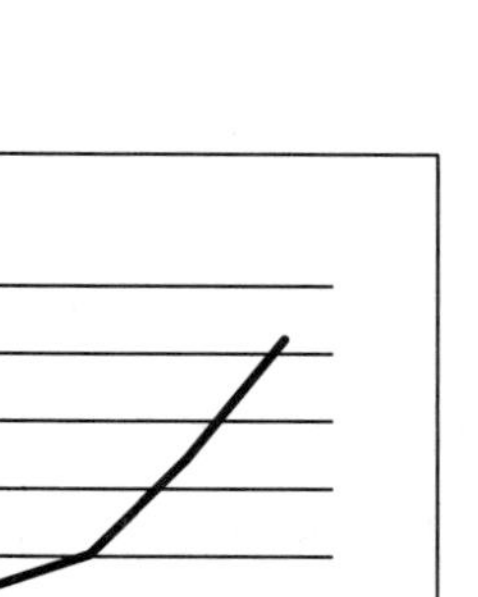

图 2—2　文章数量折线图

关于韧性的研究可以分为定性研究和定量研究，定性研究主要讨论韧性的概念、特征以及韧性规划的指导原则等，定量研究则从韧性的概念、特征出发，量化出城市系统具体的韧性指数。目前，城市韧性的定量评估研究主要集中于经济韧性、基础设施韧性、突发事件韧性、社区综合韧性等方面，本文将涉及的方法主要分为基于韧性理论框架的评估方法、基于系统模型的韧性评估方法以及基于模拟仿真的韧性评估方法。

（一）基于韧性理论框架的评估方法

基于韧性理论框架的评估方法是将韧性概念操作化，根据评估指标体系或者影响因素评估韧性的一种静态测量方法，这种方法主要以指标测量的形式实现。

指标测量法是根据指标体系评估韧性的方法。这种方法在社区综合韧性评估中得到了大量运用。例如，马荣加将社区资本看作是其在遭遇不确定扰动时可调动的资源储备，通过社会、经济、物质、人力、自然五种资本形态来量化社区韧性①；伯顿从社会、经济、制度、基础设施、环境等维度测量了

① Mayunga J. S. Understanding and applying the concept of community disaster resilience：a capital-based approach. Summer Academy for Social Vulnerability and Resilience Building，2007：1—16.

“地理上郡县次层级的恢复力”，并以卡翠娜飓风和美国密西西比州湾岸的复原作为案例开展研究①；卡特等人于 2008 年初步从社会、经济、制度、基础设施、生态、社区六个方面建构了社区韧性评价体系②③，随后（2010 年），考虑到不同区域的生态系统具有的特殊性会对韧性造成不同的影响，无法进行区域间的比较，因此剔除了生态部分，使此评价体系可用于地区间的比较研究④；2014 年，卡特进一步提出了社区韧性评价指标体系（the Baseline Resilience Indicators for Communities，BRIC），从社会、经济、社区、制度、基础设施、环境六个维度，利用政府或研究机构的公开数据对美国不同地区的韧性进行量化，得出了不同地区韧性的大小。⑤

指标测量法也在组织韧性中得到了运用。Shirali 等人引入了 6 个关键指标来测量企业的组织韧性：高层管理（top management）、委员会（commitment）、学习文化（learning culture）、意识（awareness）、准备（preparation）、灵活性（flexibility），并通过对 11 个制造业企业的调查得到了相关数据，最后利用主成分分析法对数据进行处理得到了韧性评分。⑥ Pettit 等人提炼出韧性的

---

① Burton C. G. A validation of metrics for community resilience to natural hazards and disasters using the recovery from Hurricane Katrina as a case study. Annals of the Association of American Geographers，2015，105（1）：67－86.

② Cutter S. L，Barnes L，Berry M，et al. A place－based model for understanding community resilience to natural disasters. Glob Environ Change，2008（10）：598－606.

③ Cutter S. L，Barnes L，Berry M，Burton C，Evans E，Tate E，Webb J. Community and regional resilience：perspective from hazard，disasters，and emergency management. Community&Regional Resilience Initiative，Tennessee，2008（1）：383－398.

④ Cutter S. L，Burton C，Emrich C. T. Disaster resilience indicators for benchmarking baseline conditions. Journal of Homeland Security and Emergency Management，2010（1）：1－12.

⑤ Cutter S. L，Ash K. D，Emrich C. T. The Geographies of community disaster resilience. Global Environmental Change，2014（29）：65－77.

⑥ Shirali G. A，Mohammadfam I，Ebrahimpour V. A new method for quantitative assessment of resilience engineering by PCA and NT approach：A case study in a process industry. Reliab Eng Syst Saf，2013；119：88－94.

两个关键驱动力：脆弱性和恢复力，并提出152个变量，将其分成6个脆弱性指标和15个恢复力指标，随后采用专家咨询法，由决策者对指标的重要程度进行打分，用加权求和方法计算出韧性指数。①

Aleksic等人提出了评估组织韧性的模糊模型，运用模糊语言变量来表达组织韧性影响因素的重要性程度。② Muller等人提出评估关键基础设施韧性的模糊架构模型：冗余性和适应性是基础设施韧性的主要组成部分，并用模糊语言变量表示模糊结构的冗余性和适应性输入以及韧性输出。③

指标测量法作为一种静态测量方法，其结果代表了特定时刻、特定状态下系统的韧性，但即使它在量化过程中采用了经典的李克特量表、专家咨询、主成分分析等手段方法，对测量中难以被精确描述和定义的现象仍缺乏较强的说服力。模糊逻辑法则基于模糊数学，对现实世界中的模糊现象、不确定因素等提供了一种测量、描述的方法，弥补了指标测量法的不足。

（二）基于系统模型的韧性评估方法

基于系统模型的韧性评估方法是利用数学模型表示韧性的一种方法，它考虑了韧性的时变性，即系统韧性在受干扰前后的变化，是一种动态测量方法。本文将模型法划分为三角模型法、阶段模型法和最优化模型。

三角模型法主要运用于基础设施韧性与经济韧性中，通过关注破坏性事件前后系统性能的变化，计算系统在单一破坏性事件的性能损失总量，为系统韧性评估提供了方法与思路，为后续的研究奠定了基础。三角模型最初由布鲁诺等人提出，三角模型定义了韧性的四个维度：鲁棒性（robustness），

---

① Pettit T. J，Fiksel J，Croxton K. L. Ensuring supply chain resilience：Development of a conceptual framework. J Bus Logist，2010；31（1）：1－21.

② Aleksic A，Stefanovic M，Arsovski S，Tadic D. An assessment of organizational resilience potential in SMEs of the process industry，a fuzzy approach. J Loss Prev Process Ind，2013；26（6）：1238－45.

③ Muller G. Fuzzy architecture assessment for critical infrastructure resilience. Procedia Comput Sci，2012；12：367－72.

即系统的强度，或者说是在发生破坏性事件的情况下防止消极影响在系统中传播扩散的能力；迅速性（rapidity），即在发生中断后，系统恢复到初始状态或可以接受的最低功能水平的速度；智慧性（resourcefulness），即运用物质资源（如信息、技术等）和人力资源应对破坏性事件的能力水平；冗余性（redundancy），即一个系统最大限度地减少干扰和影响程度的可能性。①

随着研究的不断深入，不同学者对这种单一事件情况下，单纯对事件前后系统性能比较的系统韧性评估方法进行了改进和完善。与三角模型不同，阶段模型法将韧性看作一个持续（几个阶段）的过程，而非简单的破坏性事件前后系统韧性两个状态的比较。阶段模型法主要运用于基础设施韧性。

最优化模型（optimization model）是经济管理模型在韧性评估中的运用，利用线性规划、非线性规划、动态规划、整数规划等方法评估系统韧性的最优方案，反映系统如何最有效地利用各种资源实现既定目标，或是在资源有限的情况下如何取得最好效果。

Faturechi 等人提出了机场韧性的随机整数模型，旨在最大限度地提高机场跑道和滑行道网络的韧性，其模型的决策目标是快速地将飞机起飞和着陆能力恢复到破坏性事件前的水平，决策变量为备灾和恢复活动，限制条件是时间、物理、操作、空间、资源和预算等因素。② 随后，Faturechi 和 Miller-Hooks 介绍了一种多目标、三阶段的随机数学模型来量化和改善路网中的出行时间韧性，决策过程的三个阶段包括事前平静阶段（pre-event mitigation）、准备阶段（preparedness）、事后响应阶段（post-event response）。此方法用行程时间表示路网韧性，其决策目标是最大限度地提高各种突发事件下的道

① Bruneau M，Chang S E，Eguchi R. T，Lee G C，O'Rourke T. D，Reinhorn A. M，et al. A framework to quantitatively assess and enhance the science the seismic resilience of communities. Earthq Spectra，2003；19（4）：733－52.

② Faturechi R，Levenberg E，Miller-Hooks E. Evaluating and optimizing resilience of airport pavement networks. Comput Oper Res，2014；43：335－348.

路网络韧性，同时最小化总行程时间。[①] 最优化模型在交通运输等基础设施的韧性评估中得到了大量运用，例如Jin等人提出了分析城市公共交通系统韧性的两阶段随机规划模型[②]；Khaled等人提出了评价铁路关键基础设施的整数模型以及最大化其系统韧性的方法[③]；Vugrin提出了运输网络恢复的多目标优化模型[④]；Alderson等人提出了一种混合整数非线性规划（MINLP）来量化关键基础设施韧性。[⑤]

模型法发展的趋势是从对单一事件时系统的动态韧性描述，发展为对多事件、复杂系统的动态韧性描述，并试图通过数学模型为系统寻找最佳韧性方案。三角模型将韧性简单化为单一破坏性事件前后系统性能的比较；阶段模型将系统韧性当作连续的过程（不同的阶段），比较了不同时间系统韧性的变化；最优化模型则从两个角度对韧性测量做出了进一步发展：一是相对于框架法、三角模型法和阶段模型法对简单系统韧性的描述，最优化模型更加关注系统本身的复杂性、规模性、多目标性等特征，以及系统内部各因素之间的相互作用；二是兼顾韧性时变性的同时，试图为系统韧性寻找最优解，为提高系统韧性提供解决方案。

（三）基于模拟仿真的韧性评估方法

基于模拟仿真的韧性评估方法关注的是系统本身的特征，通过给定系统

---

① Faturechi R，Miller-Hooks E. Travel time resilience of roadway networks under disaster. Transp Res B，2014；70：47－64.

② Jin J. G，Tang L. C，Sun L，Lee D-H. Enhancing metro network resilience via localized integration with bus services. Transp Res E，2014；63：17－30.

③ Khaled A. A，Jin M，Clarke D. B，Hoque M. A. Train design and routing optimization for evaluating criticality of freight railroad infrastructures. Transp Res B，2015；71：71－84.

④ Vugrin E. D，Turnquist M. A，Brown N. J. K. Optimal recovery sequencing for enhanced resilience service restoration in transportation networks. Int J CritInfrastruct，2014.

⑤ Alderson D. L，Brown G. G，Carlyle W. M. Assessing and improving operational resilience of critical infrastructures and other systems. Tutor Oper Res，2014：180－215.

运行的条件，模拟系统在破坏性事件发生前后的运行情况，是在考虑现实世界复杂多变的情况下，试图最真实、准确地描述及评估韧性的一种方法。

网络结构模拟是复杂网络理论在城市韧性领域的运用，用以研究网络化系统的拓扑结构已经被用于城市交通、通信等基础设施空间网络结构的分析中①②③④⑤⑥，其方法是基于图论（Graph Theory）将通讯、交通、输电等抽象为网状图形，定义其中的节点、线等要素测度网络韧性。例如在通信领域，Ash 和 Newth 试图优化复杂的、大规模的网络以抵御级联故障。⑦ 级联故障在电力传输、通信和交通网络中非常常见。级联故障通常是由于网络一个节点的超载，其影响通过网络进行非线性传播，最终导致网络关闭。Ash 和 Newth 首先建立了级联故障模型，然后根据网络拓扑指数的概念从公共近邻、模块性和分类性优化了具有抗故障能力的网络。

城市系统是由很多相互关联、相互依赖的子系统共同构成，不仅包括输电、通讯、基础设施、生态环境等物理组件，还包括市民、社区、经济等社

---

① Hernandez-Fajardo I，Duenas-Osorio L. Probabilistic study of failures in complex inter dependent lifeline systems. Reliab Eng Syst Saf，2013；111：260－272.

② Cupac V，Lizier JT，Prokopenko M. Comparing dynamics of cascading failures between network-centric and powerflow models. Electr. Power Energy Syst，2013；49：369－379.

③ Koc Y，Warnier M，Kooij RE，Brazier FMT. An entropy-based metric to quantify the robustness of power grids against cascading failures. Saf Sci，2013；59：126－134.

④ Su Z，Li L，Peng H，Kurths J，Xiao J，Yang Y. Robustness of interrelated traffic networks to cascading failures. Scientific Reports，2014；4：1－7. Article number：5413.

⑤ Wang J，Jiang C，Qian J. Robustness of internet under targeted attack：a cascading failure perspective. J Netw Comput Appl，2014；40：97－104.

⑥ Ouyang M，Duenas-Osorio L. Multi-dimensional hurricane resilience assessment of electrical power systems. Struct Saf，2014；48：15－24.

⑦ Ash J，Newth D. Optimizing complex networks for resilience against cascading failure. Phys：Stat Mech Appl，2007；380：673－683.

会组件。Cavallaro 等人将复杂网络理论拓展到城市系统的韧性定量测度，方法是在道路网络拓扑结构中加入城市系统相关的物理、社会组件，如住宅、商业建筑、公共服务设施节点以及连接这些新节点的边，形成“社会—物理复杂网络（Hybrid Social-Physical Complex Networks，HSPN）”。

相较于前面两种方法，模拟法通过关注系统本身的特征，准确、真实地描述系统的正常状态以及不同外部冲击发生时系统的整个运行过程来反映系统韧性的时变性，并通过模拟试图为决策者提供改善系统韧性的方案。这种方法得到学者们广泛关注的原因在于它考虑到了现实情况的复杂性、不确定性等因素，也考虑到了系统本身的特征。

通过梳理发现，关于城市韧性评估的定量研究方法经历了从静态描述到动态描述、从单一事件中简单系统韧性描述到复合事件中复杂网络系统韧性描述、从简化描述到仿真模拟的过程。突发性事件及其影响的多样性以及系统本身的复杂性（包括系统的规模、系统之间的相互作用等）都受到学者们的广泛关注。复杂性是城市在缓慢而有机的发展过程中形成的内在特征，学者们做出了很多努力，但他们更多考虑的是基础设施韧性和经济韧性的复杂性。而城市系统作为一个整体，其社会、政治功能在定量研究中常常被忽视。韧性的概念容纳了社会、经济、文化、环境、基础设施和区域等多重维度，如何在定量研究中考虑城市系统紧密而互相连接的各要素及功能、分析并模拟城市韧性的机制及演化过程是未来研究的重要方向。

随着自然、人为的风险与灾害不断增加，韧性在应对灾害以及从灾害中恢复的这一课题中发挥着越来越重要的作用，韧性城市逐渐成为各领域学者以及当局者关注的热点。目前，国内的韧性城市研究还处于起步阶段，并没有构建出本土的、可操作的、系统的韧性城市研究框架，更没有用于实践。他山之石，可以攻玉，学习西方发达国家的理论与实践经验，为提高我国城市韧性，建设更安全、更具韧性的社会生活环境具有重要意义。

六、 城市韧性建设的发展趋势

关于城市韧性的理论研究和实践运用随着时代的演进不断呈现出更具现代化的特征，对其探索的广度和深度也在不断延展。而在当今这个科技与经济突飞猛进地向前发展的时代，城市韧性的研究也在逐步向科学化、本土化、系统化转变。

首先，城市韧性的建设将愈加依靠大数据、云计算等技术手段的支持。当前，我国全面开展了“互联网+”建设，“智慧城市”“智慧社区”等概念也不断涌现，城市韧性的各个组成部分都存在大数据和互联网技术应用的广阔空间。因此，与大数据应用的深度结合将成为城市韧性建设的一大趋势。

其次，城市韧性建设的本土化趋势日益明显。由于城市的地理环境、发展水平、社会文化氛围等因素的差异，在城市韧性建设上不能一味照搬国外已有的经验，也不能全盘复制所谓的成功案例，而是需要因地制宜、对症下药，结合当地特有环境和现实条件来制定具有本土特色的针对性措施，这也是未来发展的必然趋势。

最后，未来的城市韧性建设应该更加注重从多个维度来分析其构建问题，相比传统的政府主导、民众被动参与的应急管理工作，城市韧性建设强调的是整个社会全员参与、全员合作的工作理念。因此，在加强城市基础设施建设、救灾物资储备等硬性条件的同时，城市应当更加注重文化建设、社会治理、制度创新方面的“软性”工作，构建维度广、层次深的系统结构。

当前，城市韧性建设已经成为城市管理和公共安全领域的热点议题，并呈现出迅猛发展的趋势。在理论上，它运用了可持续发展的思想来审视现代城市的防灾减灾工作，从整体和系统的角度来进行长远的规划和研究，这为我国应急管理体系的建设提供了一个全新的研究视角和思路。在实践方面，城市韧性建设旨在形成一个协调配合、长期适应的运作机制，对提升城市整体和谐度、化解各类危机、增强城市治理能力都具有重要的意义。

城乡基本公共服务均等化制度绩效测量：基于分省面板数据的实证分析①

范逢春，谭淋丹②

关于制度绩效的主要理论流派有新制度主义与马克思主义制度分析理论。基于新制度主义内部各派别对制度的定义、所持方法论以及基本理论假设的差异，彼德·豪尔和罗斯玛丽·泰勒将新制度主义划分为历史制度主义、理性选择制度主义和社会学制度主义三大流派③，并获得了学界认可。作为流行于世的理论范式，新制度主义关于制度绩效的理解也呈现出不同的取向，但基本上都认可美国政治学家利普赛特的解读："有效性指实际的政绩，即该制度在大多数人民及势力集团（如大商业或军队）眼中能够满足政府基本功能的程度。"④ 综合马克思主义经典作家以及马克思主义中国化成果，运用马克思主义制度分析理论实施评价的制度绩效评价标准，是一个由低到高的层级划分，即由最基础层级的"效率"标准，发展至第二层级的"公平"标准，

---

① 基金项目：国家社科基金重大研究专项项目"国家治理现代化场域中的社会治理问题研究"（17VZL007）；国家社科基金一般项目"县域社会治理质量差异及其影响因素的实证研究"（16BZZ061）。

② 作者简介：范逢春，四川大学公共管理学院教授，博士生导师，行政管理系主任；谭淋丹，四川大学公共管理学院研究生。

③ 彼德·豪尔，罗斯玛丽·泰勒：《政治科学与三个新制度主义流派》，何俊志，任军锋，朱德米编译：《新制度主义政治学译文精选》，天津：天津人民出版社，2007年。

④ 利普赛特著，刘钢敏等译：《政治人》，北京：商务印书馆，1993年。

再上升为最高层级的“人的自由全面发展”标准。国内政治学者杨光斌以马克思主义制度分析理论为指导，对西方新制度主义进行本土化改造，阐释制度环境（Situation）、制度安排（System）与制度绩效（Performance）三者间关系，即制度环境如何决定和影响制度安排，而后者又将导致怎样的制度绩效，以寻求分析中国政治经济变迁的新的研究路径。① 综合国内外的研究成果，我们可以将制度绩效理解为在某种制度环境之下，某一社会制度的实施效应、效果或功能，也就是说，“制度绩效就是社会制度的实施效果，即制度是否达到了预期设计目标”。②

当前，“中国特色社会主义进入新时代，我国社会主要矛盾已经转化为人民日益增长的美好生活需要和不平衡不充分的发展之间的矛盾”。③ 这就需要通过社会制度安排，“在发展中补齐民生短板、促进社会公平正义，在幼有所育、学有所教、劳有所得、病有所医、老有所养、住有所居、弱有所扶上不断取得新进展，深入开展脱贫攻坚，保证全体人民在共建共享发展中有更多获得感”。④ 提升基本公共服务均等化的制度绩效，可以有效缩小城乡差距、区域差距和贫富差距，缓解由此引发的社会矛盾，为经济健康发展创造和谐的社会环境，促进社会公平正义的实现，进而使得民众有更多的获得感。从制度绩效的视角对我国城乡基本公共服务均等化进程进行评估与反思，有利于推动城乡基本公共服务均等化制度变迁，从而实现其战略目标。

---

① 杨光斌：《制度范式：一种研究中国政治变迁的途径》，《中国人民大学学报》2003 年第 3 期。

② 饶旭鹏，刘海霞：《非正式制度与制度绩效——基于“地方性知识”的视角》，《西南大学学报（社会科学版）》2012 年第 2 期。

③ 习近平：《决胜全面建成小康社会夺取新时代中国特色社会主义伟大胜利——在中国共产党第十九次全国代表大会上的报告》，《人民日报》2017 年 10 月 28 日。

④ 习近平：《决胜全面建成小康社会夺取新时代中国特色社会主义伟大胜利——在中国共产党第十九次全国代表大会上的报告》，《人民日报》2017 年 10 月 28 日。

一、文献回顾与研究设计

对城乡基本公共服务均等化制度绩效的评价不如经济发展评价那样容易实现，只有立足于将城乡基本公共服务均等化制度绩效的基本内涵诉诸全面、系统、可操作化的考量，才能了解和把握城乡基本公共服务均等化制度实际取得的效果，并对制度绩效做出正确评价。对城乡基本公共服务均等化制度绩效的测量需要参照制度绩效分析的基本理论，同时结合城乡基本公共服务均等化的内在特征，采取客观评价的研究思路及相应的方法。

（一）文献回顾

关于城乡基本公共服务制度绩效的研究有多种逻辑进路。采用何种逻辑进路诠释城乡基本公共服务制度绩效，取决于对“城乡基本公共服务制度绩效”本身的理解。当前关于这一概念的理解主要存在制度主义、行动主义与结果主义的差异。基于这种理解差异，国内对城乡基本公共服务均等化制度绩效测量有三种不同的研究取向。

第一种是“制度主义”取向的研究。制度分析理论通行的观点是制度的重要性在于它能够直接作用于政治行为体的选择、行为实践特征等。① 范逢春（2016）采取内容分析法、时间序列分析法与批评话语分析法，对新中国成立60多年来基本公共服务均等化的政策文本进行检视，提出我国城乡基本公共服务制度绩效呈现从城乡兼顾、城乡失衡到城乡统筹的发展轨迹。刘成奎、龚萍（2014）发表我国26个省份面板数据（2014—2016年）实证研究，认为财政分权制度客观上会强化地方政府的城市偏向，而后者不利于实现城乡基本公共服务均等化。王谦（2008）、江明融（2006）也同时关注到城乡公共服

① 斯蒂芬·贝尔，滕白莹，孙晨光：《制度变迁的诠释路径：建构制度主义 V. S. 历史制度主义》，《国外理论动态》2016年第7期。

务非均等化受城市偏向型公共服务供给制度影响的事实。

第二种是"行动主义"取向的研究。"行动主义"认为"制度关注的是形式和表象","却忽视了社会生活中的实质性内容"①,对城乡基本公共服务均等化制度绩效的测量需要从社会发展过程中去思考。蓝相洁、文旗(2015)分析财政支出、城镇化、居民收入三个因素与基本公共服务的内在关系,并运用 2006—2013 年的样本数据进行面板数据检验。王伟同(2009)在考察影响政府公共服务水平供需两方面因素的基础上,运用 2002—2006 年中国省级数据进行实证分析,认为中国的城市化进程显著影响了各地区公共服务的提供水平及规模。

第三种是"结果主义"取向的研究。国内学界普遍将制度绩效视为一种社会综合效应,即制度绩效体现的是特定的政策或制度安排对政治、经济、文化、环境的作用或影响。② 由此,国内现行的关于城乡基本公共服务均等化制度绩效的评估往往借助构建一套评估指标体系并应用于选取的特定研究对象的实证方式进行。根据评估内容的差异,目前我国学术界的相关研究可分为两类,第一类研究选取具体的基本公共服务项目来构建指标体系。具有代表性的研究包括:常忠哲、丁文广(2015)基于 PSR 模型,从压力、状态和响应三个方面出发构建了一套包括 3 个二级指标、11 个三级指标、30 个四级指标的社会保障基本公共服务水平评价指标体系,并通过数据分析对东、中、西部三大区域的社会保障基本公共服务水平进行评价。吴建、张亮(2011)等人建立了一套包含 2 个一级指标、13 个二级指标、37 个三级指标的基本公共卫生服务均等化评估指标体系。张雷宝(2009)基于变异系数、基尼系数分析法,选取万人拥有公共道路里程指标、万人拥有公交车辆指标、人均能源消耗指标等 10 个指标对 2006 年浙江省公共基础设施服务均等化问题进行

① 向玉琼:《从制度主义转向行动主义的社会治理——读张康之教授〈公共行政的行动主义〉》,《北京行政学院学报》2015 年第 5 期。

② 郭正林:《如何评估农村治理的制度绩效》,《中国行政管理》2005 年第 4 期。

量化分析。第二类研究通常将整个基本公共服务范畴作为研究对象，包括城乡基本公共服务均等化研究和区域基本公共服务均等化研究，区别仅在于场域选择。刘成奎和王朝才（2011）利用社会保障指数、卫生服务指数、义务教育指数、基础设施指数 4 大方面指标和 8 个单项指标构建了城乡基本公共服务均等化指标体系，并基于我国 28 个省份的实际数据（2004—2008 年）加以验证，结果显示我国各省份内部城乡之间均等化水平差异较大。吕晖、夏冕（2017）以浙江、湖北、云南、广东、四川五省和上海市作为研究样本，分析我国城乡基本公共服务的居民总体满意度，结果显示不同基本公共服务领域居民的满意度结果存在显著差异性。

很显然，城乡基本公共服务均等化制度绩效测量有多种思考逻辑。迄今为止，学术界并没有发展出一套得到普遍认可、可直接测量制度绩效的理论工具和方法。奥斯特罗姆构建的有关制度绩效的分析框架综合考虑了经济效率、通过财政平衡及再分配保证的公平、责任、适应性和间接绩效等因素①，既有制度也有行动，既有投入也有产出，既有效率也有公平，且这一框架构建立足于发展中国家基础设施建设制度的实际，但在具体测量中仍难以有效应用。“基本公共服务均等化的目标是确保所有社会成员平等享有义务教育、公共卫生与基本医疗、基本社会保障、公共就业服务等基本公共服务的权利”，基本公共服务均等化的实质是政府向全体社会成员提供在使用价值形态上水平大致相当的基本公共服务，以促进社会公平正义。“均等包含居民享受公共服务的机会均等和结果均等，相比之下，结果的均等更重要”。② 本文将城乡基本公共服务均等化制度绩效理解为城乡基本公共服务在多大程度上实现了结果的均等。

---

① 埃莉诺·奥斯特罗姆，拉里·施罗德，苏珊·温：《制度激励与可持续发展》，上海：上海三联书店，2000 年。

② 安体富，任强：《公共服务均等化：理论、问题与对策》，《财贸经济》2007 年第 8 期。

（二）研究设计

对城乡基本公共服务均等化制度绩效进行测量需要解决对象界定、变量选择、数据选择、数据处理、模型构建等问题。

第一，对象界定。2005 年 10 月 11 日，中共十六届五中全会通过《中共中央关于制定国民经济和社会发展第十一个五年规划的建议》，首次提出“按照公共服务均等化原则，加大对欠发达地区的支持力度，加快革命老区、民族地区、边疆地区和贫困地区经济社会发展”这一命题，这标志着“基本公共服务均等化”作为一大重要理论命题被提上国家议程。2006 年 3 月 14 日，第十届全国人民代表大会第四次会议批准的《中华人民共和国国民经济和社会发展第十一个五年规划纲要》首次提出要加快公共财政体系建设，“逐步推进基本公共服务均等化”。2006 年 10 月 11 日，中共十六届六中全会通过《中共中央关于构建社会主义和谐社会若干重大问题的决定》，提出逐步形成惠及全民的基本公共服务体系，并强调“完善公共财政制度，逐步实现基本公共服务均等化”。2007 年 10 月 15 日，中共十七大报告进一步明确要“围绕推进基本公共服务均等化和主体功能区建设，完善公共财政体系”。2008 年 10 月 12 日，中共十七届三中全会通过《中共中央关于推进农村改革发展若干重大问题的决定》，确定“破除城乡二元结构、形成城乡经济社会发展一体化新格局”的战略思想，将“统筹城乡经济社会发展”确定为推进农村改革发展五大原则之一，并提出相应措施和步骤。2012 年 7 月 11 日，中国基本公共服务领域首部国家级专项规划《国家基本公共服务体系“十二五”规划》出台，设计了“基本公共教育、劳动就业服务、社会保险、基本社会服务、基本医疗卫生、人口和计划生育、基本住房保障、公共文化体育、残疾人基本公共服务”九大基本公共服务的制度性安排并提出公共服务均等化的具体时间表，即到 2020 年“争取基本实现基本公共服务均等化”。2013 年 11 月 12 日，中共十八届三中全会《中共中央关于全面深化改革若干重大问题的决定》指出，“紧紧围绕更好保障和改善民生、促进社会公平正义深化社会体制改革，改革收入分配制度，促进共同富裕，推进社会领域制度创新，推进基本公共服务均等化”，强调“必须健全体制机制，形成以工促农、以城带乡、工农互惠、城乡一体的新型工农城乡关系，让广大农民平等参与现代化进程、共同分享现代化成果”。2017 年 3 月 1 日，国务院印发《“十三五”推进基本公共服务均等化规划》，明确“十三五”时期（2016—2020 年）基本公共服务领域主要发展指标，确定国家基本公共服务制度框架，建立基本公共服务清单制，健全科学有效的基本公共服务实施机制。本文主要针对 2006—2015 年十年间城乡基本公共服务制度绩效进行测量。

第二，变量选取。明确“基本公共服务”的内涵，是正确选取城乡基本公共服务制度绩效测量变量的首要条件。学界对“基本公共服务”的研究有多个角度。安体富、任强（2007）等从民生保障角度将基本公共服务定义为与民生密切相关的纯公共服务①，包括义务教育、公共卫生和基本医疗、最低生活保障等。陈海威、迟福林（2007）等从保护人基本权利的角度将基本公共服务定义为“为维持本国经济社会的稳定、基本的社会正义和凝聚力，保护个人最基本的生存权和发展权，为实现人的全面发展所需要的基本社会条件”，包括底线生存服务、公众发展服务、基本环境服务和公共安全服务四项内容。刘尚希（2007）从两个消费需求层次和消费需求同质性两大角度，理解与低层次消费需要有直接关联的人们无差异消费需求属于基本公共服务。常修泽（2007）认为，当前我国实行的基本公共服务包含基本民生性服务、公共事业性服务、公益基础性服务、公共安全性服务四方面的内容，其中“基本民生性服务”指就业服务和基本社会保障等；“公共事业性服务”包括义务教育、公共卫生和基本医疗、公共文化等；“公益基础性服务”包含公益性基础设施和生态环境保护等内容；“公共安全性服务”又可细化为生产安

① 安体富，任强：《公共服务均等化：理论、问题与对策》，《财贸经济》2007 年第 8 期。

全、消费安全、社会安全、国防安全等。①《国家基本公共服务体系“十二五”规划》明确指出，“基本公共服务，指建立在一定社会共识基础上，由政府主导提供的，与经济社会发展水平和阶段相适应，旨在保障全体公民生存和发展基本需求的公共服务”。包含基本公共教育、劳动就业服务、社会保险、基本社会服务、基本医疗卫生、人口和计划生育、基本住房保障、公共文化体育、残疾人基本公共服务九大类。② 本文结合上述思考，同时结合可操作性，主要针对基本公共服务范畴内的基本公共教育、基本医疗卫生、基本社会保障和基本公共设施等服务进行测量。

第三，数据选择。市、县是地方政府的主体，采用市、县级数据能使研究更具有说服力，但由于数据可获取性的限制，只能采用省级面板数据。本文选取了除台湾地区、香港特别行政区、澳门特别行政区、西藏自治区和青海省以外的 29 个省级行政区域作为研究对象，对 2006—2015 年城乡基本公共服务均等化制度绩效进行测量，对于个别缺失数据采用均值插补的方式进行处理。文中指标数据均来源于全国性统计年鉴和各省份统计年鉴，其中，基本公共教育指标数据来源于《中国社会统计年鉴》《中国教育经费统计年鉴》《中国教育统计年鉴》《中国人口和就业统计年鉴》；基本医疗卫生指标数据来源于《中国卫生和计划生育统计年鉴》《中国社会统计年鉴》；基本社会保障指标数据来源于《中国人口统计年鉴》《中国劳动统计年鉴》《中国卫生和计划生育统计年鉴》《中国民政统计年鉴》；基本公共设施指标数据来源于《中国固定资产投资年鉴》《中国城乡建设统计年鉴》《中国社会统计年鉴》。这些数据皆来自官方公布的统计年鉴，由此可确保数据来源的可靠性和研究结论的可重复性。

第四，数据处理。从“基本公共服务”的内涵出发，借鉴现有城乡基本

---

① 常修泽：《中国现阶段基本公共服务均等化研究》，《中共天津市委党校学报》2007 年第 2 期。

② 《国家基本公共服务体系“十二五”规划》，《人民日报》2012 年 7 月 19 日。

公共服务均等化评估文献的指标体系成果，构建城乡基本公共服务均等化制度绩效评估指标体系。通过隶属度分析判定每项指标的重要程度，通过相关性分析剔除具有重复性的指标，通过信度检验（克朗巴哈 α 系数）和效度检验（CRV 内容效度比）对指标进行严格筛选，通过层次分析法（AHP）对各项指标进行赋权，构建一个包含 4 个准则层指标、14 个指标层指标的城乡基本公共服务均等化制度绩效的评估指标体系，如表 2−1 所示。

表 2−1　城乡基本公共服务均等化制度绩效的评估指标体系

目标层	准则层		指标层		
	指标内容	对目标层的权重 Wi	指标内容	指标性质	对准则层的权重 Wj
城乡基本公共服务均等化指数A	基本公共教育B1	0.337	C1 普通小学生均教育经费（元）	+	0.370
			C2 普通初中师生比	+	0.100
			C3 普通初中教师本科及以上文化比重（%）	+	0.185
			C4 文盲率（文盲占 15 岁及以上人口比重）（%）	−	0.345
	基本医疗卫生B2	0.296	C5 每千人口医疗卫生机构床位数（个）	+	0.329
			C6 每千人口医疗卫生技术人员数（人）	+	0.407
			C7 孕产妇死亡率（1/10 万）	−	0.264
	基本社会保障B3	0.226	C8 最低生活保障资金人均支出（元）	+	0.225
			C9 基本养老保险参保人数占总人口比重（%）	+	0.321
			C10 基本医疗保险覆盖率（%）	+	0.454
	基本公共设施B4	0.101	C11 人均固定资产投资（元）	+	0.457
			C12 用水普及率（%）	+	0.202
			C13 燃气普及率（%）	+	0.120
			C14 人均拥有道路面积（平方米）	+	0.221

由于评估指标单位有所差异，因此不适宜直接加和，需要对各项指标进行标准化处理，再根据指标权重加权综合为同一量纲指标来进行计算。[①] 本文

① 刘飞燕，张建方：《多指标回归综合评分》，《数理统计与管理》2014 年第 3 期。

以农村指标与城镇指标之比对指标做标准化处理。城乡基本公共服务均等化指标中有正指标和逆指标之分，其标准化处理有所差异。

对正指标采用的标准化公式为：

$$Sj = \begin{cases} \frac{Rj}{Tj} Rj < Tj \\ 1 Rj \geqslant Tj \end{cases}$$

对逆指标采用的标准化公式为：

$$Sj = \begin{cases} \frac{Tj}{Rj} Tj < Rj \\ 1 Tj \geqslant Rj \end{cases}$$

公式中，Sj 表示指标层指标标准化指数，Rj 表示农村第 j 类基本公共服务指数，Tj 表示城镇第 j 类基本公共服务指数。

第五，模型构建。本文采用各项指标标准化指数与相应权重加权求和的方法计算城乡基本公共服务均等化制度绩效。城乡基本公共服务均等化制度绩效指数取值区间为 0 到 1，若该指数为 0，则意味着城乡基本公共服务均等化水平极低，即农村人口完全没有享受到基本公共服务；若该指数为 1，则意味着城乡基本公共服务均等化水平极高，即农村人口和城镇人口享受无差别的基本公共服务，城乡基本公共服务实现均等化。

城乡基本公共服务均等化指数的计算公式为：

$$Ej = \sum_{j=1}^{n} SjWj$$

$$E = \sum_{i=1}^{n} EjWi$$

公式中，Ej 表示各项基本公共服务均等化制度绩效指数，即城乡基本公共教育、城乡基本医疗卫生、城乡基本社会保障、城乡基本公共设施均等化水平，Sj 表示指标层指标标准化指数，Wj 表示指标层对准则层的权重，E 表示城乡基本公共服务均等化制度绩效指数，即城乡基本公共服务均等化水平，Wi 表示准则层对目标层的权重。

二、 测量结果及实证分析

事实上，城乡基本公共服务均等化绩效处于动态变化之中，在不同层面、不同领域、不同时期有不同的发展水平。因此，我们采取“历时性”和“共时性”双维度实施测量：在测量我国城乡基本公共服务均等化制度绩效整体情况时采用“历时性”维度；在测量城乡基本公共服务均等化制度绩效省域情况时采用“共时性”维度。

（一）我国城乡基本公共服务均等化制度绩效整体情况

根据上述研究设计，我们测算出 2006—2015 年十年间我国城乡基本公共服务均等化制度绩效整体情况，具体结果如表 2-2 所示。

表 2-2 中国 2006—2015 年城乡基本公共服务均等化制度绩效整体情况

年份	城乡基本公共教育均等化水平	城乡基本医疗卫生均等化水平	城乡基本社会保障均等化水平	城乡基本公共设施均等化水平	城乡基本公共服务均等化水平
2006	0.359954	0.448141	0.627342	0.411543	0.437299
2007	0.381995	0.457719	0.617413	0.371657	0.441290
2008	0.393922	0.515029	0.631628	0.372597	0.465581
2009	0.413547	0.515702	0.656656	0.361097	0.476888
2010	0.447283	0.566962	0.715510	0.364297	0.517055
2011	0.449983	0.563023	0.874345	0.360853	0.552347
2012	0.457891	0.539981	0.872859	0.358549	0.547623
2013	0.464700	0.561706	0.873895	0.358922	0.556620
2014	0.459051	0.550522	0.876910	0.362903	0.552490
2015	0.456871	0.561982	0.879617	0.368613	0.556336

第一，城乡基本公共教育服务均等化制度绩效情况分析。近十年我国在基本公共教育上的投入力度明显增大。2006 年城镇普通小学生均教育经费为

2121.18元，农村普通小学生均教育经费为1846.71元；2015年城镇普通小学生均教育经费增加至10269.18元，农村普通小学生均教育经费增加至9630.84元。十年间国家在教育经费上的投入增加了近4倍，且城乡之间的投入差距缩小8.23%。但城乡基本公共教育均等化水平指数增长缓慢，仅从0.359954上升到0.456871，说明仅在资金上加大投入、走“经济溢出”路线并非“性价比”最高的解决办法，关键在于如何创新体制机制，深入挖掘公共教育城乡差距背后的深层次原因。具体到师资方面，虽然2006—2015年间农村普通初中师生比均高于城镇普通初中师生比，农村教师数量较城镇充足，但质量上却远落后于城镇。2006年城镇和农村普通初中教师本科及以上文化程度所占比重分别为63.32%和29.97%；2015年该数据为100%和72.57%，仍然存在较大差距，同样说明想要从根本上实现城乡基本公共教育均等化，不但需要加大教育经费投入，更要通过制度创新将优秀教师资源引入农村、留在农村、建设农村。

第二，城乡基本医疗卫生服务均等化制度绩效情况分析。较之城乡基本公共教育均等化水平、城乡基本公共设施均等化水平，我国城乡基本医疗卫生均等化水平起点较高、基础较好，2006年该指数为0.448141，近十年来呈现平稳增长态势。这得益于我国历来重视基本医疗卫生事业发展并将其视为重大民生问题的政策偏向，通过持续性和针对性出台一系列政策大力推行“新医改”，使城乡基本医疗卫生服务差距不断缩小。从投入均等化的角度来看，2006年我国城镇人均卫生费用为1248.3元，农村人均卫生费用为361.9元；至2014年，我国农村人均卫生费用（3558.3元）首次超过城镇人均卫生费用（2581.6元）。从结果均等化的角度来看，2005年我国城镇孕产妇死亡率为10万分之24.80，乡村孕产妇死亡率为10万分之45.50，后者是前者的近2倍；2015年，我国乡村孕产妇死亡率与城镇孕产妇死亡率基本持平，分别为10万分之20.20和10万分之19.80，均大幅降低，城乡基本医疗卫生均等化水平的上升可期。

第三，城乡基本社会保障服务均等化制度绩效情况分析。在4个准则层指标中，城乡基本社会保障均等化水平增速最快，增幅最大。2006年该指数为0.627342，2010年达到0.715510，2015年上升至0.879617，十年间上升了25个百分点。城乡基本社会保障服务制度均等化绩效主要得益于新型农村合作医疗、新型养老保险两大制度。基本医疗保险方面，自改革开放以来，随着合作社的解散和家庭联产承包责任制的实施，以合作社为责任主体的农村合作医疗制度随之瓦解，1986年全国实行健康保障制度的行政村比重跌至4.8%①，农村合作医疗名存实亡，农村公共医疗机制基本呈现“真空”状态，“自给自足”的自费医疗成为乡村基本医疗保险模式。与此同时，城镇实行城镇职工基本医疗保险，进一步拉大了城乡基本医疗保险供给差距。2002年10月，《中共中央、国务院关于进一步加强农村卫生工作的决定》提出建立“由政府组织、引导、支持，农民自愿参加，个人、集体和社会多方筹资，以大病统筹为主的新型农村合作医疗制度”。从2003年起，全国部分县（市）因地制宜地开展了新型农村合作医疗制度试点工作。2006年我国新型农村合作医疗参合率达80.70%，2015年更是达到了98.80%，甚至高于同年城镇居民医疗保险和城镇职工医疗保险86.34%的覆盖率。至此，我国农村基本实现新型农村合作医疗制度全覆盖。2016年1月12日，国务院发布《国务院关于整合城乡居民基本医疗保险制度的意见》，标志着统一的城乡居民医疗保险制度正在全国范围内逐步建立。基本养老保险方面，2009年以前我国基本养老保险主要由城镇职工基本养老保险和农村社会养老保险组成。2006年，前者参保人数占城镇人口的24.49%，后者参保人数占农村人口的7.29%，两者相差17.2%。2009年和2011年，新型农村社会养老保险和城镇居民社会养老保险试点分别启动，并于2012年底实现全覆盖，2014年合并实施，由此建立

① 周寿祺，顾杏元，朱敖荣：《中国农村健康保障制度的研究进展》，《中国农村卫生事业管理》1994年第9期。

起统一的城乡居民基本养老保险制度。《中国社会保险发展年度报告 2014》的数据显示，截至 2014 年末，城镇职工和城乡居民基本养老保险参保人数合计已达 8.42 亿人，覆盖率为 80%左右，一定程度上反映了我国城乡基本社会养老保险均等化的较高水平。城乡居民基本医疗保险制度和城乡居民基本养老保险制度的确立，标志着我国城乡基本社会保障均等化从起点均等走向了结果均等。

第四，城乡基本公共设施服务均等化制度绩效情况分析。与其他 3 项准则层指标相反，我国城乡基本公共设施均等化水平呈现逐年下滑的趋势。2006 年我国城乡基本公共设施服务均等化水平仍可达到 0.411543，至 2015 年下降到 0.368613。具体到指标层指标，2006 年农村用水普及率为 63.40%，城镇为 86.67%，二者相差 23.27%；2015 年农村用水普及率为 70.37%，城镇为 98.07%，二者差距扩大到 27.70%。2006 年农村燃气普及率为 17.00%，城镇为 79.11%，二者相差 62.11%；2015 年农村燃气普及率达到 21.38%，城镇为 95.30%，农村与城市的差距扩大到 73.92%。2005 年城镇人均道路面积小于农村人均道路面积，分别为 11.04 平方米、14.70 平方米，但次年城镇即反超农村，分别为 11.43 平方米、10.60 平方米，至 2015 年城镇与农村的差距进一步拉大，分别为 15.60 平方米、13.11 平方米。导致这一下滑趋势的主要原因是农村基本公共设施服务建设投入较之于城镇的长期不足。从“人均固定资产投资”指标来看，2006 年城镇人均固定资产投资为 16180.20 元，农村仅为 601.58 元，差距巨大且其后这一差距并未缩小，反而逐步扩大；至 2015 年，城镇人均固定资产投资达 71527.31 元，而农村人均固定资产投资为 1725.02 元，仅为 2006 年城镇人均固定资产投资额的九分之一。

（二）我国城乡基本公共服务均等化制度绩效省域情况

我国 29 个省份 2006—2015 年城乡基本公共服务均等化制度绩效均值情况的测量结果见表 2−3，从中可以直观反映出省际城乡基本公共服务均等化制度绩效的空间分布特征以及我国城乡基本公共服务均等化制度绩效发展水平存在的省际差异。

表 2—3 中国 29 省份 2006—2015 年城乡基本公共服务均等化制度绩效均值情况

省份	城乡基本公共教育均等化水平	城乡基本医疗卫生均等化水平	城乡基本社会保障均等化水平	城乡基本公共设施均等化水平	城乡基本公共服务均等化水平
北京	0.549127	0.535977	0.869121	0.461852	0.586773
上海	0.458903	0.704414	0.760995	0.480506	0.583672
重庆	0.490327	0.649625	0.784925	0.423764	0.577722
浙江	0.474178	0.616547	0.820222	0.422672	0.570356
天津	0.393015	0.682066	0.816228	0.444116	0.563661
广西	0.511764	0.565638	0.753543	0.434415	0.554070
山东	0.410419	0.632851	0.838557	0.378044	0.553331
江苏	0.414265	0.564748	0.865792	0.456850	0.548584
海南	0.426196	0.602448	0.783695	0.476640	0.547208
陕西	0.452762	0.591531	0.771905	0.329945	0.535449
福建	0.445685	0.522370	0.803154	0.475255	0.534331
吉林	0.455014	0.609506	0.714512	0.364669	0.532065
四川	0.499298	0.530876	0.753337	0.345921	0.530595
云南	0.517558	0.466225	0.785648	0.377267	0.528080
江西	0.465899	0.537450	0.782610	0.345377	0.527846
甘肃	0.493875	0.530343	0.753430	0.330393	0.527062
湖北	0.408002	0.598930	0.758569	0.366263	0.523209
安徽	0.452690	0.560811	0.754502	0.317501	0.521142
黑龙江	0.422217	0.540967	0.763756	0.427551	0.518205
贵州	0.506030	0.478321	0.721224	0.419688	0.517500
辽宁	0.443177	0.541389	0.759518	0.337247	0.515315
山西	0.424959	0.485942	0.789833	0.413874	0.507354
湖南	0.464702	0.499049	0.754575	0.311826	0.506351
河南	0.413218	0.518398	0.763024	0.363676	0.501875

续表2-3

省份	城乡基本公共教育均等化水平	城乡基本医疗卫生均等化水平	城乡基本社会保障均等化水平	城乡基本公共设施均等化水平	城乡基本公共服务均等化水平
内蒙古	0.472588	0.472900	0.771807	0.261863	0.500117
宁夏	0.488649	0.434906	0.749727	0.343611	0.497550
河北	0.423661	0.481119	0.771384	0.313355	0.491167
新疆	0.390613	0.486155	0.730373	0.394426	0.480440
广东	0.359231	0.483528	0.727974	0.467120	0.475886

综合考察2006—2015年十年间我国29个省份城乡基本公共服务均等化平均水平，可依据其绩效均值将29个省份划分为三大梯度加以分析。

第一梯度的城乡基本公共服务均等化水平指数高于0.55，包括7个省份，即北京（0.586773）、上海（0.583672）、重庆（0.577722）、浙江（0.570356）、天津（0.563661）、广西（0.554070）、山东（0.553331）。该梯度省份城乡基本公共服务均等化程度较高，除重庆外均位于东部或沿海地区，经济发展水平较高。重庆虽为西南内陆城市，但作为中西部地区唯一的直辖市和全国统筹城乡综合配套改革试验区，近十年来始终将统筹城乡、促进城乡协调发展、促进城乡经济社会一体化发展作为城市建设发展的重心，诸多统筹城乡配套政策和专门制度的出台和落实，很大程度上确保了城乡基本公共服务均等化的较高水平。

第二梯度的城乡基本公共服务均等化水平指数介于0.50到0.55之间，共计18个省份，包括江苏（0.548584）、海南（0.547208）、陕西（0.535449）、福建（0.534331）、吉林（0.532065）、四川（0.530595）、云南（0.528080）、江西（0.527846）、甘肃（0.527062）、湖北（0.523209）、安徽（0.521142）、黑龙江（0.518205）、贵州（0.517500）、辽宁（0.515315）、山西（0.507354）、湖南（0.506351）、河南（0.501875）、内蒙古（0.500117）。位于第二梯度的省份最多，是城乡基本公共服务均等化水平指数的主要组成部分。实际上，2006—2015年间，我国城乡基本公共服务均等化指数介于

0.437299～0.556336的区间，与第二梯度各省指数基本重合。

第三梯度的城乡基本公共服务均等化水平指数低于0.50，包括宁夏（0.497550）、河北（0.491167）、新疆（0.480440）、广东（0.475886）4个省份。其中新疆、宁夏是经济发展水平较低的西部省份，而广东属于经济发展水平较高的东部省份。虽然广东省人均GDP位于全国前列，但在拥有“珠三角”发达城市群的同时也涵盖粤北地区的贫困农村，农村地区欠发达状态导致的“短板效应”客观上拉低了广东省城乡基本公共服务均等化水平。显然，“各省份内部的城乡基本公共服务均等化水平并不是唯一地关联于经济发展水平”。[①] 对城乡基本公共服务均等化水平的考察，除经济因素影响外，还应考虑文化、环境、人口等因素的综合影响。

三、 结果讨论与政策建议

我国城乡基本公共服务均等化制度绩效的演进必然有其多重逻辑，作为一个动态优化过程，城乡基本公共服务均等化的变迁规则是一个十分具有挑战性的议题。同样，推动城乡基本公共服务均等化制度绩效的提升，也必须立足于中国国情，在价值理性与工具理性的均衡中寻找发展的系统化思路。

（一）结果讨论

实证研究结果显示，我国城乡基本公共服务均等化水平在2006—2015年十年间得到显著提升，从0.437299至0.556336提升了近12个百分点。其中，城乡基本社会保障均等化水平增幅最大、增速最快、水平最高，城乡基本教育均等化水平和基本医疗卫生均等化水平呈缓慢上升趋势，而城乡基本公共设施均等化水平却逐年下滑，这是一个非常值得警惕的异象。此外，本

① 刘成奎，王朝才：《城乡基本公共服务均等化指标体系研究》，《财政研究》2011年第8期。

研究中29个省份城乡基本公共服务均等化水平差异较大，按照均等化水平指数高低可划分为三大梯度，最高水平（北京：0.586773）和最低水平（广东：0.475886）之间相差0.110887，即约11个百分点。总体而言，得益于城乡基本公共服务均等化政策从国家层面到地方层面的大力推行，十年来我国城乡基本公共服务均等化水平明显提高，供给差距大为缩小。在肯定我国城乡基本公共服务均等化制度绩效的同时，需要充分关注到我国城乡基本公共服务均等化水平仍然不高，直至2015年均等化指数仅为0.556336，距“2020年争取基本实现基本公共服务均等化”的政策目标尚存在不小差距，可谓任重道远。城乡基本公共服务均等化制度绩效水平不高的原因，主要在于以下几个方面。

第一，基本公共服务理念的系统性偏差。在我国，政府决策者对城乡基本公共服务重要性的认识及主观判断直接影响相关政策的出台及落实、具体措施的推进、供给效率的高低。一些学术研究成果发现，在公共教育服务、医疗卫生服务、公共基础设施等领域，广大发展中国家的农村地区均落后于城市，政府的“城市偏好”在不同国家均有不同程度的增加。这一现象在我国基本公共服务领域中同样存在。政府将经济增长置于优先地位，而对社会建设重视不够①，一些地方政府甚至为了追求经济增长而“容忍不平等的扩大”②。近年来为解决“三农”问题出台的一系列政策和措施，如“一免三补”、农产品产业结构调整等，大多数仍然是偏重于经济发展，而针对义务教育、医疗卫生、农村公共基础设施等公共服务的思考不够、投入不力。同时，在基本公共服务供给中，我国公共服务体系改革实质上仍然沿袭了传统的城乡二元化思路。理念的阙如导致城乡基本公共服务均等化制度绩效不高。

---

① 王绍光：《从经济政策到社会政策的历史性转变》，周建明，胡鞍钢，王绍光编：《和谐社会构建》，北京：清华大学出版社，2007年。

② Bjorn A. Gustafsson，Li Shi，Terry Sicular（ed）. Inequality and public policy in China. Cambridge University Press，2008.

第二，基本公共服务制度的先天性缺陷。学界关于城乡基本公共服务均等化问题的探讨、政府实施的城乡基本公共服务制度改革大多侧重于物质分配调度，对正式制度尤其是以权利保障为核心的正式制度建设却未予以足够重视。[①] 城乡基本公共服务均等化制度绩效低下，主要表现在农村公共服务产品供给无论在数量还是质量上与城市相比均明显不足，未能体现公平正义。公平正义是现代法治体系的精神内核，公平正义法治精神的缺失正是城乡基本公共服务不均等的根源所在。从深层次上看，城乡二元的基本公共服务体制安排受制于中国的城乡二元经济结构，城乡二元的基本公共服务体制安排也体制性地固化和加剧了中国的城乡二元结构。以制度形式明确城乡公民权利差异化的法律的存在，本身就不符合现代法治理念。我国到目前为止尚未出台城乡统一的《基本公共服务法》，城乡基本公共服务体制安排目前依赖于一些部门的行政规章进行约束。城乡区别对待的供给导向型服务模式，对于公共服务实际需求反应迟缓。农村居民对基本公共服务的需求偏好没有通过民主机制纳入政府决策函数，是城乡基本公共服务发展不均衡的重要原因之一。

第三，基本公共服务供给的过程性制约。城乡基本公共服务均等化还与我国公共服务供给过程中的“碎片化”有关。从制度绩效分析的结果来看，由于利益偏好的多样化以及发展水平的差异性，不同部门的均等化绩效水平发展差异很大，不同省份的均等化绩效水平发展差异也很大。在城乡基本公共服务供给中，“公共服务分布于各部门间，具有明显的分散性和不连贯性”[②]，“专业化–部门化–利益化–制度化”的发展过程直接导致城乡基本公共服务均等化制度绩效不尽如人意。

第四，基本公共服务能力的总体性不足。公共服务提供必须以政府公共

---

① 侯雷：《民生与民主：基本公共服务均等化的困境与出路》，《社会科学战线》2014 年第 3 期。

② 曾凡军：《由竞争治理迈向整体性治理》，《学术论坛》2009 年第 9 期。

服务能力为基础。“财政是庶政之母”，公共服务目标的实现，必须接受公共财政的制度保障和支持水平的直接制约。首先，就我国财政支出结构而言，没有体现“民生财政”的要求，向公共服务领域倾斜不够。在财政资源投入有限的情况下，基于地方政府的城市偏向策略，城市和农村的公共产品和服务供给来源差别明显：前者基本由公共财政供给，而后者大部分靠农民自己，导致农村公共服务投入更加捉襟见肘。其次，调整政府间财政体制不科学，没有按照“财力与事权相配套”的原则进行财政分配。最后，中央政府的转移支付制度有效性不够，转移支付结构不利于公共服务均衡发展。

（二）政策建议

“任一民主国家的稳定不仅取决于经济发展，也取决于它的政治制度的合法性与有效性”。① 追求最佳绩效一直是城乡基本公共服务均等化制度变迁的终极目标。当前，在国家治理体系和治理能力现代化发展背景下，提升城乡基本公共服务均等化制度绩效必须对城乡基本公共服务均等化的发展理念、制度体系、推进机制与支撑保障进行“系统性、整体性、协同性”的改革。

第一，坚持“共建共享”的城乡基本公共服务均等化发展理念。“在一个正义的社会里，平等的公民自由是确定不移的，由正义所保障的权利不受制于政治的交易或社会利益的权衡”。② 就基本公共服务而言，“均等化”是共享发展理念的基本落脚点，也是中国特色社会主义的一个本质要求。中共十八届五中全会通过《中共中央关于制定国民经济和社会发展第十三个五年规划的建议》，提出“人人参与”与“人人享有”的要求，并强调要“提高公共服务共建能力和共享水平”。中共十九大报告指出，必须“保证全体人民在共建共享发展中有更多获得感”。基本公共服务的全民“共建、共享、共治”既是效率性在公共行政过程的具体实践，也是社会性在政治运作实践中的必然体

① 哈贝马斯：《交往与社会进化》，重庆：重庆出版社，1989 年。

② 约翰·罗尔斯著，何怀宏等译：《正义论》，北京：中国社会科学出版社，1998 年。

现，更是公共性在社会治理活动中的应有之义。因此，应该在十九大报告精神指引下，加强公平正义取向的制度建设，把“共建共享”理念作为城乡基本公共服务的首要价值追求，贯穿到城乡基本公共服务资源配置的整个过程。

第二，完善“民主法治”的城乡基本公共服务均等化制度体系。切实保障城乡居民特别是农村居民的各项权利，必须建立健全基本公共服务法律体制与政策体系。按照社会主义民主政治要求，切实落实“人民当家作主”，切实保障公民享有的各项基本公共服务权利。从制度绩效的测量结果来看，当前在公民权利谱系中的公共教育、医疗卫生、社会保障、公共设施等社会权利有所发展，但民主参与决策、民主监督等政治权利却被忽视。城乡基本公共服务制度绩效的提升，有赖于在国家层面强化优化基层民主制度、决策论证制度、社会治理制度、社会合作制度等制度建设。依法对基本公共服务供给结构进行合理调整，按照法定方式推进基本公共服务均等化进程，做到对政治、经济、社会领域的统筹兼顾，将财税制度、分配制度、保障制度等纳入系统完整的制度体系，以实现城乡基本公共服务均等化目标。

第三，构建“科学有效”的城乡基本公共服务均等化推进机制。要以统筹协调、责权明确、监督评估等实施机制为支撑，加快推进城乡基本公共服务均等化。要按照“整体性治理”的要求，促进各级公共服务资源有效整合，形成公共产品和服务供给的合力；按照技术逻辑，坚持“尽力而为”与“量力而行”的统一，通过公共服务投入向农村地区倾斜，缩小城乡间的公共服务差距，提高基本公共服务的普遍性、公平性和均等化水平；坚持目标导向和问题导向，明确城乡基本公共服务均等化的目标任务、阶段安排与主要任务；完善城乡基本公共服务均等化绩效评价体系；建立科学长效的城乡基本公共服务均等化评价体系，定期组织评估以及时调整政策方向，将城乡基本公共服务均等化评估结果纳入政府绩效考评的范畴并占据合理权重。

第四，强化“权责清晰”的城乡基本公共服务均等化支撑保障。城乡基本公共服务均等化受政府财政能力、配置结构等因素制约。作为推进城乡基本公共服务均等化的核心制度保障，财政体制的合理与否直接影响到城乡公共服务均衡供给效率。因此，提升城乡基本公共服务均等化制度绩效首先要促进“国家财政”向“公共财政”转型，修改财政转移支付制度，将公共服务财政资金的重心向“老少边穷”和广大中西部农村地区倾斜，使调整后的投资结构体现对中西部农村地区义务教育、医疗卫生、社会保障、公共设施等公共服务支出的优先设置和扶持力度，从财政支出的源头缩小城乡和地区之间的公共服务水平差距。其次，科学匹配各级政府间事权和支出责任。在2016年出台的《关于推进中央与地方财政事权和支出责任划分改革的指导意见》的基础上，进一步合理确定省级以下政府间的财政事权，将部分适合更高一级政府承担的基本公共服务职能上移，同时明确和细化省级政府在推进区域内城乡基本公共服务均等化等方面的职责。再次，实行基本公共服务供给主体多样化。公共服务的“政府主导”不能等同于“政府包办”，必须坚持市场化和社会化同步运作。为实现公共服务供给主体“多元化”，应该充分发挥市场机制作用，鼓励社会力量参与，全面推进复合式公共服务和产品供给方式创新，为推动城乡基本公共服务均等化提供支撑。

四、结语

“每个人对与其他人所拥有的最广泛的基本自由体系相容的类似自由体系都应有一种平等的权利”。[①] 继续推进城乡基本公共服务均等化是社会公平正义的现实要求，也是深入贯彻中共十九大“以人民为中心的发展思想”的必然举措。在我国，中国共产党代表最广大人民根本利益的性质就决定了城乡之间必须要实现基本公共服务均等化，通过基本公共服务均等化使广大人民

① 约翰·罗尔斯著，何怀宏等译：《正义论》，北京：中国社会科学出版社，1998年。

群众共同享受改革发展所取得的成果。只有彻底贯彻“共建共享”的发展理念，完善相关制度体系，优化推进实施机制，完善公共财政体制，才能够不断提升城乡基本公共服务均等化的制度绩效。在今后一段时间内，一方面要发挥中央政府统筹性强、权威性高的特点，根据民生发展需求及时推行“强制性制度变迁”，不断提升城乡基本公共服务均等化制度绩效；另一方面也要发挥地方政府能动性高、创造性强的特点，根据公共服务均等化的变化态势施行“诱致性制度变迁”，推动城乡基本公共服务均等化持续发展。

中国农村社会治理40年：从“乡政村治”到“村社协同”

——湖北的表述①

吴理财②

1978年，我国开启了农村改革的序幕。伴随着农村改革的不断发展和深入推进，农村社会治理发生了重大的历史变革。

改革开放40年来，令人尤为瞩目的农村改革分别是以农村土地经营为核心内容的农村家庭联产承包责任制的普遍推行和以农村税费为主要对象的农村税费体制改革。前一项改革不仅提高了农民种粮的积极性，而且使部分农民从土地上解放出来，从而掀起农民“离土不离乡”或“离土又离乡”的务工、经商、创业热潮，造就了20世纪80年代中期乡镇企业的辉煌成就，形成了规模巨大的流动于城乡之间、以“农民工”为标签的独具特色的社会群体，他们构成了20世纪八九十年代一道独特的历史景观。后一项改革破解了

---

① 基金项目：教育部哲学社会科学研究重大攻关课题“推进农业供给侧结构性改革的理论与战略研究”（17JZD017）；中央高校基本科研业务费项目“中国地方治理现代化及国际比较研究”（CCNU14Z02008）；湖北“三农”重大问题研究（WHZCZB201631611）；本文载于《华中师范大学学报（人文社会科学版）》2018年第4期。

② 作者简介：吴理财，华中师范大学政治学研究院、中国农村研究院（教育部人文社会科学重点研究基地）教授，博士生导师，研究方向：中国农村政治社会发展、基层政府体制改革和乡村治理研究。

积重难返的农民负担不断加重的难题，消解了因此而引致的愈发密集且日渐加剧的干群冲突（有的甚至升级为大规模的群体性事件）以及由此而引发的农村社会治理危机。但是，这项改革意外加剧了农民个体与村庄集体乃至农村基层政府的疏离：除了土地在名义上仍然属于集体以外，农民跟村集体几乎没有任何其他的实质性联系。村庄的公共事务无人问津、无人参与，农村公益事业建设少有人关心，农民与基层政府的联系也更加薄弱。由于农民与基层政府之间缺乏应有的制度性关联，农村基层政府身陷“悬浮性治理”之中①，以致“空心化”“个体化”成为当下农村社会的突出特色，给当下农村社会治理提出了新命题。

伴随这两项农村改革，农村社会治理大致经历了两次重大变迁：第一次变迁发生在农村土地家庭经营改革之后，农村土地经营制度的变革促使人民公社体制的最终解体，并在“公社”一级建立了乡镇政府，在村（生产大队）一级推行村民自治制度，最终确立了一种“乡政村治”的新型农村治理体制②；第二次变迁发生在农村税费改革之后，农村税费改革是以减轻农民负担为主旨的有关农村分配关系的一项调整，但是，这项改革所引起的反应却远远超出了农村分配关系的范畴，甚至波及农村社会结构和价值领域。

如果说前一次变迁主要发生在“国家”与乡村社会之间，其主要成果是“政社分开”，最终形成了“乡政村治”的农村治理体制。那么，后一次变迁则主要发生在乡村社会之内，触及乡村社会自身结构及其“灵魂”，其主要表

---

① 周飞舟：《从汲取型政权到“悬浮型”政权——税费改革对国家与农民关系之影响》，《社会学研究》2006 年第 3 期；吴理财：《从网格化管理转向网络化治理：农村基层治理的“在村模式”》，《国家治理》2015 年第 1 期。

② “乡政村治”这一概念由张厚安最早提出来。他认为“‘乡政村治’，乃是在治理乡村过程中形成的一种格局”。“乡政”与“村治”的结合，“就形成了当今有中国特色的农村政治模式，现在，我们治理有 80%人口生产、生活在其中的中国农村，就是靠 5 万多个乡镇政权和 100 多万个村民委员会，就是靠这两者的结合”。参见张厚安：《乡政村治——中国特色的农村政治模式》，《政策》1996 年第 8 期。

征是“空心化”“个体化”。[1] 当前的因应之策便是在村民自治的基础上引入德治和法治，企望通过自治、德治、法治相结合，构建党委领导、政府负责、社会协同、公众参与、法治保障的现代乡村社会治理体制。

本文以湖北省为例，结合我国农村前后两次重大改革，论述改革开放40年来农村社会治理的变迁路径，探析其嬗变逻辑。尽管湖北省农村社会治理的演变有其自身特色，但也可以透过湖北省的表述管窥中国农村社会治理的基本样貌和总体特征。

一、 农村土地经营制度改革与“乡政村治”体制建构

1978年12月18日至12月22日，中共中央召开了具有深远历史意义的十一届三中全会。会议决定把党的工作重点转移到社会主义现代化建设上来，并做出了改革开放的伟大决策。会议十分重视并深入讨论了我国农业问题，指出必须集中主要精力把农业尽快搞上去，把调动农民积极性作为农业工作的指导思想。根据这个指导思想，会议通过的《中共中央关于加快农业发展若干问题的决定（草案）》提出了发展农业生产的一系列政策措施。在中共十一届三中全会精神的指引下，一些农村干部和农民群众开始冲破长期以来“左”的束缚，对农村经济体制进行大胆的改革探索，从而揭开了我国农村改革的伟大序幕。

湖北省农村改革经历了一年半的徘徊后，也逐渐汇入到这场改革大潮之中。从1979年秋开始，湖北省农村主要推行定额计酬，并没有积极推行联产到组，更不用说包产到户和“大包干”。直到1980年10月，全省只有28.7%的生产队实行联产到组，实行定额计酬的生产队则占63.9%，而实行包产到户的仅为0.3%。从1980年下半年起，湖北省按照先贫困山区后平原丘陵地

---

① 吴理财：《论个体化乡村社会的公共性建设》，《探索与争鸣》2014年第1期。

区、先旱地后水田、先农田后山林水面、先包产到组后“大包干”、先间接联产计酬后直接联产计酬，在全省广泛推行各种形式的农业生产责任制。到1982年，全省实行“大包干”的生产队占到75.3%。1983年以后，“包”字上“山”（山林）下“水”（水面），从种植业扩展到林业、水产养殖业及其他行业。到1984年底，全省普遍实行了水产承包责任制和山林承包责任制。经过改革，湖北省农业得到快速发展，1979—1984年间，农业总产值年均递增率达6.8%，比1953—1978年间农业总产值年均递增率的3.7%高出3.1个百分点。①

农村土地经营制度改革势必导致农村上层建筑做出相应的变革，以适应农村经济发展的需要。从1983年开始，湖北省试行“政社分开，建立乡政权”。1983年1月首先在武昌县②进行试点，同年底，建乡工作在全省展开，并于1984年完成。1984年重建乡政权时，湖北省人民政府对乡的设置标准未做明确规定，由各地酌情自定，有的地区实行1社1乡，有的地区采取1社分建数乡，鄂西及鄂西北的山区大都采用小乡制（1社分数乡），江汉平原的乡通常较大些。③ 这时，大部分县（市）在县（市）和乡之间设立了区公所，作为县级政府的派出机构，少数县（市）设立县辖乡政府。到1985年底，全省设区公所621个、乡政府3906个，其中县辖乡185个、镇政府803个（在镇政府中有区级镇301个）；村委会3.24万个、村民小组25.85万个。④

在“政社分开”之前，湖北省一如全国其他地区，在农村基层实行的是人民公社体制。这一体制从1958年正式建立到1983年开始废除，前后持续

① 中共湖北省委党史研究室：《中国新时期农村的变革（湖北卷）》，北京：中共党史出版社，1998年，第40—42、第45—47页。

② 1995年3月28日，国务院批复撤销武昌县，设立武汉市江夏区。

③ 湖北省地方志编纂委员会编：《湖北省志·政权》，武汉：湖北人民出版社，1996年，第28、第443、第446页。

④ 李刚等主编：《湖北农村经济（1949—1989）》，北京：中国统计出版社，1990年，第3页。

达25年之久。1958年8月28日，湖北省首个人民公社在应城县①成立②，到当年底，湖北全省农村实行了人民公社化。③ 人民公社经历了由小变大再变小的过程：初建时，基本上为一乡一社；1959年，全省4000多个人民公社减至688个；1961年又改组为4560个人民公社④；到1982年底，全省人民公社为1295个。⑤

这一变革还跟县与乡或者乡与村之间所设置的管理层级变动有关。新中国成立初期，湖北省农村实行的是小乡制，即乡域规模较小，在县与乡之间设置有区公所。区公所名义上是县政府的派出机构，实为一级政权实体，其机构设置远比当时的乡更加完善，人员配备也比较齐全，其职能与一级政府几乎没有差异。1959年建立的公社基本上是一个区的范围，规模较大；1961年恢复区，同时把公社划小；1975年撤区并社，这时的公社比1959年的大公社小一点⑥；1976年，为便于领导，又在公社之下设立管理区；1984年改社建乡时采取的是大区中乡制，即以原公社为区，原管理区为乡，原大队为

---

① 1986年6月撤销应城县，设立应城市。

② 应城县红旗人民公社是湖北省建立的第一个人民公社。参见王家吉：《热烈祝贺红旗人民公社的诞生》，《湖北日报》1958年8月31日。

③ “从八月下旬起到九月三十日止，全省除武汉、黄石、沙市、宜昌、襄樊五个市区外，已建立起人民公社770个，占计划建立829个公社的93%。入社户数达617万户，占总户数96%（其中以国有农场为核心建立全民所有制的公社有34个）。全省实现了人民公社化”。参见亦农：《全省农村实现公社化》，《湖北日报》1958年10月1日。

④ 湖北省地方志编纂委员会编：《湖北省志·政权》，武汉：湖北人民出版社，1996年，第28、第443、第446页。

⑤ 湖北省地方志编纂委员会编：《湖北省志·政权》，武汉：湖北人民出版社，1996年，第28、第443、第446页。

⑥ 这次撤区并社提出“公社一般以二、三、四万人为宜。少数地广人稀、交通不便的地区可少于二万人，一些人口集中的地区也可多于四万人”。参见《中共湖北省委关于撤区并乡几个问题的通知》（1975年8月5日），王崇文等：《湖北省农业合作经济史料》（下册），武汉：湖北人民出版社，1985年，第174页。

村。[①] 在实际运行中，依然有区实乡虚、头重脚轻、层次多、效率低的问题。1986 年，湖北省委办公厅、省政府办公厅联合下发《关于进行区、乡体制改革的通知》，要求对当时的区乡体制进行改革，进行撤区并乡：第一，平原和交通方便的县（市），由县（市）直接领导乡，乡的规模也要做适当调整；第二，边远山区、交通不便的地区可以保留区的建制，但要成为名副其实的派出机构，规模过小的乡应适当合并；第三，符合建镇条件的可以建镇，由镇直接指导村（居）委会；第四，撤区并乡和减少区的编制员额及富余干部，充实加强乡镇。[②] 这一次，除鄂西土家族苗族自治州[③]外全省农村都进行了撤区并乡（镇）改革。到 1989 年，全省共有乡政府 1127 个、镇政府 843 个；村委会 32727 个、村民小组 260577 个。[④] 这次撤区并乡后各地的乡镇规模并不统一，譬如，随州市淅河镇面积达 202 平方公里、村民 97743 人，通山县三源乡面积仅 53 平方公里、村民 2400 人。1991 年后，这些乡镇普遍设立了党委、政府、人大、政协“四大家”机构。[⑤]

在撤区并乡之时，许多农村又在乡镇之下设立了“管理区”（非正式管理层级），直至农村税费改革之时湖北省才废除了管理区层级，开展大规模乡村合并，如今的乡镇规模大致与原来区公所的管辖范围相近。

众所周知，人民公社“是政社合一的组织，是我国社会主义社会在农村

---

① 张厚安，王克安：《大力加强农村基层政权建设——红安、大悟两县调查》，《社会主义研究》1987 年第 4 期。

② 中共湖北省委党史研究室：《中国新时期农村的变革（湖北卷）》，北京：中共党史出版社，1998 年，第 373－374 页。

③ 1993 年 4 月 4 日，“鄂西土家族苗族自治州”更名为“恩施土家族苗族自治州”。

④ 李刚等主编：《湖北农村经济（1949—1989）》，北京：中国统计出版社，1990 年，第 3 页。

⑤ 中共湖北省委党史研究室：《中国新时期农村的变革（湖北卷）》，北京：中共党史出版社，1998 年，第 374 页。

中的基层单位，又是我国社会主义政权在农村中的基层单位”①，实行“三级所有、队为基础”的管理体制。在人民公社时期，人民公社组织“取代了一切的行政和非行政组织。除此以外，不再有任何民间的生产、生活、娱乐组织，农村社会几乎就是一个军事化的社会”②，究其实质，乃是一个“政治吸纳社会”或政治社会一体化的农村治理体系，除了直接满足政治整合的需要以外，还便于从乡村社会汲取资源以服务于国家工业化和现代化建设的需要。据张象枢等计算，在1952—1986年间，国家通过粮食和农副产品与工业产品的“剪刀差”从农业中抽走了5823.74亿元的巨额资金，加上农业税收1044.38亿元，两项合计6868.12亿元，相当于同期全民所有制非农企业固定资产原值的4/5。③ 而根据国务院农业发展研究中心1986年的推算和温铁军的引用，“1953—1978年计划经济时期的25年间，工农业产品价格剪刀差总额估计在6000亿元～8000亿元。而到改革开放前的1978年，国家工业固定资产总计不过9000多亿元。因此可以认为，中国国家工业化资本的原始积累主要来源于农业”。④ 尽管各个学者的计算方法不尽相同，以致计算出的具体数据有所出入，但其结论几乎是一致的，中国工业化的原始积累来自农业，是以牺牲农民的利益为代价。“应该说，在无法从国外获取资源的前提下，人民公社制度为完成中国工业化的原始积累，立下汗马功劳”。⑤

通过人民公社这种体制构造，国家从农村高强度地汲取资源，因为不是

---

① 参见《农村人民公社工作条例修正草案》，于1962年9月27日经中共第八届中央委员会第十次全体会议通过。

② 李守经，邱馨主编：《中国农村基层社会组织体系研究》，北京：中国农业出版社，1994年，第72页。

③ 张象枢，赵萍，周文彪主编：《中国农业巨变与战略抉择》，北京：中国物价出版社，1993年，第47页。

④ 温铁军：《中国农村基本经济制度研究》，北京：中国经济出版社，2000年，第177页。

⑤ 贺雪峰，苏明华：《乡村关系研究的视角与进路》，《社会科学研究》2006年第1期。

直接以农户为计征单位，农民往往难以直接地感同身受。有学者指出，在人民公社时期，农民负担要比20世纪八九十年代严重得多，人民公社时期农民负担与上年农民纯收入的比例最高达35.2％（1970年），最低也有20％（1962年），一般在25％左右，而且，这些数据尚未将那一时期极为严重的工农业产品“剪刀差”和大量无偿调用农业劳动力计入在内。① 只是在那时，这些极为严重的农民负担是通过农村基层集体组织间接征收的。因此，在我国农村推行人民公社体制更主要是服务于当时国家经济发展（尤其是工业化）的实际需要，具有一定的历史合理性。

人民公社这种高度集中的“政社合一”的农村组织，必然地与农村家庭联产承包责任制相抵牾。一旦实行土地的农户承包经营模式，人民公社体制必然会解体，因为它“无法容忍新兴的社会力量，无法协调和统帅社会”。② 1982年12月4日，第五届全国人民代表大会第五次会议通过新的《中华人民共和国宪法》，否定了人民公社体制，该宪法重新规定乡、民族乡、镇为我国农村基层政权组织。1983年10月12日，中共中央、国务院联合发布了《关于实行政社分开建立乡政府的通知》，这个通知明确指出，“随着农村经济体制的改革，现行农村政社合一的体制显得很不适应。宪法已明确规定在农村建立乡政府，政社必须相应分开”。③

1984年底，湖北省完成了“政社分开，建立乡政权”工作。④ 到1985

① 林万龙：《乡村社区公共产品的制度外筹资：历史、现状及改革》，《中国农村经济》2002年第7期。

② 张厚安，徐勇：《中国农村政治稳定与发展》，武汉：武汉出版社，1995年，第211页。

③ 参见中共中央、国务院《关于实行政社分开建立乡政府的通知》（中发〔1983〕35号），发布于1983年10月12日。

④ 湖北省地方志编纂委员会编：《湖北省志·政权》，武汉：湖北人民出版社，1996年，第28、第443、第446页。

年，我国农村全部完成“政社分开”、重建乡级政府的工作。①

虽然这一次“政社分开”缘起于新一轮的农村“土地改革”，但是，“乡政”的实际变迁始终被两个方面的力量所左右：一个是来自乡村社会本身的力量，另一个是来自乡村社会之外的力量。这个乡村社会之外的力量，主要是国家政权重建的力量。国家在乡村社会的政权重建，主要是因应农村家庭承包责任制普遍推行以后，旧有的高度集中的人民公社管理体制解体所面临的管治问题。

如今看来，这次“乡政”重建以“政社分开”为主旨，无疑是符合我国农村基层治理转型要求的。但是，在当时的历史条件下，由于“乡政”重建保留了过多的原有体制的特性，特别是原有的权力运行逻辑，从而在一定程度上限制了这次“政社分开”的价值，突出表现在以下三个方面：一是没有注意“乡政”的特性，简单地套用上一级政权的建设模式，导致后来乡镇政府机构的膨胀；二是没有改变“乡政”一贯的汲取式整合功能，导致农民负担不断加重；三是没有规制“乡政”的权力，导致村民自治流于形式。

中共中央、国务院联合发布的《关于实行政社分开建立乡政府的通知》还要求，在实行政社分开、建立乡政府的同时，“按乡建立乡党委，并根据生产的需要和群众的意愿逐步建立经济组织”；在原来的“生产大队”和“生产队”一级相应地建立“村民委员会”和“村民小组”，“村民委员会是基层群众性自治组织，……村民委员会要积极办理本村的公共事务和公益事业。协助乡人民政府搞好本村的行政工作和生产建设工作”②。也就是说，当时的“政社分开”是从两个方面展开的：其一，在“公社”一级“撤社建乡”，重构农村基层政权组织；其二，在“公社”以下层级实行“村民自治”，重塑农

---

① 张厚安：《中国特色的农村政治——“乡政村治”的模式》，台北：桂冠图书股份有限公司，1998 年，第 15 页。

② 参见中共中央、国务院《关于实行政社分开建立乡政府的通知》（中发〔1983〕35 号），发布于 1983 年 10 月 12 日。

村基层社会组织。

不过，村民自治制度的推行比较缓慢。1987 年 11 月 24 日，第六届全国人大常委会第 23 次会议根据改革开放后新修订的《中华人民共和国宪法》，通过了《中华人民共和国村民委员会组织法（试行）》，从 1988 年 6 月 1 日起在全国试行。直到 1998 年 11 月 4 日，第九届全国人大常委会第 5 次会议才正式通过这部法律。① 如果从中共中央、国务院联合发布《关于实行政社分开建立乡政府的通知》的日期算起，村民自治制度在我国经历了长达 15 年之久的试行期。在这期间，全国各地在村民自治的具体形式、选举方式和运行机制上，进行了各种有益的实践探索，形成了独具特色的地方经验。

在这些地方经验中，湖北省也有一些实践创新可圈可点。其中，令人尤为瞩目的是黄梅县水月庵村“村治”实验、广水市“两票制”选村支书、京山县杨集镇“两推一选”党政领导班子成员。

1996—1998 年间，华中师范大学中国农村问题研究中心张厚安教授领衔，在黄梅县小池镇水月庵村开展了以“依法建制、以制治村、规范管理”为主要内容的“村治”实验，这项实验得到了时任湖北省委书记贾志杰的支持。水月庵村“村治”实验表明，“农村经济体制的变革和农村经济的发展必须与农村政治民主化及村民自治良性互动。……农村经济体制变革及农村经济的发展，必须有健全的村民自治章程和规范的村务管理与之相适应。……反之，农村基层民主以及村民自治也必须有村经济发展、农村生活环境的改善作为支撑”。②

在推行村民自治过程中，自从村民委员会普遍实行民主选举以后，村民对村支部的民主选举也提出了要求。为此，在 1998 年广水市就开始了由党员和群众投信任票、党员投选举票的“两票制”选拔村党支部书记的探索。

---

① 2010 年 10 月 28 日，第十一届全国人大常委会第十七次会议对《中华人民共和国村民委员会组织法》又进行了修订。

② 张厚安：《村民自治：中国农村基层民主建设的必由之路》，《河北学刊》2008 年第 1 期。

2001 年，广水市委组织部在骆店乡青堆村、李店镇草店村和叶田村进行了“两票制”选举村支书的试点，在总结试点经验的基础上，同年便出台了《广水市“两票制”选任村党支部书记的实施意见》和《广水市“两票制”选任村党支部书记的实施办法》，规定在村党支部书记改（补）选、换届时一律采用“两票制”的办法，由此，“两票制”在广水市全面推广。该市在随后历次农村党支部换届时均沿用“两票制”选举村支书的办法。

村民自治的进一步发展，也使一些学者认识到村民自治“不过是中国整个政治体制改革中的一个环节，在村一级不可能孤立地实现社会主义民主，还必须有乡镇以上各级党政机关自身的政治体制改革来配合，必须强调上下互动和联动”①。于是，华中师范大学中国农村问题研究中心的学者又参与了 2002 年 8 月至 9 月京山县杨集镇“两推一选”党政领导班子成员的实验。“两推一选”镇党政班子成员的具体程序如下：首先，由全镇选民用“海推”的办法分职位等额推荐镇党委书记、镇长、党委委员和副镇长候选人的人选。得票居前 3 名的人选，确定为镇党委书记、镇长的初步候选人，党委委员和副镇长亦按照推荐票顺序、差额 1 人的原则确定初步候选人（此为“一推”）。然后，（按选区）召开党员会议、村民代表会议，以群众推荐的初步候选人建议名单为基础，分别等额推荐镇党委书记、镇长正式候选人，得票居前 2 名的初步候选人确定为镇党委书记、镇长正式候选人。以同样的办法按照一定的差额确定党委委员和副镇长正式候选人（此为“二推”）。最后，分别召开全镇党代会、人代会，在党代会上选举产生镇党委书记、委员，在人代会上选举产生镇长和副镇长②（此为“一选”）。“杨集选举”的创新实际上是借鉴村委会选举中的“海选”“两票制”的办法，并运用于乡镇党政领导选举的一

① 张厚安：《村民自治：中国农村基层民主建设的必由之路》，《河北学刊》2008 年第 1 期。

② 曹立明：《“杨集选举”的实践与思考》，《政策》2003 年第 1 期；贺雪峰：《“海推”：杨集实验的实质》，《决策咨询》2002 年第 10 期。

种积极探索，它在既有的体制架构之下充分地吸纳了民意，“最大限度地落实了群众的民主权利”[①]。遗憾的是，这一创新并未延续下来。“杨集选举”尽管名噪一时，但很快就被人所遗忘，随后，人们将更多的注意力聚焦在农村税费改革上。

伴随着农村土地经营制度的改革及其深入发展，农村社会治理的主要变化是在“撤社建乡”的同时，逐步在村一级推行村民自治制度，并最终形成了“乡政村治”的农村治理体制。从表面上来看，它是国家权力从农村基层社会适时退出、促进公民社会发育并实现乡村社会自我（民主）治理的一次制度安排调整[②]，但是，实践的结果却不尽如人意。自村民自治推行以来，始终存在着一股力量使之流于形式。

在实际的运行中，“乡政”总是不自觉地把村委会当作自己的下属机构，要么直接向其发布行政命令，要么通过干预村委会选举或者间接通过党支部的领导、目标考核、财务管理等途径达到控制村委会的目的，从而在乡、村之间形成一种领导与服从的关系，村委会因此被乡镇政府“内部化”，沦为一种准行政组织。[③] 总而言之，只要“乡政”是压力型体系中的一环，就能在乡、村之间复制一个类似于其与上级政府的压力型关系，以便将科层制压力传导下去，释放自身的压力。

总之，在改革开放之初，国家适时实施的“政社分开”准确地把握了农村政治社会变革的关键脉络，为日后农村社会发展创造了积极的政治和社会条件。可惜的是，在当时历史条件下，诸多原因制约了“政社分开”的深度和广度，在一定程度上制约了乡村社会的自主发展和“乡政”自身的治理转型。

---

① 曹立明：《“杨集选举”的实践与思考》，《政策》2003 年第 1 期。

② 俞可平等：《中国公民社会的兴起与治理的变迁》，北京：社会科学文献出版社，2002 年；于建嵘：《新时期中国乡村政治的基础与发展方向》，《中国农村观察》2002 年第 1 期。

③ 吴理财：《乡镇改革与后税费时代乡村治理体制的构建》，《中共福建省委党校学报》2007 年第 1 期。

二、 农村税费改革与“以钱养事”机制建立

随着农村土地家户经营的普遍推行以及人民公社制度的最终破产，农民负担问题与农民自身逐渐产生了直接的利益关联。一开始，农民尚沉浸在家庭承包经营的欣喜之中，农民的实际收入相对于过去确有较大的提高，农民对负担问题尚未来得及感同身受。然而，到了 20 世纪 80 年代中后期，农业发展进入徘徊期，农业增产不增收，农民负担问题日益突出。特别是进入 20 世纪 90 年代中后期，乡镇企业普遍不景气，乡镇财政收入不得不依赖于对农民的直接征收，尤其是在欠发达和不发达的农业地区，农民负担的加重似乎有一种无法遏止之势，农民也因此怨声载道，并开始动摇对农村基层政府合法性的认同。

仅以农业税收为例，自“撤社建乡”以来，农业税收逐年递增。1986 年，全国农业税收为 44.52 亿元；到 1990 年达到 87.86 亿元，增加了 1 倍；1995 年是 1990 年的 3 倍，达到 278.09 亿元；2000 年增长到 465.31 亿元；2002 年达 659.09 亿元。湖北省作为农业大省，农业税收也是逐年提高，而且比其他省份增长得更快。1990 年全省农业税收为 4.30 亿元；1995 年达 12.95 亿元，在短短的 5 年内翻了三番；1999 年突破 20 亿元；2003 年陡然增加到 33.22 亿元。① 上述数据只是农民负担问题之“冰山一角”。所谓“头税轻、二税重、三税是个无底洞”是对农民负担问题的一个形象说法。其中，“头税”是指前述的农业税收部分；“二税”是指国家允许向农民征收的其他税收、集资和乡镇统筹、村提留等税费负担；“三税”是指政策外的“乱收费、乱罚款、乱摊派”。

---

① 邓道坤，刘友凡主编：《大变革：湖北省农村税费改革纪实》，武汉：武汉大学出版社，2006 年，第 13、第 29 页。

在湖北省咸安区，1997年农民政策内的六项负担（包括农业税、农业特产税、屠宰税、教育费附加、乡五项统筹、村三项提留）总额是4230.97万元，亩均109元，人均116.9元；1999年为4566万元，亩均118.6元，人均130.35元；2001年虽然有所下降，但仍然很高，总额为3842.97万元，亩均101.2元，人均109元。而有据可查的农民实际负担情况则是1997年农民负担为6969万元（其中卡内农民负担5188万元，卡外农民负担1781万元），亩均179.6元，人均192.5元；1999年农民负担为6910万元（卡内4950万元，卡外1960万元），亩均179.5元，人均197.2元；2001年农民负担为5288万元（卡内3728万元，卡外1560万元），亩均139.4元，人均150.2元。1999年咸安区地方一般性财政收入为1.16亿元，其中近六成为农村税费收入。① 咸安区还不是湖北省农民负担最重的地区，湖北省农民负担最重的地区是地处江汉平原的县市，亩均达400元左右。2000年春，监利县棋盘乡侯王村因抛荒过多难以按照田亩摊派税费任务，村集体只好分解到人头，人均上交各种税费高达650元。有个农户全年应交2700元，但全年农田收入不足1000元，只好外出打工把余下的2000元补上。②

早在1985年10月，中共中央、国务院就发出了《关于制止向农民乱派款、乱收费的通知》。③ 到了1990年，向农民征收的各种项目已达149项之多。1991年，农民负担约占上年人均纯收入的13％，已经远远超过了5％的控制线。此后，国家加大了对农民负担的治理、整顿力度，据相关数据统计，从1990年到2001年的12年间，关于减轻农民负担的各项禁令，从“中南

① 宋亚平：《咸安政改的前因后果》，县域经济论坛（http://www.xyjjlt.net/bbs/thread－32765－46－1.html）。

② 邓道坤，刘友凡主编：《大变革：湖北省农村税费改革纪实》，武汉：武汉大学出版社，2006年，第13、第29页。

③ 参见中共中央、国务院《关于制止向农民乱派款、乱收费的通知》（中发〔1985〕21号），发布于1985年10月31日。

海”到“水果湖”整整下了32道①，但是农民负担问题始终未有明显好转。②在这种情势下，全国各地先后进行了农村税费改革。2000年，中央决定首先在安徽全省开展农村税费改革试点。2002年4月，湖北省进行农村税费改革动员，经过一年多的试点便在全省普遍推行农村税费改革，到2005年全面取消农业税，比全国提前一年告别“田赋”。据统计，2005年湖北省取消农业税后，与改革前的1999年相比，全省农民每年减负55亿多元，人均减负139元左右。③

在这项改革开展的同时，湖北省进行了乡镇综合配套改革，其范围之广、力度之大、改革之深，前所未有，走在了全国的前列。2003年11月，中共湖北省委、湖北省人民政府下发了《关于推进乡镇综合配套改革的意见（试行）》④。从这个文件的主要内容来看，它主要汲取了“咸安政改”的经验。除了乡镇撤并、机构精简、干部外派“打工”、“五保合一”等以外，“咸安政改”中令人尤为瞩目的内容如下：一是实行乡镇党政领导“交叉任职”和“公推直选”；二是撤销乡镇“七站八所”，实行“以钱养事”新机制。这一系统性的农村治理体制改革由时任区委书记的宋亚平所主导，在全国产生了巨大影响，特别是“以钱养事”机制的建构与推行，引领了我国农村公共服务改革之潮流，至今亦然。

在湖北省委、省政府联合发布的《关于推进乡镇综合配套改革的意见

---

① 中南海是中央政府所在地，水果湖是湖北省委、省政府所在地。参见邓道坤，刘友凡主编：《大变革：湖北省农村税费改革纪实》，武汉：武汉大学出版社，2006年，第38页。

② 关于农民负担问题的详细分析，建议参见俞德鹏：《农民负担问题的社会和法律分析》，《经济管理文摘》2001年第9期。

③ 《辉煌的过去灿烂的未来》，荆楚网（http://news.cnhubei.com/xw/zt/ncsfgg/201212/t2365653.shtml）。

④ 《中共湖北省委、湖北省人民政府关于推进乡镇综合配套改革的意见（试行）》（鄂发〔2003〕17号），荆楚网（http://news.cnhubei.com/xw/zt/ncsfgg/201212/t2365688.shtml）。

(试行)》这份文件中，充分肯定了“以钱养事”改革，要求坚持市场取向，遵循市场规律，引入竞争机制，办好社会事业，变“养人”为“养事”，引导乡镇直属事业单位面向市场转换机制，走企业化、市场化、社会化的路子。为了推进这项改革，湖北省在2004年、2005年、2006年、2007年又连续发布了几个相关文件：2004年8月，湖北省委办公厅、省政府办公厅印发关于乡镇综合配套改革的三个配套文件①；2005年7月，湖北省委、省政府印发《关于推进乡镇事业单位改革，加快农村公益性事业发展的意见》；湖北省政府在总结天门、洪湖等7个试点县试点经验的基础上，于2005年9月下发了《关于全面推进乡镇事业单位基本养老保险制度改革的通知》，建立了全省乡镇事业单位基本养老保险制度，据此，在全省范围内建立“以钱养事”新机制的改革全面推进；2006年全国范围内取消农业税后，农村改革从税费制度改革转入推进农村综合改革的新阶段，根据党中央、国务院关于深化农村综合改革的要求，2006年3月，湖北省委办公厅、省政府办公厅制定《关于建立“以钱养事”新机制，加强农村公益性服务的试行意见》，进一步明确了乡镇农村公益性服务的基本内容和“以钱养事”的实施办法；2007年6月，湖北省委办公厅、省政府办公厅又下发了《关于巩固完善农村公益性服务“以钱养事”新机制的若干意见》。

经过试点、推广，到了2006年，湖北省农村普遍建立了以“财政出钱，购买服务，合同管理，农民认可，考核兑现”为核心内容的农村公益性服务“以钱养事”新机制。据统计，湖北全省转制乡镇事业单位原有总人数93485人（含超编人数），79137人已全部按规定程序退出事业编制管理序列。为支持乡镇事业单位转制和人员分流工作，湖北省委、省政府决定全面建立乡镇事业人员养老保险制度。2005年，湖北省财政厅筹措资金12.6亿元，用于补

---

① 参见《省委办公厅、省政府办公厅关于全省乡镇综合配套改革机构编制工作的实施意见》(鄂办发〔2004〕51号)，发布于2004年8月10日。

助乡镇事业单位建立基本养老保险制度；2007 年，湖北省委、省政府又明确，公益性服务人员养老保险的续保资金从“以钱养事”机制资金中解决，使单位和个人续交保费有了稳定的资金来源。到 2007 年，应参保在职人员 12.22 万人，实际参保 11.45 万人，参保率超过 93%；应补缴个人账户 10.04 亿元，实际补缴 8.87 亿元，达 88%以上。同时，各级财政按照建立公共财政体系的要求，加大农村公益服务投入，形成了稳定的经费保障机制。省财政不断加大对“以钱养事”机制的资金补助力度，2006 年按每个农业人口 5 元的标准安排补助资金 20088 万元，2007 年按每人 10 元的标准安排 40882 万元，2008 年、2009 年、2010 年、2011 年均按每人 15 元的标准进行安排，其中，2008 年为 61322 万元，2009 年、2010 年、2011 年均安排 61698 万元。① 同时，湖北省委、省政府要求县（市、区）政府根据有关经费预算安排政策，将农村公益性服务经费纳入本级年度财政预算，不得低于改革前的投入水平，并逐年增加。据统计，2006—2010 年，省财政补助总额达 24.56 亿元。② 全省县乡财政用于“以钱养事”机制的补助资金达 4 亿多元，比改革前增长近 50%。③

“以钱养事”新机制的建立和完善，改变了“花钱养人、收费服务”的状况，加强和改进了农村公益性服务，农民群众普遍比较满意，实现了“政府公益性服务职能得到加强，为农民服务质量得到提高，服务人员收入得到保障”的多赢局面。④

---

① 《改革农村公益服务体制构建“以钱养事”新机制》，荆楚网（http://news.cnhubei.com/xw/zt/ncsfgg/201212/t2365658.shtml）。

② 《辉煌的过去灿烂的未来》，荆楚网（http://news.cnhubei.com/xw/zt/ncsfgg/201212/t2365653.shtml）。

③ 《改革农村公益服务体制构建“以钱养事”新机制》，荆楚网（http://news.cnhubei.com/xw/zt/ncsfgg/201212/t2365658.shtml）。

④ 《辉煌的过去灿烂的未来》，荆楚网（http://news.cnhubei.com/xw/zt/ncsfgg/201212/t2365653.shtml）。

不过，这项改革还是掀起了广泛的争议。一些地方的农村“以钱养事”改革的效果并不显著，但并非是这一改革本身存在问题，除了部分地方的改革“走过场”以外，更主要的是因为农村社会本身的发展以及农村基层政府职能的转型没有及时跟上，不能适应这项改革的需要，而这又跟前一个时期的“政社分开”不无关系，正是因为之前的“政社分开”并未深入推进，其广度与深度比较有限，从而在一定意义上限制了农村社会的自主发展和农村基层政府从“管治”到“服务”的适时转型。①

三、 在个体化社会转型中的农村社会治理创新

农村税费改革的一个意外后果是加剧了农民个体与村庄集体乃至农村基层政府的疏离，农村社会“个体化”“空心化”，给当下农村社会治理带来了新问题、新挑战。

当然，农村社会的“个体化”“空心化”不是非从农村税费改革开始的。准确地说，农村改革开放以后，农村社会便逐渐开始了“空心化”“个体化”转型。农村土地的家户经营，首先把农民从之前的集体生产和集体分配的体制中解放出来，极大地激发了农民农业生产的积极性。粮食亩产由 1978 年的 168.5 公斤提高到 1984 年的 240.5 公斤，提高了 42.73％。② 尔后，随着人民公社体制的瓦解和“乡政村治”体制的建立，国家权力又逐渐有选择地从乡村社会隐退，除了计划生育、治安维稳以外，极少干预农民的日常生活。这就在客观上为乡村社会让渡了一定的“空间”。也就是说，在生活领域，农民拥有了比集体化时期更多的自由。

---

① 吴理财：《从“管治”到“服务”——乡镇政府职能转变研究》，北京：中国社会科学出版社，2009 年。

② 郑有贵，罗贞治，李成贵：《党的十一届三中全会以来我国农业政策的演变及其作用》，《教学与研究》1998 年第 12 期。

进入 20 世纪 90 年代以后，农民被允许自由地流动、外出务工。这一方面要归功于国家放松了户籍等管制，另一方面也是国家推动商品经济及市场经济发展的必然要求。农民挣脱了与农村集体之间脐带式的联系，由集体的“社员”变成高度离散的自由“村民”。特别是农村税费改革以后，向农民征收税费这一地方政府、村集体与农民之间所维系的最后一点常规性联系也被打破了。除了土地在名义上仍然属于集体以外，农民跟集体几乎没有任何其他的实质性关联，农民摆脱了对集体的“组织性依附”。①

一开始，这些个体化的农民为自身的“解放”而欢欣鼓舞，因为他们从总体性社会体制的藩篱中脱身出来，跨越城乡二元结构的制度鸿沟而自由流动，成为一个个自由之身。但是，伴随着这种自由的还有不可预知的风险甚至侵害，需要自由之身独立去面对和承受。相对于过去，这些个体农民无疑拥有了更多的自由或自主性，但吊诡的是，这些自由、自主性又具有一定的自反性，也就是说，这些自由、自主性同时对自身产生对抗、冲突或消解作用——现代社会结构迫使人们成为积极、自主的个体，但同时又必须对所面临的问题承担全部责任，发展出一个自反性的自我。② 身处个体化变革中的中国农民越来越多地成为“为自己而活”和“靠自己而活”的原子化个体。

“为自己而活”，主张的是个体的权利和利益，同时也因此而逐渐失去“集体性”，对村社公共事务不再热心、关心，公共参与日渐衰减，以致公共事务陷入了“越是集体的越少有人关注”的自利经济学陷阱之中。伴随个体化的必然是乡村“公共人”的急剧衰落，而乡村“公共人”的衰落，又会导致乡村社会共同体解体和公共精神消解。没有公共精神支撑的个体化乡村，

---

① 华尔德著，龚小夏译：《共产党社会的新传统主义：中国工业中的工作环境和权力结构》，香港：牛津大学出版社，1996 年。

② 阎云翔：《导论：自相矛盾的个体形象，纷争不已的个体化进程》，贺美德、鲁纳编著，许烨芳等译：《“自我”中国：现代中国社会中个体的崛起》，上海：上海译文出版社，2011 年，第 4 页。

其公共事业的建设和发展不再依靠乡村合作，而只能依赖政府主导和市场运作。

很显然，缺乏乡村合作和自我生产，单靠行政和市场机制来供给公共物品，无论是生产成本还是运行成本都将成倍增加。虽然近年来国家逐年加大对农村公共事业的投资，但与逐年增加的投入极不相称的是农村公共事业并未同步得到显著改善。譬如，原本可以由乡村人民合作修建的村庄道路，一旦改由国家投资兴建，不但修路的企业要从中牟利，即便当地受益的农民首先考虑的也是从占用的土地中获取更多的补偿，甚至漫天要价，根本不会考虑这项公共事业给自己带来的长远福利。

这些"为自己而活"的个体，往往也只能"靠自己而活"。相对于城市而言，我国农村社会基本福利制度或社会保障制度不但残缺不全，而且长期处于低度供给状态。与此同时，乡村社会本身不但没有有效组织起来，而且丧失了自我生产和自我供给公共物品的能力。从这个意义上来讲，无所依靠的个体，唯一所能依靠的是自己。① 于是，这些被市场浪潮所裹挟、被社会风险所包围的"靠自己而活"的个体农民，不得不独自面对不可控的市场变化以及难以预测的社会风险和权益侵害。

与这一"个体化"相携而行的是农村社会的"空心化"。这里的"空心化"不单是指农村人口的"空心化"，更主要的是指农村社会结构本身的"空心化"以及农村社会"灵魂"的丢失，即农村文化价值的式微，特别是乡村社会公共性的消解。所谓农村人口的"空心化"，乃由农村青壮年劳动力大量外出务工所致。第一代农民工往往以兼业、近距离打工为主，并且大多是夫妻一人外出务工、一人留守在家，其生活重心依然在农村。一旦上了一定年纪，他们基本上都会返乡继续从事农业。然而，与第一代农民工相比较，如今的第二代农民工和"农二代"则以外出务工为主业，甚至成为一种职业，

① 吴理财：《论个体化乡村社会的公共性建设》，《探索与争鸣》2014 年第 1 期。

他们基本上是夫妻一起乃至举家常年在外务工，其中不少人不再返乡，而是选择留在城市、异乡，成为“新市民”。即便不得不回乡，也要在自己家乡的县城、城镇购置新房，不再从事农业。也就是说，新一代农民工和“农二代”的生活方式及其价值理念是城市化倾向的，他们拼命地逃离农村。对于他们而言，农村已经成为落后的代名词，他们从内心深处鄙弃农村和农村文化。如此一来，导致了一种更令人忧虑的农村社会乃至农村文化的“空心化”现象。

这是从“人”的角度而言的农村“空心化”。此外，还有“结构”或“空间”维度的农村社会“空心化”问题。改革开放以来，尽管国家有选择地给农村社会让渡了一定的空间，但是这些新出现的社会空间几乎完全是“空”的：一方面，在这一社会空间领域中，当需要国家提供基本的社会福利、社会保障、社会安全时，国家却往往缺席（或离场）；另一方面，社会本身至今没有建立起有效的社会组织（体系）和社会机制，能够让其自我有效运转，更遑论使之发挥一定的社会性作用（对国家起到必要的参与、合作乃至协商的作用，对社会领域本身起到联结、团结乃至规约的作用）。

总之，改革开放以后，我国农村社会便逐渐开始了“个体化”“空心化”转型，它们所产生的消极作用在农村税费改革之后更加突出且更加严重起来，并给当前农村社会治理提出了新问题、新挑战。

我们注意到，近年来，湖北省一些地方为了应对农村社会的“个体化”“空心化”，在农村社会治理上进行了积极的探索创新，收获了“网格化管理”“律师进村、法律便民”“法务前沿工程”“幸福村落”建设以及“十星文明户”创评等有益经验。

（一）宜昌市“网格化管理”

宜昌市最早在市区推行“网格化管理”，把城区社区划分为若干个网格，每个网格配备一名网格管理员，负责公安、综治、人社、民政、计生、城管、食品安全等信息采集和综合服务，并以网格为基础，构建全市统一、动态更新、联通共享、功能齐全的社会管理综合信息平台，为相关部门及时准确地掌握社会动态、推进服务管理、提高行政效能提供信息支撑。这种社会管理模式从市区扩展到农村，并逐渐融入各种公共服务和社会服务内容。

（二）恩施市“律师进村、法律便民”

恩施市组建法律顾问团队，安排专人定期到村“法律诊所”接待来访群众，提供法律咨询，协助指导、参与人民调解，在走访群众、摸清群众法律需求的基础上，有针对性地开展形式多样的法制宣传活动。这一“律师进村”主动为农民提供法律服务的方式，如今已在恩施土家族苗族自治州全州进行推广。

（三）罗田县“法务前沿工程”

罗田县以村（居）民自治组织为依托，整合司法所干警、村（居）干部、社会志愿者和其他社会组织等力量，将基层司法行政管理职能下移到村（居），建设融法制宣传教育、人民调解、社区矫正、帮教安置、法律维权等工作为一体的村（居）综合服务体系，使之在维护基层社会稳定中充分发挥作用。

（四）秭归县“幸福村落”建设

所谓“幸福村落”建设，就是秭归县政府在村落社区建设中引入一套自治、参与和合作机制，通过村落理事会和“一长八员”① 的制度设计，激发村落社区居民的公共行动，在公共行动中孕育、生产村落社区公共性，最终实现村落公共产品的自组织生产与供给。

（五）竹山县“十星文明户”创评

“农户星级管理制度”是竹山县在农村工作实践中，针对个体化农民不守法经营、不遵从国家政策和地方传统，而逐步探索出来的一种新型农村治理

① “一长八员”指的是村落理事长和张罗员、经济员、宣传员、帮扶员、调解员、维权员、管护员、环保员。

模式。它以“十星文明户”的创评活动为主要载体，培育农村新“公共人”，以此回应农村“公共人”衰落所带来的乡村治理危机。从农户星级管理制度的发展和内容来看，农户星级管理是地方政府为了更好地开展农村工作而创新的一种农村社会治理制度，其核心在于把不同历史时期农村工作的主要内容与“十星”的目标设置相结合，通过评星这一方式，引导农民成为积极作为的农村新“公共人”，整合个体化的乡村社会，实现农村社会治理目标。农户星级管理制度的运作，表面上看是一种农村精神文明创建行为，实则是农村新公共人建设的一种隐秘机制。

湖北省的这些社会治理创新，有的通过“律师下乡”“法务前移”等途径自上向下或者由外至内“用力”，有的注重“农户”“村落”“网格”等社会治理单元的建设。不可否认，这些社会治理创新取得了一定的成效。

不过，这些社会治理创新绝大部分的情况要么是“上动下不动，外动内不动”，要么是“下动上不动，内动外不动”，简言之，“上下”“内外”不互动。究其原因，还是因为农村社会公共性消解、农村基层组织软弱涣散、农民与政府的制度性关联缺失。

四、 总结与讨论

改革开放 40 年以来，我国农村社会治理先后经历了两次重大变迁。在每一次变迁中，各地都涌现出一些自己的农村社会治理创新。在前一次变迁之中，湖北省农村社会治理的主要创新是黄梅县水月庵村“村治”实验、广水市“两票制”选村支书、京山县杨集镇“两推一选”党政领导班子成员等。在第二次变迁之中，湖北省农村社会治理的主要创新是“咸安政改”（包括乡镇站所改革和农村公共服务“以钱养事”新机制）、宜昌市“网格化管理”、恩施市“律师进村、法律便民”、罗田县“法务前沿工程”、秭归县“幸福村落”建设、竹山县“十星文明户”创评、巴东县“农村信息化”、大冶市农村基层党建的“茗山经验”等。

很显然，前一批农村社会治理创新基本上是在“乡政村治”的框架之中展开的，后一批农村社会治理创新基本上是因应农村社会“个体化”“空心化”转型而自发进行的。这些农村社会治理创新的主体基本上是县级党委政府，它们对于农村社会治理中出现的新问题最早做出反应。其中有些基层创新实践（如“咸安政改”）形成经验以后，在市州一级乃至全省范围得到推行，在全国产生了巨大的影响力。

通过对湖北省的表述发现，我国农村社会治理创新主要有以下几个明显特点：一是历史阶段性。自改革开放以来的 40 年间，我国农村社会治理变迁呈现出较为明显的前后两个不同的历史阶段性特征。这种不同的历史阶段性，与农村土地经营制度改革、农村税费改革以及国家在农村基层的治理方式的变迁相一致，体现了农村社会治理创新与农村经济社会发展要求相适应的特点。二是问题导向性。几乎每一项农村社会治理创新都是因应特定历史条件下的特定社会治理问题，具有较强的问题导向性，因此这些农村社会治理创新也具有显著的历史现实性价值。三是创新零散性。这些农村社会治理创新大多由地方基层自发启动，基本上不是由国家和省级党委、政府有意规划或经顶层设计，因而具有零散性、非连续性创新的特点，往往较难形成前后关联的系统性、体制性、持续性创新成果。而且，这些社会治理创新主要集中在农村（村民）“自治”领域，极少涉及农村“法治”领域，而真正涉及农村“德治”领域的社会治理创新更是难得一见。在这些创新中，大多是基层党委政府主导单向推动的，社会协同的有效机制尚待建立健全。不过我们也注意到，最近几年，一些地方从农村社会治理的实践中发展出协商治理、技术治理（如运用信息化手段）等新兴方式。

总之，改革开放 40 年来，中国农村社会治理创新都是在国家基层治理的制度架构之内进行自主探索的，符合国家基层治理体系和治理能力现代化的要求。从国家角度来看，农村社会治理与国家整体治理变迁逻辑相统一；从农村社会本身来看，农村社会治理与农村社会结构有着内在的紧密关联。不过，必须指出的是，在农村社会治理之中没有很好地解决农民主体性问题——在农村社会治理中往往存在农民主体缺失、不在场、遮蔽、隐身乃至虚化等问题。因此，在当前农村社会治理中，如何培育和激发农村社会内生活力是个难题，因为它从根本上决定着农村内生秩序的生产能力及生产状况。

从农村社会治理与经济发展的关系来看，改革开放 40 年来，我国农村社会治理变迁始终与农村经济发展相伴随且相互交织，并围绕着“经济发展为中心”这根主线而展开，体现着上层建筑服务于经济基础的思想。农村社会治理要么是主动因应农村经济发展的要求，要么是被动应对农村经济发展的冲击（包括对农村社会结构、农村社会秩序的影响作用）。而从国家与农村社会的关系来看，改革开放 40 年来先后经历了从“社会分离”到“社会参与”“社会协同”的过程。在这一发展过程中，农村社会从国家的治理对象转变为治理伙伴乃至积极的合作伙伴。所谓“社会分离”，乃是“政社分开”的结果；所谓“社会参与”，乃是农村社会治理主体从单一到多元的变化，农村社会力量成为其中一支重要的主体；所谓“社会协同”，乃是强调基层政府与农村社会的合作，更加积极地发挥农村社会的作用。在一定程度上，农村社会治理正在倒逼或促进着农村基层政府的服务转型，从而更加强调其服务能力的建设与提升。与此同时，国家对农村社会治理的关注和期待不断增加，从公共行政领域扩展到其他公共领域乃至农民生活领域，从而提出自治、法治、德治相结合的要求，以期达成“治理有效”的目标。

城乡社区公共区域现状分析及精细化治理研究

——基于S省多地社区的实地调查①

项目课题组②

在推进国家治理体系与治理能力现代化的进程中，城乡社区治理是基础而重要的一环。2017年6月，中共中央、国务院出台《关于加强和完善城乡社区治理的意见》（以下简称《意见》），明确从治理体系的形成、治理体制的完善、治理能力的提升三方面着力，努力把城乡社区建设成为和谐有序、绿色文明、创新包容、共建共享的幸福家园。《意见》中更是明确指出了城乡社区治理存在的短板，如人居环境改善不够、综合服务设施建设不足、资源配置不够优化、物业服务尚需改进等，这些都与社区公共区域治理密切相关。

在我国快速城镇化的进程中，作为居民生活基础平台和社会管理基本单元的社区，当前遭遇着严重的治理困境。我国城乡社区公共区域治理呈现出较明显的问题化特征，主要表现在居民居住权益受损（如房屋产权受侵蚀、公有产权无保障等）、社区生活秩序混乱（如车辆乱停放、垃圾乱堆放、高空抛物、光噪污染、广场舞扰民、治安事件多发等）、社区公共产品供给不足（如道路绿地、活动场所、便民设施配置不足等）、社区规划建设不合理（如

---

① 基金项目：社会发展与社会风险控制研究中心2017年度项目“城市社区空间问题及治理实践研究”（SR17A03）。

② 作者简介：课题组成员包括舒晓虎、张婷婷、翟坤周、尹浩。

强制拆迁改造、商业入侵等)、社区公共区域负外部效应(如“封闭社区”带来的“开放”难题、“群聚社区”带来的阶层分隔等)、社区公共精神消解(如居民参与不足、缺少社区认同感等)以及由此引发的群体事件、物业管理矛盾、邻里纠纷等方面。社区公共区域治理已深陷“公地悲剧”的悖论之中,导致小区居住环境变差、居民之间矛盾冲突、群体组织关系紧张、社区参与冷漠等不利于社区和谐稳定和持续发展的状况出现。构建地域性社会生活共同体的理想与社区公共区域治理问题多发的现实之间仍有不少的差距。

一、 S省城乡社区公共区域治理的现状调查

社区公共区域是指居民家庭界限以外、居住小区边界以内,带有公共属性的环境、空间、场地和设施等。社区公共区域的公共属性有三个指向:公有(基于所有权归属)、共享(基于实际占有和使用情况)和公共(基于价值依归)。[①] 社区公共区域与居民日常生活密切相关,涉及相应的物业服务、基础设施、空间环境等。课题组通过问卷调查、典型分析及类型比较,对S省多地社区居民居住状况、公共区域相关服务和设施供给情况等进行分析。

(一)城乡社区居民居住状况

课题组采用典型抽样和随机抽样对S省多地社区居民居住状况进行了调查[②],结果显示居住状况存在较大的差异性和多样性,体现在:①房屋类型多样。在所调查社区中,38.4%的居民住房是商品房,公房和房改房占6.2%,安置房占32.1%,自建房占16.5%,租房及其他占6.7%。房屋产权和居住

① 舒晓虎:《社区公地及其治理》,《社会主义研究》2017年第1期。

② 典型抽样按照社区类型(主要分为城区新建商品房小区、城郊村改居社区、城中老旧小区、单位小区、新农村社区五类)抽选了M市涪西社区、Y市莱茵社区、B市浅水湾社区、S县迎春桥社区、C市新都区紫蕊苑社区、M市上马新村社区、M市红星社区、D市胥家镇实践社区等;随机抽样根据调查员就近原则选定。

状况的差异在一定程度上会影响居民对社区管理和服务的需求。②房屋建造年限较短。房屋建造年限5年及以内的占28.9%，6～10年的占53.1%，11～20年的占13.7%，21年及以上的占4.3%。这说明近十年来，随着我国城镇化的快速推进，在城市住区更新扩建和新农村建设的双重动力下，居民的居住条件有了较大幅度改善。③人均居住面积提升。家庭住房面积大多集中在80～120平方米，人均居住面积总体均值为32.4平方米。由于房屋类型和产权归属不同造成人均居住面积出现差异，其中商品房人均居住面积20～30平方米的占48.1%，安置房人均居住面积20～30平方米的占42.3%，自建房人均居住面积30～40平方米的占54.3%，公房（包括房改房）和租房人均居住面积大多在20平方米以下。④物业管理方式差异明显。通过交叉分析，我们发现不同类型社区采用的物业管理方式存在较明显差异。城区新建商品房小区大多聘请专业物业公司进行管理服务；城郊村改居社区聘请专业物业公司管理的占46.8%，实行社区居委会代管的占45.5%；城中老旧小区物业管理状况较差，部分老旧小区甚至无物业管理；各单位小区物业管理方式差异大，有的单位小区还依赖单位为物业管理买单；新农村社区聘请专业物业公司进行管理的比率小，主要通过社区居委会代管（占39.5%）和居民自治管理（占44.2%）。⑤居民对社区居住环境的总体评价存在差异。在问卷调查中，我们设计了一个问题——“您对所在社区居住环境总体的评价”，分析结果显示，调查对象选择“好”的占20.9%，“一般”的占69.3%，“不好”的占9.8%。其中，商品房小区和新建小区居民选择“好”的占比较高，分别为30.3%和34.4%；村改居社区、老旧小区和新农村社区居民选择“不好”的占比较高，分别为13.0%、14.3%和16.3%。这也说明居民对社区治理和物业管理的诉求还比较高，管理方式及相关服务提供的丰富性和有效性在相当大程度上会影响居民的评价，特别是部分村改居社区、老旧小区和新农村社区在这方面还存在明显短板。

（二）社区公共区域相关服务和设施供给情况

在调查设计中，我们将与社区公共区域相关的服务和设施主要划分为两大类，一类是基本物业服务及设施维护项目，另一类是社区公共场所及设施维护项目。

1. 基本物业服务及设施维护项目供给情况

基本物业服务项目主要包括“五保”：保安、保洁、保绿、保秩序、保畅通。这些项目是社区生活的基本保障，在供给较为齐全、及时的状况下，社区生活将有序进行，一旦某一项出现“缺位”甚至全部“停摆”，将对居民生活带来极大困扰。调查过程中，我们主要通过居民们的日常体验和观察来考察基本物业服务项目的供给情况。从调查结果来看，垃圾清扫清运、供电供气及设施维护、供排水及设施维护、路灯照明等项目的综合供给水平较高，居民感受较为直接，在供给率上分别达到 95.1%、90.2%、88.9% 和 88.4%。相对而言，道路养护、安保巡逻、绿化养护等项目的综合供给率不足 80%，是基本物业服务项目的短板。

在不同类型的社区中，基本物业服务项目供给存在明显差距（见表 2-4）。新建商品房小区和城郊村改居社区中各服务项目供给情况较好，单位小区、新农村社区和城中老旧小区供给情况较差，特别是老旧小区物业服务跟不上，成为“洼地”。此状况的造成大致有两方面原因：一是规划建设缺陷，老旧小区和部分新农村社区在空间布局、房屋结构、配套设施等方面缺乏系统性的规划和建设，虽然属于市政基础设施的“三通”（水电气）较有保障，但社区内部的道路、绿化等就处于无人问津的尴尬境地；二是物业服务不足，由于居民构成、资源禀赋、管理方式等方面限制导致物业服务整体性供给不足，很少有专业物业服务机构愿意进入此类社区，居民也习惯于通过社区居委会代管或自我管理的方式提供较低水平的某种单项服务，比如垃圾清扫清运（综合供给率在 95%以上）。

2. 社区公共场所及设施维护项目供给情况

社区公共场所及设施是居民日常生活开展的平台依托，用于满足居民们通勤来往、休闲健身、公共参与等需要及一些特定功能（如消防、安监等）。虽然在互联网时代人们足不出户就可以满足生活必需，但是人终归是社会性动物，总有走出房门时候；另外，现代城乡社区的居住格局愈加紧凑密集，这就使得家庭生活空间之外的社区公共生活空间与人们的接触和联系更加紧密。在调查过程中，我们依然结合居民们的日常体验和观察来考察社区公共场所及设施维护的供给情况（见表 2—5）。结果显示，除了停车场、室外活动设施、监控设施的综合供给率较高外，其他公共场所及设施的综合供给率不足 70%，特别是楼顶平台清理、室内活动场所及设施的综合供给率分别只有 31.1%和 35.6%。另外，诸如消防通道、社区广场、楼道区域等的综合供给率也不高。

表 2—4　基本物业服务及设施维护项目供给情况

			基本物业服务及设施维护项目						
			安保巡逻	垃圾清扫清运	绿化养护	道路养护	路灯照明	供排水及设施维护	供电供气及设施维护
社区类型	城区新建商品房小区	计数	56	65	63	50	66	61	59
		%	84.80%	98.50%	95.50%	75.80%	100.00%	92.40%	89.40%
	城郊村改居社区	计数	64	73	68	56	72	70	70
		%	83.10%	94.80%	88.30%	72.70%	93.50%	90.90%	90.90%
	城中老旧小区	计数	2	7	3	3	6	6	6
		%	28.60%	100.00%	42.90%	42.90%	85.70%	85.70%	85.70%
	单位小区	计数	17	29	22	18	30	29	28
		%	53.10%	90.60%	68.80%	56.30%	93.80%	90.60%	87.50%
	新农村社区	计数	21	40	23	24	25	34	40
		%	48.80%	93.00%	53.50%	55.80%	58.10%	79.10%	93.00%
合计		计数	160	214	179	151	199	200	203
		%	71.10%	95.10%	79.60%	67.10%	88.40%	88.90%	90.20%

表 2—5　社区公共场所及设施维护项目供给情况

			社区公共场所及设施维护项目							
			停车场	社区广场	消防通道	楼道区域	楼顶平台	监控设施	室外活动设施	室内活动设施
社区类型	城区新建商品房小区	计数	64	46	47	55	22	61	54	8
		%	97.00%	69.70%	71.20%	83.30%	33.30%	92.40%	81.80%	12.10%
	城郊村改居社区	计数	72	58	48	59	35	57	63	29
		%	93.50%	75.30%	62.30%	76.60%	45.50%	74.00%	81.80%	37.70%
	城中老旧小区	计数	4	3	2	3	2	4	4	1
		%	57.10%	42.90%	28.60%	42.90%	28.60%	57.10%	57.10%	14.30%
	单位小区	计数	25	19	19	21	8	19	19	12
		%	78.10%	59.40%	59.40%	65.60%	25.00%	59.40%	59.40%	37.50%
	新农村社区	计数	16	23	7	11	3	19	37	30
		%	37.20%	53.50%	16.30%	25.60%	7.00%	44.20%	86.00%	69.80%
合计		计数	181	149	123	149	70	160	177	80
		%	80.40%	66.20%	54.70%	66.20%	31.10%	71.10%	78.70%	35.60%

从各类社区公共场所和设施项目的横向比较来看，规划建设水平和日常使用频率在较大程度上决定了居民们的体验。以新建商品房小区为例，问卷调查中所列出的这些项目都是此类社区规划建设过程中的应有之义，但是居民们对某些项目的体验却不明显，一个较为合理的解释就是居民们对这些项目的关注不够、使用频率不高，如楼顶平台。另外，我们发现新建商品房小区各项基本物业服务和公共场所供给水平都较高，但室内活动设施的供给水平非常低（只占 12.1%）。针对这一现象，我们认为除了规划建设和使用频率的原因外，“短板效应”可以提供一些解释说明，也就是在其他方面都较好的情况下，某一方面的不足会被凸显出来，并且造成整体水平的下降。

从不同类型社区相关项目的纵向比较来看，建筑格局、居民群体的多样性也造成居民体验和需求的差异。与新建商品房小区和城郊村改居社区（此类社区大多是在城区扩张过程中，通过统一拆迁、集中安置、整体入住的方式，形成所谓的“失地农民集中安置小区”，如迎春桥社区）紧凑的居住格局相比，新农村社区并未经历剧烈的“整体变迁”，社区居民大多靠近主干道路或社区中心而自建新房，独立成院，形成渐趋集中的分散居住格局（如实践社区、上马新村社区等）。居住格局分散造成居民对部分社区公共场所及设施“无感”，在新农村社区中，楼顶平台、楼道区域、消防通道、停车场等不存在空间不足的压力，反而部分活动设施更吸引大家的注意力（室外活动设施和室内活动设施的供给率分别为86％和69.8％）。社区居民并非均质化个体，可根据他们的社会属性和需求差异区分为不同的群体。商品房小区集聚了大部分有产者阶层，他们较为重视自己生活的安全性和便利程度，这突出表现在对监控设施、停车场、楼道区域、电梯等项目的高关注度上；老旧小区中有很多低收入群体，他们无力改变或选择自己的居住环境，小区低水平的物业服务和低限度的设施供给常使他们的生活陷入困顿之中。“有车一族”对停车位和道路通达状况较为关心；老年人和儿童则对社区广场和室内外活动设施等有较多的需求。

我们将社区公共区域相关服务和设施供给项目按照量表方法（共15分，有的计1分，没有的计0分）进行统计，可以发现不同类型社区的综合得分存在较明显的差距。新建商品房小区和城郊村改居社区平均得分分别为12.27分和12.31分，项目综合供给情况较优；单位小区次之，平均得分为10.19分；新农村社区和老旧小区情况较差，平均得分仅为8.35分和8.28分。从供给的角度来看，统一规划、新近建设、采用综合性物业管理方式的社区总体状况具有优势。

（三）社区公共区域治理需求分析

需求是指未满足的需要，需求往往表现为某种需要解决而尚未解决的现实问题。[①] 如果说社区公共区域相关服务和设施供给状况在于考察“有没有”，那么社区公共区域治理需求就在于考察“好不好”。将供给状况和治理需求分开来考察，有助于深化对社区公共区域治理状况的分析，对于下一步针对情况采取治理举措具有指导意义。尤其是那些有供给却治理不好、没有供给但需求强烈的项目，需要加大重视。

从涉及主体不同的角度，我们将社区公共区域治理中存在的现实问题主要划分为两大类：一类是社区公共区域、场所和设施等实体环境的规划建设问题，涉及主体主要是市政建设单位、基层行政机构等；另一类是社区公共区域、场所和设施等在日常使用和管理过程中出现的治理失序问题，涉及主体主要是居民群体、物业管理组织、市场主体等。当然，这两类问题并不是截然分开的，很多时候是纠缠在一起的。另外，我们也注意到规划建设问题往往源自“先天缺陷”，而治理失序问题大多存在“后天不足”。在调查过程中，依然以调查对象的主观体验和观察为主，每一项问题设置“是”和“否”两个选项，统计以选择“是”的作为分析数据。

1. 社区公共区域规划建设问题

在此类问题中，我们主要列出了 6 项规划建设不合理项目。从统计结果来看，规划建设项目的问题率较高，除了“没有绿化带”这个问题占比较低（21.4%）之外，其他诸项的问题率都高达 30%以上，“室外活动设施少、破损”这一项甚至高达 66.4%。相较而言，属于市政基础设施项目的问题较轻，居民反映“消防设施不完善”和“道路、管网不完善”情况的占比分别为 42.7%和 33.9%；属于社区内生活服务场所和设施项目的问题较为突出，居民反映“室外活动设施少、破损”“停车位少”“室内活动设施少、破损”的问题率分别达 66.4%、54.7%和 48.1%（见表 2-6）。

---

① 陈伟东，孔娜娜，张大维，舒晓虎：《我国老城区物业服务的模式选择——基于武汉市江汉区老城区物业服务的调查与分析》，《江汉论坛》2008 年第 12 期。

表 2-6 社区公共区域规划建设不合理项目情况

			规划建设不合理项目					
			没有绿化带	室内活动设施少、破损	室外活动设施少、破损	道路、管网不完善	停车位少	消防设施不完善
社区类型	城区新建商品房小区	计数	8	20	52	17	35	26
		%	12.10%	30.30%	78.80%	25.80%	53.00%	39.40%
	城郊村改居社区	计数	10	32	39	29	46	33
		%	13.00%	41.60%	50.70%	37.70%	59.70%	42.90%
	城中老旧小区	计数	1	4	5	3	6	4
		%	14.30%	57.10%	71.40%	42.90%	85.70%	57.10%
	单位小区	计数	13	20	20	10	13	17
		%	39.90%	62.60%	62.60%	31.30%	40.60%	53.10%
	新农村社区	计数	16	33	33	16	23	16
		%	37.20%	76.70%	76.70%	37.20%	53.50%	37.20%
合计		计数	48	109	149	75	123	96
		%	21.40%	48.10%	66.40%	33.90%	54.70%	42.70%

结合之前供给考察的情况，我们发现室外活动场所设施和停车场（位）存在高供给率和高问题率的状况，室内活动场所设施存在低供给率和高需求率的状况。而这三类场所设施与居民日常生活便利性和生活质量密切相关，因此，加强这三类场所设施的规划建设，提高其供给量、维护水平和开放度是社区建设的重要任务。另外，消防设施老旧、不完善的问题也较突出，需要引起相关部门的重视。

2. 社区公共区域治理失序问题

根据空间生产理论，我们身居其中的社区公共区域不是单纯的物质环境，而是经过人们实践活动改造而来的社会结果。社区公共区域治理问题的产生直接表现在日常生活空间的生产过程中，带有较强的矛盾对抗性和利益关联性。也就是说，空间环境本身并不是问题，正是人们对空间的竞争性使用行为乃至主体之间的关系没有得到合理规范，才致使社区公共区域乱象频现。我们认为社区公共区域的公共属性有三个指向：公有、共享和公共。合理的社区公共区域治理秩序的形成必然要求各主体对共有权、共享规范和公共价值的认同和遵循，其中，共享规范能否形成是关键。

在调查过程中，结合各类社区公共场所和设施现状，我们列出了 9 项治理失序的问题表现。从各类场所和设施问题的横向比较来看，较高发的问题主要包括“车辆乱停放”“存在安全隐患”“扰民行为多发”等，综合问题率分别占 52.8％、51.1％和 50.3％。车辆停放问题已然成为社区治理的首要难题，几乎在每个社区都存在；安全隐患问题包括财物安全、人身安全、设施安全等，吊诡的是，此问题表现最为突出的是各类设施和配套最好的商品房小区（占 68.2％）；扰民行为包含噪音、油烟、光照、养宠物等对居民生活带来的困扰，是典型的不负责任的邻里行为，越是紧凑密集的社区，此类问题越多发。其他社区公共区域和场所中也出现了不合理使用问题，表现在“绿化带被圈占”“社区广场使用混乱”“楼道被乱占乱放”“消防通道被挤占”“楼顶平台被圈占”等方面，综合问题率在 30％至 40％之间。结合之前对供给状况的考察，我们发现这些区域和场所同样存在高供给率和高问题率并存的状况。当然，如果居民认识不到社区公共区域作为共享环境和公共空间的价值和意义，而把它当作有限的空间资源，则会争相圈占变为私有或独占的空间。比如，在单位小区中，人均居住面积狭小（统计不足 20 平方米），对楼道和楼顶平台的圈占问题也呈现高发状况（分别达 56.3％和 43.8％，见表 2—7）。

表 2-7　社区公共区域治理失序问题情况

			社区公共区域治理失序问题								
			存在安全隐患	楼道被乱占乱放	楼顶平台被圈占	绿化带被圈占	社区广场使用混乱	车辆乱停放	消防通道被挤占	扰民行为多发	物业管理未公开
社区类型	城区新建商品房小区	计数	45	25	24	33	21	32	17	42	30
		%	68.20%	37.90%	36.40%	50.00%	31.80%	48.50%	25.80%	63.60%	45.50%
	城郊村改居社区	计数	33	29	27	29	37	45	35	39	28
		%	42.90%	37.70%	35.10%	37.70%	48.10%	58.40%	45.50%	50.60%	36.40%
	城中老旧小区	计数	4	2	0	0	4	4	2	3	1
		%	57.10%	28.60%	0.00%	0.00%	57.10%	57.10%	28.60%	42.90%	14.30%
	单位小区	计数	13	18	14	12	10	13	9	17	11
		%	40.60%	56.30%	43.80%	37.50%	31.30%	41.60%	28.10%	53.10%	34.40%
	新农村社区	计数	20	13	7	20	15	24	14	10	14
		%	46.50%	30.20%	16.30%	46.50%	34.90%	55.80%	32.60%	23.30%	32.60%
合计		计数	115	87	72	94	87	118	77	111	84
		%	51.10%	38.70%	32.00%	41.80%	38.70%	52.80%	34.20%	50.30%	37.30%

从各类型社区所表现出问题的纵向比较来看，城区商品房小区和城郊村改居社区公共区域治理失序问题高发，在所列出的 9 项问题中，商品房小区和村改居社区（从建设水平和年限上将这两类社区称为“新式小区”）均有 7 项接近或超过综合问题率。比较而言，老旧小区、单位小区（从建设水平和年限上将这两类社区称为“老式小区”）和新农村社区只有 2 至 3 项超过综合问题率。为什么这些在物业服务和配套设施综合供给上不及新式小区的老式小区和新农村社区反而在社区公共区域治理失序问题上的表现并不特别突出？这是一个有趣的问题。由于老旧小区样本量过少，暂不做分析。我们对此问题的解释基于两点假设：其一，居住格局对空间问题的产生具有稀释作用，居住格局越分散，空间问题越少发生；其二，社会资本对共享秩序的形成具

有强化作用，社会资本越丰富，共享秩序越规范。对第一个假设的论证，我们采用新农村社区的数据，前文已经指出，新农村社区住户多是自建新房、独立成院，几乎没有共享的楼道、楼顶平台，相应的圈占问题和扰民问题自然较少发生（只占 16.3%和 23.3%）；对第二个假设的论证，我们采用单位小区的数据，单位小区的住户多是同一单位的职工，相互之间熟悉和联系程度自然较高，虽然他们对家庭居住空间的扩张有着强烈的需求（甚至采用直接行动挤占楼道和楼顶空间），但他们对公共设施的使用有着较明确的规范，统计显示这类社区中绿化带、社区广场、车辆停放和消防通道的问题发生率最低，且长期以来的守望相助也使得这类社区的安全隐患比例最低（占 40.6%）。

这两个假设同样也有助于我们分析城郊村改居社区治理失序突出的原因。以上马新村社区为例，该社区紧邻绵阳市高新区，由政府引导规划，居民出资建房，在 0.1 平方公里的地域内建起了 40 栋 4~7 层不等的居民楼，形成了相当紧凑的居住格局。原来的村民变成了现在的房主，村民中大量年轻人在外购房居住，老人留居家中看守，大量的空置房屋转租给了外来的创业、经商人员。居住格局的变迁和人员的大量流动，使得该社区公共区域治理问题多发，有私占公共空间的（如商家在店门前搭帐篷、过道上随意乱停放车辆、社区广场成了流动商贩聚集地等），有噪音扰民的（如广场舞高音量、烧烤摊营业晚、商贩高音叫卖等），有圈占绿化带的（如圈占起来种菜果、采挖花卉植物等），还有乱堆放垃圾、私建车棚储物室、损坏公共设施等现象不一而足。究其原因，除了居住格局紧凑带来的空间使用紧张、人员流动带来的社区认同缺失和社会资本流失外，规划建设配套不足（只建住房，不建生活和公共服务配套设施）、管理主体和制度不明（基层班子功能萎缩，居民自治组织不健全）也是重要原因。

规划建设问题和治理失序问题的纠缠亦明显地表现在新建商品房小区中，也就是说，规划建设不足必然导致社区公共区域问题的产生，但是，即使规划建设得已经很好，如果管理机制不完善、共享规范未形成，也会导致问题的产生。以莱茵小区为例，该小区曾作为“开放小区”建设的样板在国内被广泛报道，在规划设计上以商业广场（街区）和居住组团相嵌合的形式，建成了集住宅、商业、景观、公共设施等多功能为一体的“H”型社区布局，居住组团“不设围墙、相对封闭”的式样成了小区最大的亮点。小区空间格局的开放和物业管理的统一使业主们普遍对便捷的生活服务、多样的公共场所和设施等感到满意，但也正是由于“商居一体”加重了小区的商业化气息，附近来此休闲消费的市民很多，造成大量公共场所和设施被占用甚至损坏，地上和地下停车位长时间被外来车辆占用，商户、人流和车流等产生的噪音扰民严重。在调查过程中，业主反映小区安全隐患问题（如偷盗、交通事故等）和环境卫生问题（如噪声污染、垃圾暴露等）最为突出。虽然开放小区具有缓解交通拥堵、合理利用公共资源、促进和谐交流的优点，但是，在问及对小区开放的态度时，大部分业主表示反对，其主要原因是担心权益受损或者已经感受到困扰；也有部分物业管理从业人员表示反对，因为与封闭小区相比较而言，开放小区物业管理的难度确实更大了。

综合看来，社区公共区域治理问题呈现出多发、高发态势，突出表现在社区内生活服务场所和设施规划建设不足，对公共场所和设施的使用不合理、管理不规范。在不同类型的社区中，问题表现和治理需求的集中度不一样，老式小区的问题主要集中在规划建设不足方面，新式小区的问题主要集中在治理失序方面。从分析看来，居住空间格局、居民构成及流动情况、社区管理结构等是社区公共区域治理问题产生的主要影响因素。因此，合理规划建设、配套补足公共场所和设施，加强居民组织引导、形成共享规范和培育社会资本，明确权责关系、完善社区管理和服务体系，是改善社区公共区域治理状况的必然要求。

二、 居民对社区公共区域治理的认知和态度

人是第一位的，居民才是社区治理的主体。居民最有发言权，社区公共区域是居民日常生活的依托，基于最直接的生活体验和观察，居民最了解社区公共区域环境中存在哪些问题；居民最有行动力，社区归根结底是居民的社区，社区公共区域治理状况的好坏直接与居民的切身利益相关，坏状况的出现并不一定都是居民的过失，但好状况的形成必须要有居民的参与。思想决定行为，行为引领行动，居民能否积极参与社区公共区域治理关键在于他们的认知和态度。

（一）居民对社区公共空间归属的认知

有研究者将社区空间划分为家庭空间、邻里空间和社区公共空间，并强调了家庭空间之外的空间所具有的公共属性。[①] 传统单家独户的居住格局默许了房前屋后空间归属的“就近原则”，但是现代紧凑的社区居住格局使得家庭之外的公共空间（诸如绿地、过道、走廊或闲置空间等）尤其稀缺和珍贵，“就近原则”将侵吞公共性并恶化社区生活秩序。我们在问卷中设问：您认为自家房前屋后的绿地、过道、走廊或闲置空间等归谁所有？从调查结果来看，有16％的居民表示不清楚，有11.6％的居民选择“谁占谁得”，有11.1％和3.1％的居民选择“归社区居委会所有”和“归物业公司所有”，有58.2％的居民选择“归全体业主所有”。这说明，大多数居民对公共空间归大家所有的意识还是很明确的，但仍有部分居民抱持“谁占谁得”的态度，而这种态度极有可能演化为对公共空间的侵占行为。

通过对不同类型社区的交叉分析，我们发现持“谁占谁得”态度的居民

① 杨发祥，茹婧：《村域空间转型与生活世界的流变——基于川东北X社区的个案研究》，《新视野》2015年第6期。

主要集中于新农村社区（占 37.2%）和单位小区（占 16.1%），这两类社区中分别还有 14%和 9.7%的居民认为“归社区居委会所有”。生活模式的路径依赖依然较为明显地影响着居民的态度和行为，因为传统农村生活中就有“管好房前屋后事”的习俗，单位职工也多依赖公家办理各项事务。比较而言，商品房小区和村改居社区中七成左右的居民都选择“归全体业主所有”，这说明，大部分购房业主的产权意识很明确，在房屋私有产权归属明晰的情况下，公共区域的公有属性也相应明确起来。

但是，通过调查我们也发现居民们对《物权法》的了解程度并不高，仅有 1%的居民表示比较了解，了解一点的占 40%，不了解的占 59%。产权和空间的归属意识是决定居民空间行为的基础因素，但居民的直觉认知和法律规范之间仍存在明显差距。也正是这种认知差距使得开发商及下属的物管公司能够“钻空子”，大量利用本属于全体业主所有的公共区域牟利，如倒卖停车位、出租广告位、推高公摊面积等；同时，也使得居民业主之间基于权利共识的集体行动难以形成，小区生活秩序难建立、共识规范不起作用，甚至部分居民总是抱持“搭便车”“占便宜”的心态。因此，在居民中间广泛普及《物权法》及相关法律规范对社区公共区域治理具有事半功倍的效果。

（二）居民对破坏社区公共区域环境行为的态度

居民主动参与是社区有序治理得以实现的根本动力。在调查过程中，我们设问：当发现有人破坏社区绿化带、乱停乱放、乱扔垃圾等时，您的态度是？有 11.2%的居民表示装没看见，主动回避，33.2%的居民表示在心里谴责，39%的居民将采取积极行为，上前制止，另有 16.6%的居民表示不知道怎么办。可见，大部分居民对社区公共区域环境都有主动的关怀意识，只是行动上还不够主动。

通过对比发现，居民对破坏行为的态度在社区类型、居民文化程度上没有显著差别，但是在年龄层次上却表现出较大的差异，年纪越轻态度越保守，年纪越大行为越积极。统计显示，20 岁以下的年轻人选择装没看见和在心里谴责的比例为 21.1%和 42.1%，只有 26.3%的人选择上前制止；41 至 50 岁和 51 至 60 岁的中老年人选择上前制止的比例分别高达 47.7%和 72.2%。年轻人怕麻烦，而中老年人对社区却有着更多的责任担当，对于社区治理而言，中老年群体是重要的依靠力量。

（三）居民对社区公共区域治理方式的选择

社区公共区域的有序治理需要有明确的责任主体和系统的治理机制，专业化的物业管理模式对社区治理而言有巨大的助力作用。在不同类型的社区中，居民对是否需要引进专业物业管理存在较明显的态度差别，商品房小区中 86.4%的居民表示需要，村改居社区中 72.7%的居民表示需要，老旧小区中 100%的居民表示需要，单位小区中 61.3%的居民表示需要，新农村社区中 46.5%的居民表示需要。可见，大部分居民对于引进专业物业管理有着较强烈的需求，特别是在老旧小区和新式小区中表现最为明显，因为老旧小区各项物业服务长期短缺，居民对改善生活环境有强烈愿望；新式小区生活质量的维持和房产置业的保值增值也需要完善的物业配套。

在引入专业物管的方式选择上，“成立业主委员会，聘请专业物管”是主流意愿（占 44%），“政府统管，聘请专业物管”和“居委会代管，聘请专业物管”的比例分别占 23.6%和 22.7%，这说明大部分居民在物业管理这个自治事务上还有较强的依赖，另有 9.7%的居民表示可以通过“成立自管小组，自我服务”的方式提供物业服务。与现行社区物管方式的交叉分析得知，由专业物管公司管理的小区中，有 49.6%的居民表示要尽快成立业主委员会履行主体职责；由居委会代管的小区中，有 51.6%的居民也表示需要成立业主委员会来聘请专业物管；由居民自我管理的小区中，有 65.4%的居民希望通过政府统管或居委会代管的方式来进行管理；在没有专业物管的小区中，有 36.4%的居民表示可以通过自我管理的方式提供物业服务。

三、 社区公共区域精细化治理

社区生活是家庭生活和公共生活重叠的领域，要把城乡社区建设成为和谐有序、绿色文明、创新包容、共建共享的幸福家园，不仅要提供丰富充足的生活服务配套和项目以满足人们家庭生活的需要，也要提供健全完善的公共场所和设施以满足人们公共生活的需要。社区公共区域治理既关注公共场所设施的规划建设和配套，也关注公共生活秩序规范的建立和完善。结合对社区公共区域相关服务和设施供给情况、治理需求状况以及居民认知和态度的调查分析，我们建议针对不同类型的社区采取相应的精细化治理举措。

（一）城区新建商品房小区应重点提升治理水平，增强居民参与

虽然此类社区基本物业服务项目和公共场所设施的供给情况较好，但居民反映的治理失序问题却很突出，表现为公共场所和设施的共享规范还未形成、侵占公共空间和扰民行为多发、安全隐患多、物业管理水准还有待提升等。以车辆停放为例，虽然此类社区大多配建了停车场（位），但停车位少、车辆乱停放的状况却很明显。我们通过对一个小区的观察发现，该小区其实还有大量的地下停车位，居民之所以把车都停放在路面上以致混乱，部分原因在于地下车位价格过高，且物业公司为了盈利将大量车位锁定，对外开放收取租金。要限制物业公司过分的市场化行为，必须要建立健全的居民自治组织和机制，完善业主委员会的监管职能，促成物业公司“管家”身份的回归，履行其服务职能。另外，此类社区居民来源多样，彼此陌生，缺少社区认同和公共参与。因此，可以借鉴苏州工业园区构建“新邻里主义”的社区工作经验[①]，更好地开放社区室内外场所和设施，引导成立多种社团组织，开

① 陈伟东，罗朋飞等：《“新邻里主义”与新城市社区认同机制——对苏州工业园区构成和谐新邻里关系的经验研究》，《社会主义研究》2013 年第 4 期。

展形式多样、参与性高的群众活动，促进居民间的沟通和融入。

（二）城郊村改居社区应重点强化规划建设，转变治理结构

村改居社区的居民主体还是原来的村民，但是居住格局却发生了巨大的变化。从表现出的问题来看，集中安置的村改居社区在社区公共区域治理问题上与商品房小区无太大差别，但拆迁自建的村改居社区就表现出更多的问题，如上马新村社区。这类社区存在的主要问题有两点，一是规划建设混乱，“只建住房，不建生活和公共服务配套设施”的简单做法，致使居民入住后的生活陷入巨大困扰之中；二是社区治理结构未转变，依循村治模式“管财、管物、管经营，却不管大家生活”，基层组织的服务职能没有得到重视，居民自治组织未有效建立。因此，建议在推进城镇化的进程中，要更加重视村改居社区的规划建设，建立严格指标，防止问题重现；另外，促进基层组织的角色转变，建立完善的社区治理体系。

（三）老式小区应重点加强基础配套，引进物业管理

一些单位小区和老旧小区由于规划水平低、建造时间长、资源禀赋少，在基础设施配套和物业服务上存在明显的短板。考虑到老式小区资源短缺的现实情况，在改善物业服务的过程中应加大财政资金的倾斜力度，并结合小区社会资本相对丰富的优势，提供分散式物业服务和自我管理服务。老式小区的绿化、安保、环卫、市政设施维护等基础性物业服务，一方面可借力相关职能部门的资源，园林局、房管所、环卫所、市政部门等可采取统一购买的方式向一些社会组织和市场组织购买服务，定点投放到老式小区中；另一方面要大力发动居民参与自治组织和志愿服务组织，开展环境自治、义务巡逻、门栋自治、邻里互助等。居民的积极参与将极大地改善社区人居环境，可参考武汉小夹社区和重庆电业社区的治理经验。

（四）新农村社区应重点加强设施维护管理，改善物业服务

此类社区在居住格局上不像其他类型社区那样紧凑，空间使用较为宽敞，但是，相应的公共设施不完善并缺乏维护（如路灯照明、停车场、监控设施、

室内外活动设施等）、物业服务供给不足（如安保、环卫、绿化、道路养护等）的状况却很明显。究其原因在于现行的居委会代管模式很难及时回应居民的相关诉求。建议在加强农村环境综合治理和城乡公共服务一体化建设的过程中，综合配置各类资源和设施，改变现行村治结构，释放基层组织的相关代管职能，成立社区环境综合治理小组等群众自治组织，引入专业物业服务机构进行综合物业管理。

和谐宜居的社区生活环境是重要的民生期待。当前，人们对社区居住环境的满意度还不高，社区公共区域治理问题突出，且不同类型的社区存在较明显差异。完善社区治理、建设幸福家园还有很长的路要走。

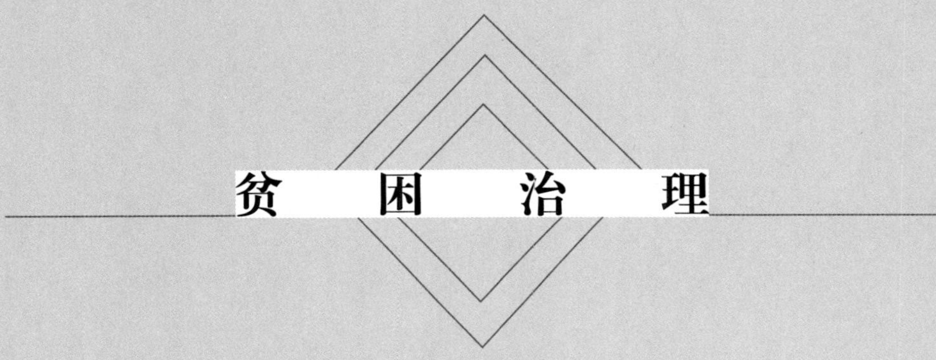

贫 困 治 理

SHEHUI ZHILI

CHUANGXIN FAZHAN BAOGAO（2018）

农村贫困结构及治理路径研究[①]

刘　锐，贺雪峰[②]

一、 问题的提出

按照 2010 年每人每年 2300 元的官方贫困线标准，我国绝对贫困人口发生率在 5%左右。为达到“全面建成小康社会”的目标，中央于 2013 年提出“精准扶贫”理念，2014 年开始实施“建档立卡”制度。在中央和地方的共同努力下，精准扶贫政策在全国推广。任何政策的执行都不是一帆风顺，精准扶贫实践同样遭遇了一些问题。从已有的研究来看，对扶贫困境的解释，大致可以分为以下三类。

第一类是自上而下的制度主义进路。它将政策执行问题归结为制度设置偏差或不完善。蔡昉等人认为，扶贫资金使用存在“重工轻农”、浓厚的“计划性”色彩及“效率导向”原则等问题。[③] 马良灿认为，以项目制为核心的扶

① 基金项目：教育部哲学社会科学研究重大委托项目（16JZDW09）；中央高校基本科研业务经费项目（skq201609）。

② 作者简介：刘锐，四川大学公共管理学院副研究员，研究方向：土地问题与地方治理；贺雪峰，武汉大学社会学系教授，研究方向：乡村治理、农村社会学。

③ 蔡昉等：《政府开发式扶贫资金政策与投资效率》，《中国青年政治学院学报》2001 年第 2 期。

贫存在目标倒置问题，实践中各类扶贫项目会被各类权力与利益关系绑架。①

第二类是自下而上的行为主义进路。它认为实施者的态度和行为影响政策实施效果。邢成举等人认为，相较于管理与制度漏洞带来的扶贫目标偏离，农村精英角色转变、参与式发展悖论等会带来扶贫中的精英俘获。② 朱晓阳认为，以控制、管理、规训穷人为机制的反贫困会带来穷人的标签化和亚文化化，再建构社区可以保护他们的权利。③

第三类是整合主义的研究进路。它认为扶贫政策执行效果既有赖于制度结构的完善，又有赖于各执行主体的合作。贺雪峰认为，不够精准的“社区瞄准”有其合理性，解决办法不是废除“社区瞄准”，而是具体问题具体解决。谢小芹认为，有效扶贫需要考虑接点治贫的中间环节，“接点”在治贫中具有脆弱和强力双重面向。④

精准扶贫的不精准本质、“接点治理”的矛盾属性为本文提供了重要启示，构成本文的重要基础，但二者对扶贫困境的认识依然不足。从社会不规则推出给基层治理以空间，无法解释干部扶贫裁量权过大的问题，干部裁量权问题不能被正面效能化解。我们将在整合主义进路下研究扶贫，通过分析农民致贫的类型和特点，说明贫困的地方性和阶段性内涵，揭示精准扶贫政策的实践困境，进而提出贫困治理的可能路径。

---

① 马良灿：《项目制背景下农村扶贫工作及其限度》，《社会科学战线》2013 年第 4 期。

② 邢成举，李小云：《精英俘获与财政扶贫项目目标偏离的研究》，《中国行政管理》2013 年第 9 期。

③ 朱晓阳：《反贫困的新战略：从“不可能完成的使命”到管理穷人》，《社会学研究》2004 年第 2 期。

④ 谢小芹：《“接点治理”：贫困研究中的一个新视野——基于广西圆村“第一书记”扶贫制度的基层实践》，《公共管理学报》2016 年第 3 期。

二、 农村贫困的复杂现实

扶贫政策将目标群体定位为贫困人群。然而，哪些人是穷人、哪些家庭属于贫困家庭很难科学界定。官方依据“基本需要”界定的贫困多指相对贫困而非绝对贫困，与有关农村贫困的地方性知识存在差异。本文认为，以农民家计的生产为参照点，可以得出更契合基层实际的贫困标准。

（一）生产型贫困

农民家计的转型有三大背景，一是家庭联产承包责任制的推行，使农民家庭成为最基本的生产单位；二是随着城市化、工业化的快速发展，青壮年农民大规模进城打工，务工收入逐渐超过务农收入；三是各类限制农民进城的政策陆续被取消，农民进城落户的体制机制束缚逐渐减少。由此，年轻子女或夫妇外出打工、中老年父母留守村庄务农成为农民的主要家计模式。

在此背景下，虽然各地农村的土地数量、质量存在差异，农业产出受天气变化的影响较大，但只要有劳动力在外面打工，这个家庭就可获得相对体面的收入。以一个六口之家为例，只要夫妻二人有一人在外打工，一年就可以获得至少 3 万元的收入。另外，我国实行农村土地集体所有制，尽管近年来土地政策不断变化，但农户的土地使用权一直受到保护，种地收入加上养鸡养猪等兼业型收入，该家庭的在村收益每年至少有几千元。按照 2014 年规定的人均收入 2800 元的贫困线，该家庭很难被划归为贫困户。可见，只要家庭有健全的劳动力，城市发展能够提供就业岗位，农户落入被救济境地的概率就不会太高。由于机遇、能力等方面的差异，不同农民的市场竞争能力存在差异。除了少数农民转型成功顺利进城，大部分农民靠持续打工维持生活，少数不愿意打工者选择回村种田。对于打工者来说，他们面临的最大问题是收入不高、人身不自由，有些务工者因此多次跳槽，调剂打工和休息时间。但只要城市化进程继续下去，这些打工者就不易陷入绝对贫困。大部分农民进城打工，其承包的土地就无人种，回村户既然渴望自由，对种地本身又不排斥，他就可以流转临近因外出打工而无人耕种的土地。我们在各地农村调查发现，在资本未进村种地、影子价格尚未出现前，土地流转价格是很低的，大部分甚至是免费给人种。① 若种植几十亩土地，兼着做点小生意，承包些山林和水面，每年收入其实并不低。以鄂南某贫困村张某为例，因父母年纪渐长需要照料，小孩太小妻子一人管不过来，他于 38 岁那年从打工地返回，流转亲戚朋友 40～50 亩耕地种植稻谷，亩产 900 斤，按 2014 年的市价计算，纯收益为 574 元/亩。回村前几年，他在农闲时还在附近打零工，每年可挣到 1 万元。后来他还承包了几十亩荒山种植林木，收入也相当可观。用他的话说，“只要勤劳肯干，日子就不会差”。

从家庭生产层面看，导致贫困的原因主要有两类：一类是家庭缺少健全的劳动力，既没有外出务工的收入，又没有农副业收入，因而陷入贫困。该类贫困户所占比例一般不超过 3%，且大多是绝对贫困，一般会得到福利政策照顾；另一类是家庭有劳动力却不进城打工，在村收入来源少。有劳动力却不进城打工，既可能是自己不愿打工，也可能是客观条件限制无法进城打工，还可能是被市场经济所淘汰，所以只能依托村庄维持家计。这其中，有的人好吃懒做、游手好闲，有的人社会关系处理不好，无法获得相应的发展支持，结果陷入贫困。

在农村还有一类贫困现象，就是从事经济作物种植或销售的农户，因为不善于安排生产，对市场风险估计不足，导致资金周转不灵甚至破产。该类贫困是市场经济现象，如果不是影响到家庭基本生活，实不属于公款救济的范围，村民也不将其当作贫困户看待。

（二）消费型贫困

我国城市化、工业化正快速推进，多数农民早已摆脱收入型贫困，相较

① 刘锐：《土地流转、阶层分化与乡村治理转型——基于湖北省京山丁村的调查》，《南京农业大学学报（社会科学版）》2013 年第 2 期。

而言，因家庭生命周期中的消费增长引发的相对贫困问题更值得关注。“生命周期是个体在一生中会不断扮演的社会规定的角色和事件，这些角色和事件的顺序是按年龄层级排列的，年龄、成长和死亡这些生物意义，在生命周期中是由社会结构决定的”。用生命周期理解普通家庭历程，可以将家庭贫困与宏观背景相结合。

25 岁之前属于人生的第一阶段。该阶段的年轻人大多还未建立自己的家庭，而是和父母生活在一起。即使自己挣不来钱，父辈的年轻力壮及勤劳肯干依然能保证家庭的向上发展。如果不是为了子代的婚配问题，父代家庭一般不会过度积累，因而不会带来家庭消费的总体性紧缩。

25—40 岁属于人生的第二阶段。因为父辈身体健康且有较强的劳动能力，不仅可以给予子代经济支持，还可以帮助子代照看小孩，家庭负担相对较轻。相较于生存压力，年轻人的发展压力较大。由于长年在城市打工，他们早已习惯城市生活，农村基础设施缺乏及公共服务供给不足，迫使他们千方百计攒钱以进城买房。一、二线城市房价高，日常生活支出较大，除了少数成功者落户于此，大部分人会选择在自己家乡所在县市买房。即使在这些县市，房价也在 3000 元/平方米左右，对于每年只有几万元纯收入的小夫妻来说，实在无法独自承担买房支出。代际责任下父辈会尽量提供支持，在儿子买房时拿出平生积蓄，将米面油等送给儿子使用。① 买房掏空了父子两代的劳动积累，不少人因此不得不削减日常开支甚至借债。表面看来他们会转为贫困户，但了解情况的乡邻却不这么认为，毕竟，城市房屋具有资产价值，不是所有农户都能在城市买得起房。

40—60 岁属于人生的第三阶段。随着年龄的不断增长，体力快速下降，进城务工者逐渐感觉到城市的排斥，认识到落户城市的不易。同时，该阶段

① 王海娟：《农民工“半城市化”问题再探讨——以 x 县进城购房农民工群体为例》，《现代经济探讨》2016 年第 5 期。

支出压力最大，父母因年老逐渐丧失自理能力需要照顾，子女成长阶段需要供给各类支出，特别是子女结婚和买房的支出成为巨大的经济负担。经过5～10年的痛苦抉择，他们多会选择返乡生活，将城区的房子留给子女。熟人社会的面子竞争成为其社会地位标的。既然邻居建了三层楼房，装上空调，开起小轿车，自己当然不能落后，没有钱可以借，甚至可以去贷款。笔者于2016年在鄂西北某贫困村调查，发现50～70户的村民小组有15辆轿车，住的基本上都是两层以上的楼房，数量不多的一层楼房或瓦房大多属于完全进城户。有村民说，“树活一张皮、人争一口气，别人有的我也有，不然被别人看不起”。过度消费使很多家庭每年的盈余只够维持基本生活，不少家庭还因此欠了债。

60岁以上属于人生的第四阶段。处于该阶段的老人逐渐体力不支，在村周边也难有打工机会，但有田地和菜园，只要能操持养活自己，他们不会去麻烦子女。当自身丧失劳动能力，子女在养老问题上推诿，老人的生活就会陷入困境。即使子女愿意赡养，但想着儿子生活压力大，工作辛苦挣钱不容易，老人也会大幅缩减生活开支，甚至拿自己微薄的积蓄补贴儿子，由此造成了贫困老人群体的出现。

子女的教育贯穿生命周期的大部分时间，子女教育的高额支出也会带来家庭的贫困。农村家长为了不让孩子输在起跑线上，大多花钱将孩子送到城里读书，一人租住在学校附近照顾孩子起居。少数情况是爷爷奶奶代为照顾，大部分情况是母亲专门照顾。这样不但减少了家庭的劳动力和收入，而且增加了学费和房租等开支，很多家庭因此陷入贫困。如果子女考上大学，学费和生活花销就会更多。从理论上讲，子女大学毕业参加工作后，家庭经济状况就会好转，但因为当前中国社会存在就业难的问题，有的父母在子女大学毕业后还对其持续进行非义务性的投入，该家庭可能因此陷入长期贫困。

（三）连片型贫困

2011年，国家确立了14个集中连片贫困地区，这些集中连片贫困区的贫困原因除了生态恶劣、资源贫乏、文化技术水平不足外，主要是基础设施建设落后、基本公共服务供给薄弱、公共产品享受成本高昂，大部分村民不多的闲钱被迫用来实施各类迁移以换取最基本的公共服务。以笔者调研的武陵山区为例，农民享受公共服务的成本主要包括以下几个方面。

首先是教育成本。教育部中小学撤并政策实施后，山区孩子上中小学变得不再方便。条件好的村庄设有幼儿园和 1、2 年级，3 年级后要到镇小学住读；条件差的村庄基本没有幼儿园，上学要走很远的路。为了享有最基础的教育资源，不少家庭被迫到上学地买房或租房。

其次是享受洁净水源的成本。笔者调查的武陵山区某贫困县属于石灰岩地貌，不少区域水源不好，村民要去很远的地方挑水。条件较好的家庭选择到中心村镇居住，享受安全的自来水；条件一般的家庭就在附近建水池，储存些山泉水。但无论哪种方式都需要不菲的开支。

再次是出行成本。调查县有不少集镇及行政村已经修通公路，但仍有少数行政村和不少村民小组因居住偏僻、住户较少，一直没有通路。因为交通不畅，农民买化肥、种子，将养的猪卖出去，都不是件易事。某片区不属于国家修路范围，几个村庄的能人就行动起来，通过捐款和集资修路，造福沿线 300 多户村民，村民为此每人需要支出几千元。

最后是享受医疗和行政服务的成本。尽管“新农合”给农民带来了实惠，但农民看病难的问题依然存在。在笔者调查的某镇 6 个行政村共 128 平方千米的土地内，只有 1 家医院和少数行政村卫生室，居住偏远的村民为了看病要跑几十公里，还要克服道路不畅的问题。领取养老保险、办理各类证件对村民来讲也是十分不易，除了要克服路途遥远和道路不畅的困难，距离过远的还要在镇里过夜，一般一次就要花费百元左右。

上述公共服务和公共设施属于最基本的公共产品。不同农民的家庭收入有差异，对公共产品的需求层次有区别，他们的迁移也因此表现出层级性。富裕阶层主要由个体工商户和私营企业主构成，他们对公共服务和设施的诉求迫切，随着收入的增加不断向外迁移，现在大多数已居住在区县或地级市。中间阶层或者做小生意，或者从事农副产业，年收入在3万~10万元，他们渴望享受基本的公共服务，倾向于在中心村或集镇居住。中下阶层以务农为主，年收入在3万元以下，在村庄的占比达50%以上，他们选择性地享受公共服务，希望方便回村种植土地或者居住地附近有地耕种，迁移之地受限较多。近年来，随着迁移人数增加、迁住地房价飙升，中下层迁移难度不断增大。贫弱阶层即绝对贫困户，没有迁移动力和能力，若不是国家保障政策兜底，多数人的正常生活都成问题。

三、 精准扶贫实践的困境

若扶贫政策兜底绝对贫困，公共服务供给实现精准，随着城市化、工业化快速推进，农村的绝对贫困户数量就会降低。但是，当前精准扶贫政策的重点是以“运动式扶贫”的方式推动贫困线下的农户脱贫。该政策模糊了贫困的地方性知识，在实践过程中必然遭遇结构性矛盾。

（一）建档立卡无法精准

建档立卡是精准扶贫的关键举措和重要基础，有利于对贫困户、贫困村进行精准识别、了解贫困状况、分析致贫原因、摸清帮扶需求、明确帮扶主体、落实帮扶措施、实施动态管理。然而在实践中却存在建档立卡不精确的问题，部分低于贫困线的农户没有被建档立卡，而部分高于贫困线的农户却被建档立卡。韩俊认为，乡村两级没有掌握可靠的收入数据是这一问题发生的根本原因。[①] 然而事实却并非如此简单，贫困是一个社会建构性概念[②]，且

① 韩俊：《关于打赢脱贫攻坚战的若干问题的分析思考》，《行政管理改革》2016年第8期。

② 顾昕：《贫困度量的国际探索与中国贫困线的确定》，《天津社会科学》2011年第1期。

不说不同时期对贫困有不同的理解，即使在同一情境下对贫困的理解也有差异。如前所述，农民认可的贫困大多是绝对贫困，相对贫困在村庄无政治正当性。举例说来，当子女尚未成年还需要家庭的供养，而父母年事已高无法从事农业生产，家庭收支会出现阶段性的失衡，中年夫妇只能一边努力干活挣钱，一边省吃俭用节省开支。但是，当子女长大后有了自己的收入，中年夫妇的身体保持健康，家庭积累就会快速增多。任何家庭都要经历类似周期，贫困只是家庭演进过程的一个节点。

村庄的贫困户识别采取民主决议，收入和支出等硬性指标只作为参考，村两委更看重村民的贫困认知共识。村庄是熟人社会，相互间的信息是对称的，谁属于相对贫困，谁属于绝对贫困，较容易分辨。特定情境下的家庭贫困，如果不是贫困程度高，一般缺乏村庄的正义共识，民主协商产生的决议一般不会将其囊括在内。反之，若家庭阶段性贫困较为严重，如某家庭成员遭遇天灾人祸，村两委就会依据所掌握的资源，基于村庄正义给予暂时救助，或标记其为贫困户并长期帮助。当然，村级决议须经过民主讨论以形成村庄贫困共识，否则就不具有正当性。

这种贫困户界定的村庄标准与官方划定的数字标准存在较大的差异。即使国家鼓励用多维方法精准界定贫困户，其基础仍是收入和支出。如此一来，贫困的国家建构就可能与民间认知相冲突。各地实践总结的贫困识别经验，如贵州省威宁县的“四看法”识别经验，即“一看房，二看粮，三看劳动力强不强，四看家中有没有读书郎”①，确实能低成本、高精准地认定大多数贫困户。但是，当前我国的贫困户不是自下而上地自主识别，而是按照比例由上到下层层分配，且分配的贫困人数规模是刚性的。另外，国家按照特定标准划出的贫困线是依据收入平均数计算的相对贫困，与村社集体因地制宜确

① 杜志雄，詹琳：《实施精准扶贫新战略的难题和破解之道》，《中国发展观察》2015年第8期。

定的绝对贫困存在根本区别。以村民家计比对标准数识别贫困户，那些家庭收入差别小、处于特定节点的农户就可能因低于贫困线被建档立卡。当相对贫困户被划入帮扶名单，且国家对建档立卡贫困户的扶贫力度足够大，贫困会被特权化，就会导致“人人争当贫困户”的现象，进而引发各种矛盾和冲突。如此不仅大大增加了行政成本，还会浪费有限的扶贫资金，降低精准扶贫的成效。

（二）帮扶措施不可持续

精准帮扶是在精准识别基础上找到贫困户致贫的关键原因，再因地因户制定扶贫措施。精准扶贫对应“一刀切、大而全式”的扶贫，强调扶贫对象的差异性和独特性。根据全国建档立卡数据，42.1%的贫困户是因病致贫，35.5%的贫困户是因缺乏资金致贫，22.4%的贫困户是因缺乏技术致贫，16.8%的贫困户是因缺乏劳动力致贫。① 从精准帮扶的理论内涵来看，只要针对性地选择帮扶项目，不遗余力地帮扶贫困家庭，脱贫只是时间问题。扶贫因此转变为完善考核机制，督促各级政府和干部真抓实干，帮扶过程中出现的各类问题被归为帮扶机制监管问题。事实果真如此吗?

我们将建档立卡贫困户分为两类，即相对贫困户和绝对贫困户。绝对贫困的产生大部分源于家庭劳动力短缺或自己游手好闲、好吃懒做。否则，在轰轰烈烈的城市化进程中，谋份工作获得高于贫困线的收入并不是难事。相对贫困的产生原因比较复杂，除了消费过度和公共产品支出较高，不少源于家庭演进过程的阶段性贫困。在数据统计中，缺资金、缺技术带来的贫困，一般发生在40—60岁渴望突破命运的阶段。经过多年的城市打拼，他们有一定的积累，但闲钱不多，工作缺乏保障，面临不断增长的家庭生活压力，自知进城无望，回村又心有不甘，所以想抓住最后机会，利用可支配的储蓄找

① 汪三贵，刘未：《“六个精准”是精准扶贫的本质要求——习近平精准扶贫系列论述探析》，《毛泽东邓小平理论研究》2016年第1期。

个合适项目投资。比如在城市开门店、回乡发展工商业或在老家包地种植经济作物。不管将本钱投到哪个领域，在经营过程中遭遇缺资金、缺技术难题都是极为普遍之事。对该类典型的市场经济问题，政府有无必要和能力帮扶？

首先看工业企业。从历史的视野来看，“村村点火、户户冒烟”的乡村工业，除了在东南沿海农村发展转型成功，在中西部农村的命运大多是倒闭。这是因为东南沿海农村占得发展先机，当时属于卖方市场，企业发展空间大。20 世纪 90 年代以来，我国市场经济建设的步伐加快，门槛低、投入少却有先机的市场领域，不能说绝对没有，但至少变得十分有限。少数村民不畏风险，愿意拿出资金试水，那是他们的理性决策，成败由市场决定。在低端市场行业逐渐饱和的条件下，政府以政策和行政手段激励会造成行政和财政资源的后续压力；即使政府支持的产业幸运成功，自身能力不足及市场竞争的乏力，同样也会带来后续发展和转型的失败。

再来看农业产业。20 世纪 80 年代以来，不少贫困县为带领民众脱贫致富曾出台了各类农村产业调整政策，成功典型当属山东寿光蔬菜。寿光的成功引起各地政府注意，学习寿光经验并运用于地方者不在少数，但各地政府主导的产业调整成功案例十分少见。因为市场需求结构在一定时空内是恒定的，当寿光蔬菜占据特定领域的农产品市场，后来者在该领域的发展就会受到挤压。而且，蔬菜产业属于高投入、低附加值的产业，市场上同类蔬菜增加易造成供过于求，在这种情况下，那些先占领市场、资金雄厚的农业企业会最终胜出。①

除此之外，政府介入农业产业的最大问题是其对市场的敏感性不如资本。从表面看来，政府路子多、信息广、有资金，能够有效应对市场的风险，实际却并非如此。首先，市场信息瞬息万变，科层制政府对市场的及时反应力

① 刘锐：《靠什么力量来调整农村产业结构》，《绿叶》2015 年第 11 期，第 24—30 页。

差，即使能赢得市场先机，也要面对信息捕获问题；其次，诸多不可控的市场风险远超政府的决策理性，只要有一项没有察觉就可能带来产业的失败；最后，政府调整产业的动力越强，介入产业的程度越深，科层制的弊端就越凸显，产业调整也就越有可能失败。

不少地方的精准帮扶注重“两个70%”，即国家投资资金的70%到户帮扶，到户帮扶资金的70%用于产业开发。① 即使扶贫项目契合贫困户需求，脱离市场规律的特性必然带来产业的不可持续性及帮扶措施的最终失败。

（三）精准管理存在困难

精准管理包括两个层面，一是掌握所有贫困户、贫困村信息，二是掌握扶贫部门的所有扶贫信息。第一层面的管理重点是建立动态化扶贫管理机制，第二层面的管理重点是督促扶贫项目和资金的精准化投入。相较而言，第二层面的技术化治理色彩浓厚，只要建立脱贫过程的监测和复查机制，扶贫部门的管理目标就能基本达到。而第一层面由于扶贫措施的高度福利化，且缺乏有效的贫困户进入退出机制，扶贫对象管理较难做到实质精准。

如前所述，当官方划定的贫困线高于村庄标准，就会出现贫困户识别的双重标准。对绝对贫困户村民尚能形成一致意见，帮扶资金也能很快落地。而当相对贫困户被扶贫，特别是游手好闲的人获得帮扶，会引发村民的不满和反对。精准扶贫政策实施以来，国家加大扶贫资源的投入力度，不少相对贫困户得到大把福利，导致部分农民形成“扶贫就是养懒汉、干得越多越贫穷”的认识，村庄既有的劳动正义伦理受到侵蚀，随着时间推移，农民的相对剥夺感增强。为了谋取相关的扶贫利益，一些村民在村里胡搅蛮缠、无理取闹，甚至到上级政府实施“要挟型上访”。从扶贫人员的角度来看，若是为了稳定以利益俘获这些闹事者和上访者，就会进一步瓦解村庄公平，引发后续的“跟风型上访”；若是为了维持大局寸步不让，就会使扶贫工作逐渐陷入

① 何静，孙文娟：《两个70%说明什么》，《西藏日报》2013年8月19日。

被动，对脱贫成绩带来负面影响。实际工作中无论采取何种策略，均难以实现贫困户“进入”的精准。

精准扶贫瞄准的“硬骨头”不少是自身能力不足者，或者是不愿劳动的懒汉。要在短时间内实现该类农户脱贫，只有加大物质扶贫的力度。从调查情况来看，实践中主要有三类扶贫方式，一类是帮助解决公共设施不足，一类是供给贫困户以生活资料，一类是结对帮扶贫困户发展产业。后两类扶贫方式不仅不可持续，还会增加财政和治理风险，损害社会的活力和动力，但不少地方依然会选择后两类。这是因为上级政府为完成扶贫目标，将脱贫当作政治任务层层下压，对没有完成的县乡实施“一票否决”，地方政府因此不会选择投入大、见效慢的基础设施建设，而是不惜成本选择“短期见效益、最好有亮点”的工程，各种扶贫资源扎堆涌向益于考核的贫困户，结果导致扶贫中的精英俘获、老实人吃亏等现象层出不穷。

对贫困户来说，该种扶贫无异于天上掉馅饼，他们大多不愿意主动承认脱贫。所谓的精准退出由此变成贫困户不仅没有动力在退出协议上签字，而且以退出为砝码要求满足其私人要求，如要求获得低保救助、路修到家门口、报销住院费用，少数贪得无厌者甚至直接拒绝退出，扶贫人员除了晓之以理，还要自掏腰包不时慰问，靠打感情牌疏通关系。这不仅导致扶贫干部的价值观扭曲，更严重的是把脱贫变成了利益博弈，一线扶贫人员既要全力完成扶贫指标，又要防止强制退出引发的不稳定，只好与贫困户谈判并适当满足其要求，严格的退出程序和标准随之失效。

当贫困户的“进入”和“退出”成为问题，上级政府就会制定严格的量化考核办法，扶贫人员除了“跑断腿、磨破嘴”做工作，更多时候只能委曲求全，通过给扶贫对象提供灰色利益来完成扶贫任务。扶贫的文牍化、形式化、功利化，脱贫的模糊账、“数字脱贫”、被脱贫现象随之出现。

四、 贫困治理的可能路径

在农村社会保障网络越发健全、保障范围和水平大幅提升的背景下，贫困治理的重点应是立足当前农村贫困结构，重建村庄共同体，强化村社治理能力；提高扶贫资源瞄准度，促进村庄发展；提高公共服务和基础设施建设水平，促进贫困人口提升自身人力资本和文化素质。

（一）加强公共服务和基础设施的建设水平

如果农村贫困人口素质较高，农村劳动力又相对稀缺，这些贫困人口自然就能提高收入，实现脱贫。但现实情况是农村贫困人口的人力资本较差，农业生产面临人多地少的矛盾，增产不增收的情况普遍存在。[①] 在此背景下，如果将扶贫的重点放在增加农业生产能力，或在买方市场条件下发展特色产业上，贫困问题不仅无法缓解，反而会增加诸多的治理问题。反之，如果将扶贫的重点放在增强农村人口就业能力上，在村贫困人口将因劳动力相对稀缺、农产品供需曲线的内外移动，带来家庭收入水平持续提高。[②]

理论上，随着城市化、工业化的快速发展，以及农民进城障碍的破除，农村贫困人口以农业收益作为保障、务工收益作为彩头，实现脱贫并非难事。现在的问题是农业基础设施尤其是道路、灌溉体系落后，无法为在村贫困农民提供良好的生产条件。土地自发流转因生产成本过高而进展缓慢，务农户只好抛弃田地举家进城。农业收益兜底功能的丧失增加了进城农民的风险，贫困的阴云不时笼罩着他们。在村农户不仅种地劳累且收益少，而且易因收入长期停滞、支出增多陷入贫困。据调查，在拉美地区，户主接受初级教育

---

① 刘锐，阳云云：《空心村问题再认识——农民主位的视角》，《社会科学研究》2013 年第 3 期。

② 林毅夫：《解决农村贫困问题需要有新的战略思路——评世界银行新的“惠及贫困人口的农村发展战略”》，《北京大学学报（哲学社会科学版）》2002 年第 5 期。

的家庭贫困发生率为41.3%，户主接受高等教育的家庭贫困发生率仅为5.1%。在中国农村，贫困户户主的文盲率为25.5%，非贫困户户主的文盲率为15.1%；贫困户户主的平均受教育年限为4.79年，非贫困户户主的平均受教育年限为5.66年。[①] 由此可见，受教育程度与贫困与否之间存在强关联性，治理贫困需要提高教育投入力度和水平，尤其要保障农村教育获得的公平性。事实上，新时期教育资源配置的不公平，片面追求效益带来的“选择性施政”，使农村受教育成本增加、人力资本提升难度增大。而当包括教育在内的各类公共产品不仅投入不足且投入效率低下时，就会抑制农民的收入水平，增加农民的刚性消费。农民就会削减投入大、收益少、无法即时获得收益的支出，转而将不多的家庭积累用来购买有限的公共服务。对农村教育的不重视，买学区房风气就会同时产生并盛行。基础设施和公共服务投入水平的提高可以降低农民的支出压力，增强其务工能力。当农民人力资本不断提高，能自主应对变化的市场，就能自主减缓贫困，让农民过上期许的小康生活。

（二）强化村庄本位的低保实践

除了持续发展城市经济、创造更多的就业机会、提高农村人口的文化素质和就业能力，更基础的工作是通过社会保障兜底贫困，使农民在贫困线之上关注能力提升。但是，做到“应保尽保”并非易事。无论政府如何创新识别机制，都会因信息不对称、区域差异大带来实施中的瞄准偏差问题。

相对自上而下技术化识别的不精准，利用民主评选可做到识别精准。具体方式是先由贫困农户提出申请，再由村社依据国家政策审查，再交由村民代表讨论表决，县乡根据既定的程序进行审核。这其中最重要的环节是村民代表讨论，村民代表讨论的目标是将自上而下的低保指标依据村庄公平原则分配。

① 徐淑红，朱显平：《人力资本视阈下的反贫困问题研究》，《社会科学战线》2016年第7期。

一般情况下，政府不清楚村庄需要多少低保指标，只能根据普遍标准无差别分配指标。当分配的低保指标刚好合适或适度稀缺是没有问题的，村民代表只需先集体投票，然后依据贫困排序分配指标。但当分配的低保指标过量，无论村民代表如何讨论，都难以做到公平分配。其原因是除了少数可识别的绝对贫困，普通村民相对贫困占比较大，无论按哪种方式分配都会遭遇各种反对。

村干部解决多余指标的办法有三：一是分给亲朋好友或自己占有，二是作为治理资源分配给边缘势力，三是将低保户变成低保人，然后平均分配给集体成员。相较而言，对第三个办法村民意见最小，但却会带来低保资源的浪费。对于多出的指标，村干部或者不管谁穷谁富，统一拆分低保金再平均分配，但这样会侵蚀贫困户的合法权益；或者按前两个办法分配指标，但这样更会受到村民舆论的指责，一旦有人揭发即会被严肃问责。

对于村庄本位的低保评定模式，政府主要担心的是市场化侵袭下村庄公共性瓦解，精英与大众分化及精英的谋利行动会带来村民代表会议的空转及精英瓜分低保的分利秩序。但是，信息对称的村庄瞄准机制要比政府的瞄准机制精准。政府能制止小官贪腐现象，却无法避免资源的无谓浪费和识别贫困户的高行政成本。只要政府改指令性指标为指导性指标，强化自下而上的贫困户指标申报制度，加强自上而下的监督、核查、反馈，就能够将低保瞄准偏差控制在一定的范围。[①] 更重要的是，通过国家权力的保障和监督，贯彻低保评定的村民自治原则，就能强化村庄共识，减少低保申报的多报、漏报问题。

需要说明的是，强化村庄本位的低保瞄准机制，既是突出村干部裁量权的重要性，又是强调村庄共同体建设的基础。只有二者实现有效的协调，村庄瞄准机制才会更加精准。

---

① 贺雪峰：《农村基层治理的“精准”难题》，《云南行政学院学报》2017 年第 3 期。

（三）加大脆弱性家庭的社会救助

兜底型反贫困措施，不仅包括“救贫”，即我们常说的低保，还应包括“救急”，即我们常说的救助。从家庭生命周期的角度看，贫困产生于特定阶段的支出超过收入。比较而言，有些贫困是暂时的，只要保持正常状态，会很快自动脱贫；有些贫困是长期的，单凭自身难以摆脱，这时社会救助理应跟上。

从发生学角度讲，家庭遭遇的外部风险应是常态化的，但不同家庭抵抗风险的能力存在差异。某些家庭抵御外部风险的能力较弱，在应对风险的过程中耗费了本来就不多的积累，最终陷入贫困。阿马蒂亚·森认为，“一切形式的贫困无非是剥夺了一个人的‘基本可行能力’，即一个人所拥有的、享受自己有理由珍视的那种生活的实质自由”。① 很显然，此时用绝对贫困与相对贫困的划分方法，不适于理解表面家计相同但实际更脆弱的家庭类型。斯科特在《农民的道义经济学》一书中，不厌其烦地强调“生存伦理”经济学的道德含义，其主要目的在于说明农民家庭因脆弱难以应对风险冲击，因此只能选择自给自足的生产模式。② 在产业扶贫者看来，农民不愿追求利润是非理性行为，应加大宣传教育的力度，甚至强制性帮扶。但从农民角度来看，这是家庭的脆弱性使然，有着规避风险的合理性。提高农民市场意识和能力的基础，应是加强社会救助以消除家庭脆弱性。

朱晓阳认为，贫困生涯是经由某种人生的“转折点”进入的，反贫困项目应针对家庭“转折点”进行适时的干预。③ 但是，单凭政府力量不仅难以发觉“转折点”，而且难以实施公平有效的救济，因为科层制具有组织刚性和惰

---

① 阿马蒂亚·森著，任赜，于真译：《以自由看待发展》，北京：中国人民大学出版社，2002 年，第 85 页。

② 詹姆斯·C. 斯科特著，程立显、刘建等译：《农民的道义经济学：东南亚的反叛与生存》，南京：凤凰出版传媒集团，2013 年，第 16 页。

③ 朱晓阳：《进入贫困生涯的转折点与反贫困干预》，《广东社会科学》2005 年第 4 期。

性。与单一政府力量相对的是村社组织嵌入村庄社会，熟悉农民的生产生活，只要稍微具备生活常识就能及时识别农民家庭的“转折点”进行动态救助。举例说来，某人为治病花费重金，家庭从此陷入困顿，小孩教育受到影响，贫困文化逐渐滋生。如果村社发现该“转折点”，以大病救助帮其渡过困难，家庭会因此免于后续贫困。不同区域农村家庭的“转折点”有所差异，有的村庄易出现生产型贫困，有的村庄易出现文化型贫困，[①] 但是，不同村庄的主要贫困指标可以通过实践经验总结出来。

笔者在农村调查时发现，有的人不是贫困户但却在某阶段接受过村社救助。如果不理解家庭贫困的动态性特征，就会将这种现象理解为村组织在以公济私，其实不然，这是对家庭贫困“转折点”适时、合理的干预。如果能调动村组织治理贫困的积极性，使其有动力提前干预或适时反应，社会救助的瞄准率将会有实质性的提高。

总之，当前扶贫政策的问题在于过于迷信技术理性，放大了实施的不精准问题，造成了宝贵扶贫资源的浪费，带来了诸多的政治社会矛盾。如果政府加大公共设施投入力度，提高公共服务供给水平，加强社会保障和社会救助制度建设，就可以增强农民的市场能力和意识，减少贫困家庭的数量。而基于熟人社会的性质及贫困的地方性内涵，只要调动村级治理动力，提高村级治理能力，重建村庄社会公共性，构建村庄主导的扶贫机制，就可以“真扶贫、扶真贫”。当农村扶贫不再是过快过猛而是因应实际，当国家与社会不再是互不信任而是无间合作，扶贫过程就能做到兼顾效率与公平，我们就能取得反贫困的最终胜利。

---

① 贺雪峰：《解决贫困的关键是将农户家庭储蓄转化为发展能力》，《农村工作通讯》2016 年第 10 期。

精准扶贫背景下西南民族地区贫困人口获得感调查研究[①]

李　丹，杨　璐，何泽川[②]

据统计，2016 年我国民族八省区 402 万农村贫困人口实现脱贫，全国贫困人口总数从 2015 年底的 1813 万下降到 1411 万。在全国贫困人口大幅减少的情况下，民族八省区贫困人口占全国贫困人口的比重却缓慢上升，从 2011 年的 30.4%升至 2016 年的 32.55%。[③] 少数民族地区依然存在困难群众多、群众困难多、贫困程度深、脱贫任务重的情况。汉族和少数民族人口的人均收入差距呈扩大趋势，其主要原因包括历史、地理和生存环境差异。[④] 在新一轮脱贫攻坚战中，民族地区依然是当前及未来我国扶贫的关键战场，而如何提高贫困人口的获得感为精准扶贫成效提供了新的衡量标准及发展目标。

国内外研究表明，贫困具有多维度。诺贝尔经济学奖获得者阿马蒂亚·

---

① 基金项目：国家社会科学基金项目“民族地区精准扶贫及扶贫对象‘获得感’问题研究”(16BMZ076)；四川大学中央高校基本业务费研究专项“贫困地区生态移民可持续生计发展研究”(skqy201309)。

② 作者简介：李丹，四川大学公共管理学院教授，博士生导师；杨璐、何泽川，四川大学中国公共部门改革与发展研究中心助理研究员。

③ 监督检查司：《〈中国少数民族地区扶贫进展报告（2016）〉在京发布》，中华人民共和国国家民族事务委员会网站（http://www.seac.gov.cn/art/2017/3/21/art_7191_277501.html）。

④ Bjorn Gustafsson, Li Shi. The ethnic minority-majority income gap in rural china during transition. Economic Development&Cultural Change, 2003, 51 (4): 805－22.

森（1999）在可行能力贫困论基础上拓展多维贫困理论①，认为贫困是对人的基本可行能力的剥夺，这种剥夺受多重因素影响，并以此展开对多维贫困的测量研究。Alkire 和 Foster（2008）提出了多维贫困的识别、加总和分解方法——AF（Alkire and Foster）多维贫困测量方法。② 王小林和 Alkire（2009）在此基础上发现，中国城市和农村的贫困状况远远高于国家统计局以收入为标准测量的贫困发生率。维度分解结果表明，卫生设施、健康保险和教育对多维贫困指数的贡献最大。③ 经冯贺霞、王小林、夏庆杰（2015）测算，收入贫困的概念遗漏了 69.38%的多维度贫困户。许源源（2015）认为，农民的贫困还表现在缺少自然资源所有权、缺乏劳动所得保障、缺少交换机会和环境等方面。④ 李俊杰、李海鹏（2013）认为，民族地区生产结构单一、公共基础设施落后以及自然条件恶劣，多维贫困问题尤其突出。⑤ 四川藏区具有经济贫困、生态贫困、环境贫困与政策贫困等多维贫困特征。⑥

总体来看，目前我国关于扶贫的研究已相当广泛，但针对民族地区精准扶贫的研究相对少见。现有研究主要集中于民族地区贫困人口的贫困维度及贫困程度测量、贫困影响因素分析、扶贫效益评价等方面，尚缺少从扶贫对象的主观满足感考量来评价扶贫精准性与有效性的相关成果。民族地区具有特殊的人文地理、宗教信仰、生态资源与政策约束，民族人口具有独特的价

---

① Amartya Sen. Development as freedom. New York: Oxford University Press, 1999.

② Alkire, Sabinaand J. Foster. Counting and multidimensional poverty measurement. OPHI Working Paper 7. UK: Oxford Poverty and Human Development Initiative, 2008.

③ 王小林，Sabina Alkire：《中国多维贫困测量：估计和政策含义》，《中国农村经济》2009 年第 12 期。

④ 许源源：《社会组织如何救济贫困农民：权利理论的视角》，《四川大学学报（哲学社会科学版）》2015 年第 4 期，第 13—18 页。

⑤ 李俊杰，李海鹏：《民族地区农户多维贫困测量与扶贫政策创新研究——以湖北省长阳土家族自治县为例》，《中南民族大学学报（人文社会科学版）》2013 年第 5 期。

⑥ 沈茂英，《四川藏区精准扶贫面临的多维约束与化解策略》，《农村经济》2015 年第 6 期。

值取向与生活方式。在精准扶贫背景下，研究民族地区贫困人口的主观获得感及其影响机制具有理论与实践的双重意义。从理论上，有助于揭示贫困人口获得感构成维度、影响变量及其互动关系，从而构建出精准扶贫背景下民族地区贫困人口获得感理论模型；从实践上，贫困人口获得感是检验民族地区精准扶贫政策实施成效的人本指标，从而有助于完善精准扶贫脱贫绩效评价指标体系，找到从物质脱贫、心理脱贫到精神脱贫的现实路径，为地方政府的扶贫实践提供前瞻性指导与参考。

本文的结构如下：首先，提出民族地区贫困人口获得感理论模型，包含物质、安全、公平、能力及尊严获得感五个维度；其次，利用四川凉山州、阿坝州等贫困地区的调研数据，对贫困群体人口、行为与习俗特征及其对获得感的影响做整体性分析，以期揭示民族地区精准扶贫政策实施与扶贫对象实际获得感之间的关联，并特别关注区域民族文化差异所导致的不同民族群体的获得感差异；最后，得出结论并提出政策建议。

一、 民族地区精准扶贫中贫困人口“获得感”理论框架

（一）“获得感”的内涵

2015 年 2 月，习近平总书记在中央全面深化改革领导小组第十次会议上提出，“把改革方案的含金量充分展示出来，让人民群众有更多‘获得感’”。同年，《中共中央国务院关于打赢脱贫攻坚战的决定》确定了精准扶贫、精准脱贫的基本方略，提出“坚持精准扶贫，提高扶贫成效。扶贫开发贵在精准，重在精准，必须解决好扶持谁、谁来扶、怎么扶的问题，做到扶真贫、真扶贫、真脱贫，切实提高扶贫成果可持续性，让贫困人口有更多的获得感”。将精准扶贫成效落脚于贫困人口的获得感，充分体现了党和政府“以民为本”的治国理念。“获得感”本意指获取某种利益后的心理满足感，既有物质层

面，也有精神层面（范海涛，2015）①，还应当包含尊严、公平、公正等权利的享受。从需求层次理论看，精神需求高于物质需求，但在实际中，二者也存在交叉。在精准扶贫这一特殊背景下，民族地区贫困人口的获得感同样受到诸多因素影响，直接因素是政策本身及扶贫工作人员的作为，间接因素包括区域经济发展、民族民俗文化特征及生态环境等。获得感十分准确地定位了精准扶贫给扶贫对象带来的主观满足感，具有特殊的政治、经济、社会与心理内涵。获得感不同于幸福感，二者既有差异又相互关联。基于此，本文将民族地区精准扶贫中扶贫对象的获得感界定为民族地区贫困人口在精准扶贫脱贫过程中，经由物质条件改善、能力提升及人际互动等所得到的积极心理体验和主观满意感。

（二）获得感理论模型构建

基于国内外贫困研究理论及本文对获得感内涵的界定，可以从多维度、多层面地分析民族地区精准扶贫与扶贫对象获得感之间的因果关系或相关关系，确定影响贫困人口获得感的关键因素及其构成要素，提出民族地区精准扶贫与扶贫对象获得感的综合理论模型（见图 3-1），并期望在此基础上探索民族地区贫困人口的获得感与心理脱贫、制度认同和社会凝聚之间的动态演化，从而达成个体、制度、社会三者之间的和谐共存，实现民族团结与社会稳定。

---

① 王斯敏，张进中：《让人民群众有更多“获得感”》，《光明日报》2015 年 3 月 14 日，第 5 版。

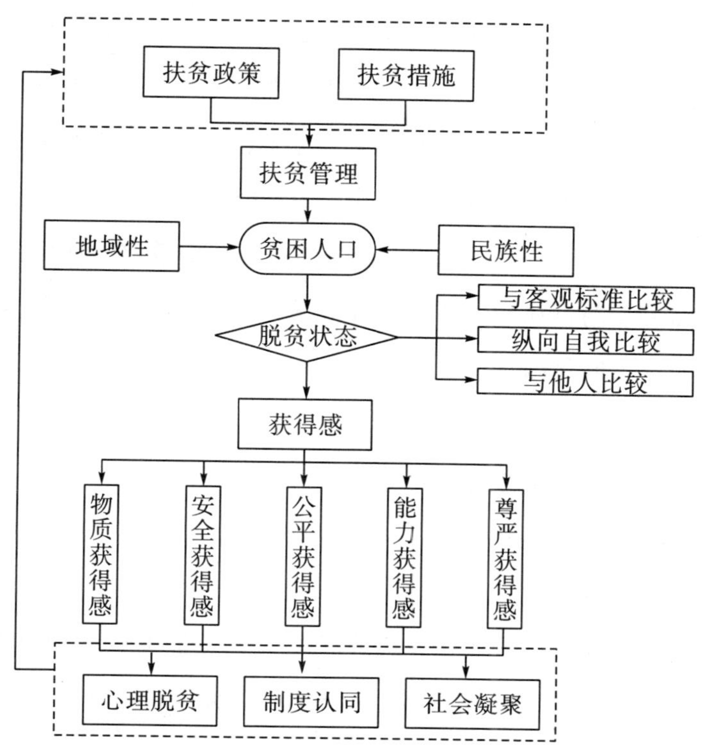

图 3—1　民族地区精准扶贫中扶贫对象获得感综合理论模型

在民族地区精准扶贫中扶贫对象获得感综合理论模型展示了在精准扶贫中，民族地区贫困人口经由一系列扶贫政策、措施及实施过程的输入影响，并在民族地区特殊地理生态及特定民族文化习俗等因素的间接影响下，贫困个体基于不同参照系的比较，形成五种可感知的满足感，即物质、安全、公平、能力和尊严五个维度的获得感，从而构成物质、心理与精神三个层面“五维一体”的贫困人口获得感体系。人的全面发展、生活质量和基本权力早已进入贫困研究的主流。基于阿马蒂亚·森可行能力贫困论及人的全面发展的反贫困观点，笔者认为只有当贫困对象的“获得感”从物质层面达到心理和精神层面的提升，主动争取“缺失的达到最低生活水平的能力”① 时，才算

① World Bank. World development report：Attacking poverty. New York：Oxford University Press，2000：169.

达到了“造血式扶贫”的目的，才是真正可持续的。针对贫困人口获得感的五个维度，本文从经济收入、住房、扶贫实物资料的获取等来考察其物质获得感；用社会保障参与情况及贫困人口是否担心返贫考察其安全获得感；能力获得感则通过技能习得与应用来反映；用精准扶贫中贫困人口能客观、积极地认识自我的贫困状态，主动地参与扶贫项目，对政府的依赖性低并有较强的自我发展意识与行动来体现尊严获得感；通过群体内部公平感和社会公平感两个方面来反映贫困人口的公平获得感。

二、 调查抽样及调查地点

（一）调查抽样

本研究主要采用问卷调查法、访谈法及观察法进行一手数据的收集，调查地点落脚于国家级民族贫困地区——四川凉山彝族自治州和四川阿坝藏族羌族自治州。

2016 年 7 月中旬至 8 月上旬，课题组在四川凉山彝族自治州和四川阿坝藏族羌族自治州两个少数民族地区开展实地调查，运用分层随机抽样方法对凉山彝族自治州越西县、甘洛县不同年份脱贫的贫困村进行抽样。综合考虑人员流动、样本代表性等多方面因素，最终选取凉山州越西县大花乡、拉普乡，甘洛县阿尔乡、拉莫乡、嘎日乡等共计 11 个彝族贫困村开展精准扶贫调研，发放调查问卷 80 份，收回有效问卷 73 份，总计 73 户，调查覆盖 329 人，全部样本均为彝族。2016 年 8 月对阿坝州的调研则重点面向其项目扶贫和旅游扶贫情况，选取了红原县、理县两县共 4 个旅游开发较好的村落作为抽样点，以户为单位开展调查。由于调研阶段正值牧民远牧期，在家人口少，共计发放调查问卷 21 份，收回有效问卷 15 份，涉及贫困人口 73 人。两州调研均采取了调查人员入户进行一对一的访谈式调查，调查对象均为精准扶贫中的少数民族建档立卡贫困户。

（二）调查地点

地理因素是导致民族地区贫困的主要原因之一，因此有“地理贫困论”之说。从区域地理来看，阿坝州理县东南与汶川县相接，属于特色旅游地区，其道路条件相对完善，汉化程度高。红原县地处高原平地，草场面积占比达91.8%，以游牧产业为主导；凉山州甘洛县地处四川盆地南缘向云贵高原过渡的地带，岭高谷深，河谷地带间有台地斜坝与河边小坝，西部有较大的高山间狭长斜坝；越西县则以横断山脉为主，境内多山。地形限制也使得凉山州在基础设施尤其是硬化村通公路的建设方面落后于阿坝州。总体来看，4个调研县都属于四川边远西部高海拔地区，甘洛县和越西县以高海拔山地为主，红原县、理县则位于青藏高原东部，生态资源丰富而脆弱。

经济发展方面，阿坝州利用水土资源、光照等先天条件发展经济林木业，利用区位优势发展现代旅游业，推动区域经济的发展。红原县的草原旅游业也已初具规模，牦牛养殖、加工形成了一定的产业链，为当地贫困人口脱贫奠定了创业就业条件。凉山州两县缺乏支柱性农业产业，农业种植以土豆、玉米等为主，部分地区发展烤烟种植，但规模不稳定，贫困户增收压力较大。

三、 民族地区精准扶贫中贫困群体特征

（一）人口特征

首先，民族地区贫困家庭具有受教育程度低、人口增长快、家庭抚养比高、家庭劳动力不足等特征。以凉山州两县为例，在接受调查的73户贫困人口中，有68.5%的人完全不识字，其余基本上只上过一两年小学，仅2人接受过高职及以上教育；汉语在彝族地区普及程度不高，绝大多数被访谈者仅能用彝语进行交流。其次，凉山州人口增长速度快，超生现象严重，加大了贫困家庭的抚养压力及农地资源的紧张状况。2014年凉山州人口自然增长率为8.49‰，比全国平均水平高出3.53‰，比四川平均水平高出5.13‰。越西

县拥有农业人口 323850 人，占全县总人口的 91.86%，甘洛县农业人口占比为 92.8%。由于经济承受能力差，教育发展滞后，低素质的人口再生产，容易导致“越穷越生，越生越穷”的恶性循环。

即使在人口增长较快的情况下，凉山州的大多数贫困户家庭仍存在劳动力缺乏的情况。劳动力匮乏与贫困人口的营养健康状况、抚养压力密切相关。营养状况差、年老、患病、残疾等原因削弱了家庭的劳动力供给。在贫困人口对家庭致贫原因的自我评估中，农业收入低、家庭劳动力不足、家庭成员患病或残疾、劳动力教育水平低或缺乏技能成为最主要的选项。

（二）行为与习俗特征

与汉化程度较高的阿坝州理县不同，凉山州两县还保留着该区域民族、社会、经济发展的特殊样态和民族固有的文化传统，红原地区则盛行传统的游牧文化。而这些文化特征也渗透到人们的日常生活与行为中，进而影响到扶贫脱贫的成效。这种情况在凉山彝族自治州表现尤甚。

“听天由命的人生观、得过且过的生活观、重农抑商的生产观、温饱第一的消费观、共产平均的分配观、崇拜鬼神的文化观、重义轻利的伦理观、忠守故土的乡土观和多子多福的生育观”,① 是时任凉山州喜德县代理县长的曲木伍牛对彝族传统文化的客观写照。本研究的调查数据也部分印证了上述说法。凉山州贫困人口具有亲缘及地缘关系紧密、社区内互动互助频繁、同社区内部不歧视贫困（区别于不同家支及不同血缘间的歧视）、被动型扶贫等行为特征。通过对贫困人口日常生活的观察和问卷调查，90%以上的贫困人口与亲戚、邻居、朋友在劳动互助、帮忙办事等方面有密切互动，84.6%的贫困人口与亲戚朋友发生资金借贷关系。而在彝族乡村社区层面，因贫困而受到乡邻歧视的情况较为罕见，91.8%的贫困人口感觉乡邻间基本不存在歧视。

① 曲木伍牛：《凉山彝族地区贫困问题研究》，凉山彝族自治州以工代赈办公室网站（http://lsygdz.lsz.gov.cn/gztt/gztt0601.htm）。

一方面，这反映了贫困人口在社区层面的公平感程度较高，社会支持网络较为稳固；另一方面，重义轻利的伦理观也支持了这一现象。

同时，民族地区贫困人口呈现出被动型扶贫的行为特征，一方面表现为对政府的依赖性较强，凉山州 65.8%的贫困人口认为政府帮助比个人努力及能力更为重要，55%的贫困人口认为脱贫必须依靠政府，其原因也在于贫困人口的能力获得感不足，仅 41.1%的贫困人口认为自己能力会增强，但受劳动力人口城镇化流动、农忙时令或游牧季节的影响，许多贫困户也未能参与到政府组织的各项培训中。另一方面，两州贫困群体的社会参与尤其是对政策及公共事务的参与度不高，主动向政府表达过自身意见或提出诉求的贫困户不足 10%。

四、 在民族地区精准扶贫中贫困人口获得感的影响因素①

（一）直接的物质或生产资料帮扶使贫困人口有更强的获得感

精准扶贫由以往的“大水漫灌”转向“精准滴灌”，由“输血式扶贫”转向“造血式扶贫”。但实际调研发现，直接发放到贫困户手中的补助、物品、生产资料等更容易使其形成较强烈的物质获得感。当被问到“家里得到了哪些帮助”时，被访户回答最多的是“之前村上给我们发了 200 株核桃苗，有个领导来看我们，送了我们鹅苗，还有一次发了些粮油。”而在生产资料未发放到户并且开展农村集体经济项目的村，如“借羊还羊”的甘洛县 EK 村和开展酒店入股项目的红原县 X 村，有贫困户在回答上述问题时表示并不知道那是跟自己相关的扶贫项目，或由于自身原因自动放弃加入该项目，因而没有感知到自己获得了生产项目的帮扶。由此可见，直接到户的物质扶持对贫困人口的获得感具有强刺激，而一些短期内未见效益或具有未来不确定性收

① 本部分内容通过 2016 年 7 月 18 日至 8 月 5 日对越西县、甘洛县、红原县、理县的调研数据及访谈资料整理、分析形成。

益的项目则难以使贫困人口感受到政府对自己的帮扶，有61.6%的贫困户表示精准扶贫暂时未带来经济收入的提升。

（二）低保的兜底作用有助于提升贫困人口的安全获得感

低保制度的初衷是为了保障贫困人群的最低生活需要，即“兜底线”。2016年，国家民政部强调，要在脱贫攻坚中发挥兜底保障作用，要推动农村低保与扶贫开发在对象识别上的衔接、优惠政策共享及信息平台链接。① 凉山州精准扶贫“七个一批”提出“低保兜底一批”，此处的低保不仅仅包含农村低保，而是指包含农村低保、农村五保供养、贫困残疾人、孤儿、特殊困难儿童等在内的多重社会保障兜底政策。

坡足热呷是甘洛县JB村的一名村民，是该极度贫困村16户建档立卡户之一，也是全村仅有的两户失依儿童家庭之一。坡足热呷及老伴均近70岁，而三个孙子中最大的仅10岁。两位老人不仅因为年老丧失劳动力，还患有慢性疾病，一家人的生活全部依靠政策兜底。正是农村低保、特殊儿童补贴、住房补助等多项社会救助保障了一家五口的基本生活，低保的兜底作用在这里得到了最好的体现。坡足热呷的妻子告诉我们：“我们两个老年人年龄都较大了，种地之类的都没有办法，孙子现在读书还都不要钱，只有最大的孙子每个月要给他点生活费。”

同行的村干部表示，他们一家的情况只能依靠低保的持续兜底。② 还有部分村民表示，医保的报销比例较低，家庭医疗负担较重，而如果家里出现生病的情况，即使脱贫后也可能导致返贫。可见，在精准扶贫中，由于农村养老保险和医疗保障水平还不高，低保制度为贫困户构建了最后一道安全网，是否有低保成为影响其安全获得感的关键因素。

---

① 中国民政编辑部：《精准扶贫与社会救助：如何衔接?》，《中国民政》2016年5月。

② 李丹，杨璐：《精准扶贫与农村低保有效衔接是实现政策兜底的关键》，中国扶贫网（http://www.jingzhunfupin.com//column/lanmu4/lilunyanjiu/2016/1009/9638.html）。

（三）不同民族区域文化特征对贫困人口能力及尊严获得感的影响呈现差异

世界银行 2000 年发展报告将贫困定义为“缺失达到最低生活水平的能力”，民族地区精准扶贫期望一方面通过技能技术培训使贫困人口获得生计能力，一方面通过形成“好习惯”与“好风尚”使贫困群众过上有尊严的生活。然而，能力与尊严的获取与贫困人口自身的学习能力和动力及劳动积极性密切相关。调研显示，凉山和阿坝两州的贫困人口均认为孩子的教育很重要，却在自身能力提升上看法不同。在凉山州的调查中，在“您觉得技能培训与物质扶贫相比，哪个更重要”这一问题的回答中，有 35.6％的人选择了“技能培训更重要”，37％的人认为“物质更重要”，其余的人认为“同样重要”。而在阿坝州的调查中，选择物质扶贫更重要的户数为 0，15 户贫困家庭中有 11 个样本选择了“同等重要”。同时，阿坝州两县贫困人口对政府的依赖性相对较弱，仅 6.7％的贫困人口认同政府帮助比个人努力及能力更重要，凉山州两县认同该观点的贫困人口则达到了 65.8％。阿坝州贫困人口对政府依赖较低，自我发展意识强，热爱劳动，有积极致富的愿望，反映了更强的自信、自立的尊严获得感。

理县桃坪乡 DS 村一位贫困户告诉我们：因汶川地震，他们全家从对面山头搬到现在的居住地，原有的生产资料与居住地分离，现在家里没什么土地，与搬迁前相比，生产资料大大减少。为了开展农业生产，她千方百计开荒开拓了一片土地。其周围的居民也在不断为提高经济收入而努力，村干部告诉我们：“比勤劳是我们这里的风气，农民一年四季都在忙各种活路。”

相对而言，彝区具有较明显的贫困内卷化特征。笔者认为，这与其历史遗留的民族习俗、宗教信仰、生活方式等有密不可分的关系。“得过且过的生活观”“乡村平均主义”的盛行、传统毕摩文化等都影响到凉山州贫困人口能力与尊严获得感，使得他们对政府扶贫有更高、更多的期望。

（四）贫困户的精准识别影响民族地区贫困人口的公平获得感

调查显示，精准扶贫中建档立卡户普遍公平获得感较强，但没有被评为贫困户的“边界户”却往往感觉不公平。凉山彝族自治州贫困面大，农户之间经济差异极小且难以精确量化，“找贫易而选富难”。扶贫“指标限定”导致建档立卡户无法实现全覆盖，因而导致“边界户”感觉不公平。如我们调研的越西县大花乡 SG 村、甘洛县嘎日乡 JB 村等都是极度贫困村，但贫困户指标有限。此外，也不排除因人情关系出现评选不公的情况。

在越西县大花乡 WE 村的调研中，可能由于该村在贫困户认定时出现偏差，一名彝族青年一直在受访者旁边提醒受访者要真实回答，并激动地说：“是不是这么回事大家心里清楚啊。”旁边一位老者则用这样的话来说明其主观感受：“我们是非常相信国家的政策都是好的，精准扶贫政策就像是注在注射器里的药水，我们相信它对我们的贫穷是有疗效的，但是在现实生活中经常出现打针的人把这种注射液打在了不应该打的人身上，或者是剂量上有所偏差。”

而在相对富裕的阿坝州理县某村则出现了“选贫难”现象，村干部在反复调低农户收入数据的前提下才凑够县上拨下来的贫困户名额。在自上而下的“指标配额”模式下，跨区域间及同一社区里出现了评选及待遇不公平，即符合条件的目标群体没有全部受益与不符合条件的人享受了扶贫福利两种现象并存，从而影响到民族地区精准扶贫实施的公平性。

五、 结论及政策启示

民族地区贫困人口具有老、弱、病、残、受教育程度低、子女多、家庭劳动力不足等人口特征，且具有亲缘及地缘关系紧密、社区内部相对平等的社会心理特征。差异化的区域民族文化导致不同地区的民族贫困人口内生发展动力、参与劳动积极性以及对政府依赖程度等不同的行为特征。从“补短板”的角度来看，深度贫困的民族地区特有的历史和民族文化习俗、封闭的自然环境、落后的经济与教育事业等与精准扶贫攻坚难度密切相关。多维的贫困及多因素的交互影响决定了这些地区反贫困道路的艰巨性与长期性，扶贫项目的选择、贫困户的瞄准、政策实施过程与结果的公平性以及贫困人口自我发展意识均直接影响到贫困人口的获得感，从而影响精准扶贫的最终成效。基于精准扶贫可持续理念及提升扶贫对象获得感的目标，我们得到如下三点政策启示。

（一）强化全方位的多元扶贫主体构建，建立高效的反贫困协同治理机制

民族地区贫困的多维性与多因性决定了精准扶贫脱贫的难度更大、成本更高、时间更长，付出的努力也必然更多。同时，多民族、小聚居的特点也决定了面对不同地理区域、不同民族村落需要差异化和专业化的精准扶贫措施。虽然政府、行业、社会及东西部结对帮扶的扶贫大格局已形成，但是目前民族地区的精准扶贫中还明显存在社会力量参与不足等问题，从而影响到精准扶贫的精准性。在政府主导下，应整合全社会的人力、物力、财力、科技及知识资源，加强全方位的多元扶贫主体构建，尤其是统筹利用第三方社会力量将是弥补基层干部力量不足、提升贫困人口获得感的必要措施。

一是继续深化对口帮扶机制，落实贫困人口的经济收入与发展能力提升。二是引入专家智慧参与扶贫辅助决策与评估，提升精准扶贫的公平性。三是鼓励公益慈善基金进入民族地区帮贫扶贫，扩大扶贫资金来源。四是健全反贫困协同治理机制，减少主体间的摩擦成本，在保障扶贫投入边际收益的基础上提高精准扶贫的整体绩效。

（二）兼顾民族地区区域性贫困与差异化贫困，保障扶贫政策实施过程及结果的公平性

公共政策在权利、机会、规则等方面存在某种程度的公平价值缺失和偏差是我国目前利益冲突、利益失衡的主要原因。[①] 研究表明，精准扶贫政策实施过程中的公平程度是影响贫困人口公平获得感的主要因素。贫困对象对精准扶贫政

---

① 任勤，《公平的公共政策是利益整合的关键》，《四川大学学报（哲学社会科学版）》2008 年第 6 期。

策公平性的感知，主要体现在精准识别环节及扶贫政策的实施方式与结果中。

一是创新扶贫工作机制，将扶贫事权下放，监督权上提，激发村级自治活力；设计政府购买服务，吸纳专业机构参与家计调查与评选结果监督，保障贫困户识别的公平性；建立贫困户动态监测评选机制。二是在政策实施方式与途径方面，鉴于民族地区贫困面大，贫困户与边界户经济差距小，应有效结合精准扶贫政策与社会救助体系，分户施治，应保尽保，应扶尽扶。三是应将无差异化区域扶贫政策与差异化家庭帮扶有效结合，兼顾区域性扶贫与重点对象扶贫，尽量消除边界户的不公平感，维持民族地区的和谐稳定。

（三）构筑“五维一体”的贫困人口获得感，激发贫困群众内生发展动力

可持续生计与发展是消除贫困的目标，也是消除贫困的途径。精准扶贫就是要通过一系列精准的扶贫政策与手段实现贫困群众可持续生计与发展，是发展式扶贫之要义。贫困群众既是扶贫的对象也是参与主体，是最具能动性、创造性的主体。秉承以人为本的发展理念，精准扶贫应着力构筑贫困人口物质、安全、公平、能力及尊严“五维一体”的获得感。

一是针对民族地区贫困人口受教育程度低、人才匮乏、教育需求强而优质教育资源贫瘠的现状，进一步健全“9+3”免费教育计划，提高招生覆盖面及学生的补助水平①，扎实推进民族地区学前教育“一村一幼”项目、农民夜校扫盲项目、农业技术培训及实用技能培训项目等，切实提高教育的针对性与技能培训的精准性，全面提升民族地区贫困人口人力资本，消除民族地区贫困代际传递。二是持续增强贫困群众的自我发展意识，构筑其自尊、自信、自强的精神内核，倡导“义”“利”均衡观、消费理性观和生育科学观等，培育其行为上的自我规划与自我控制能力，树立脱贫致富的标杆，营造民族社区内的正能量，从而最大限度地激发贫困群众脱贫的内生发展动力。

---

① 李丹，何泽川：《四川凉山彝区“9+3”：现实与未来》，中国扶贫网（http://www.jingzhunfupin.com//column/lanmu4/lilunyanjiu/2016/1009/9637.html）。

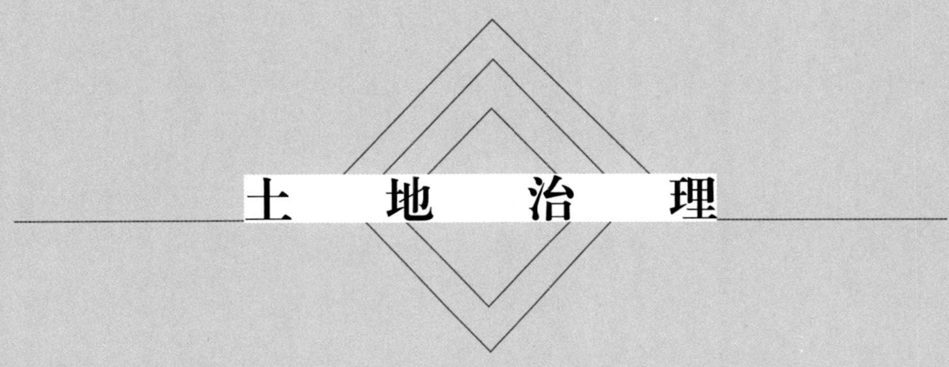

土地治理

SHEHUI ZHILI
CHUANGXIN FAZHAN BAOGAO（2018）

政府管制、土地违法与土地财政[①]

唐　鹏，石晓平，曲福田[②]

一、引言

具有中国特色的土地财政现象及其成因备受学界关注，已有的研究均认为分税制改革的财政激励、地方政府资本竞争、政府官员晋升和土地出让制度等因素对土地财政具有显著影响。[③] 然而无论是何种因素，实际上都离不开

① 基金项目：国家社科基金青年项目（15CGL054）；教育部哲学社会科学研究重大课题攻关项目（13JZD014）；四川大学中央高校基本科研业务费项目（skq201614）。

② 作者简介：唐鹏，讲师，博士，研究方向：土地财政与土地制度；石晓平，教授，博士生导师，研究方向：土地经济与政策；曲福田，教授，博士生导师，研究方向：土地经济与管理。

③ 陶然，陆曦，苏福兵等：《地区竞争格局演变下的中国转轨：财政激励和发展模式反思》，《经济研究》2009 年第 7 期，第 21—33 页；杨圆圆：《“土地财政”规模估算及影响因素研究》，《财贸经济》2010 年第 10 期，第 71—78 页；张莉，王贤彬，徐现祥：《财政激励、晋升激励与地方官员的土地出让行为》，《中国工业经济》2011 年第 4 期，第 35—43 页；吴群，李永乐：《财政分权、地方政府竞争与土地财政》，《财贸经济》2010 年第 7 期，第 55—63 页；王克强，胡海生，刘红梅：《中国地方土地财政收入增长影响因素——基于 1998—2008 年中国省际面板数据的分析》，《财经研究》2012 年第 4 期，第 112—121 页；刘佳，吴建南，马亮：《地方政府官员晋升与土地财政——基于中国地市级面板数据的实证分析》，《公共管理学报》2012 年第 2 期，第 16—28、第 127 页；李郇，洪国志，黄亮雄：《中国土地财政增长之谜——分税制改革、土地财政增长的策略性》，《经济学（季刊）》2013 年第 4 期，第 1141—1160 页；孙秀林，周飞舟：《土地财政与分税制：一个实证解释》，《中国社会科学》2013 年第 4 期，第 41—60、第 206 页。

政府垄断和经营土地这一现实基础，因为我国政府实际享有农转非和土地供应的垄断权。因此，有学者认为，政府对农地产权的管制事实上形成了政府垄断城市土地供应的格局，是当前土地财政产生的最重要的制度根源。① 可以说如果没有农地产权管制，即使存在财政分权和政治集权，土地也无法成为政府集聚财富的工具，就不会存在土地财政。② 所以，为了追逐地方财政收入最大化，地方政府存在过度使用征地政策、维护征地制度安排的偏好。③ 然而上述观点还仅停留在理论层面，缺乏实证研究，而且不同管制内容对土地财政的影响机理还有待深入细化，特别是与政府产权管制密切相关的价格管制，影响最为直接的主要是政府制定征地补偿标准，从而与市场竞价的出让机制形成差异。④ 两种不同的管制具有怎样的差异影响？很多其他实施农转非产权管制的国家并没有出现类似中国的土地财政问题又该如何理解？

如果说政府拥有的农转非管制权为其低价征地、高价卖地提供了合法制度基础，那么政府不断增加的非法转让土地、非法占地、非法批地等违法行为又是否与追逐土地财政有关呢？关于土地违法与土地财政的关系，已有的研究都证实了土地财政会导致土地违法行为增加，具体表现为地方政府为了获取土地财政收入，不仅直接参与土地违法，而且默许、纵容甚至配合企事

① 郭家虎，崔文娟：《我国土地财政的发展现状、形成根源与转型路径》，《中共南京市委党校学报》2016 年第 2 期，第 61—66 页。

② 张广根：《产权管制、土地财政及经济增长关系的理论与实证——以河南省 1998—2011 年的数据为例》，《财经科学》2014 年第 11 期，第 49—59 页。

③ 钱忠好，牟燕：《征地制度、土地财政与中国土地市场化改革》，《农业经济问题》2015 年第 8 期，第 8—12、第 110 页。

④ 许德林：《农地非农化调控的市场机制与政府管制研究》，南京：南京农业大学博士学位论文，2011 年。

业单位的土地违法行为。[①] 同时，土地违法与土地财政之间也存在某种长期的均衡关系，即两者互为因果关系。[②] 然而，遗憾的是这些论文并没有理论阐释土地违法与土地财政之间的影响机理，仅仅是进行了数据分析。

综上，本文首先试图从理论上阐释政府产权管制和价格管制带来的不同影响以及土地违法与土地财政的相互作用机制，并提出理论假说，然后利用2003—2014年我国省级面板数据进行了实证检验。本文的主要内容包括以下三点：一是系统阐释和验证了政府产权管制和价格管制对土地财政的差异作用机理，指出土地财政的根源在于政府价格管制而不是产权管制，明确了未来改革方向。二是针对土地违法与土地财政的相互关系进行了理论解释，指出两者间不是单纯的因果关系，土地违法并非必然带来土地财政收入，修正了两者间关系的认识。三是应用联立方程组模型，不仅保证了估计结果的有效性，也解释了政府管制以及其他控制变量对土地违法和土地财政的差异影响，为理解并应对土地违法和土地财政问题提供了有力支撑。

二、 政府管制、土地违法与土地财政理论分析

（一）政府管制与土地财政收入

1. 政府产权管制对土地财政的影响

当前，地方政府通过规划管控、用途管制、征地制度等一系列政策措施，

---

① 龙开胜：《土地财政对土地违法的影响及违法治理政策调整》，《南京农业大学学报（社会科学版）》2013年第13期，第64—69页；张莉，徐现祥，王贤斌：《地方官员合谋与土地违法》，《世界经济》2011年第3期，第72—88页；梁若冰：《财政分权下的晋升激励、部门利益与土地违法》，《经济学（季刊）》2009年第9期，第283—306页；龙开胜，陈利根：《中国土地违法现象的影响因素分析——基于1999年—2008年省际面板数据》，《资源科学》2011年第6期，第157—163页；张青，胡凯：《中国土地财政的起因与改革》，《财贸经济》2009年第9期，第77—81页。

② 管莹：《土地财政成因、区域效应与系统治理对策研究》，南昌：江西财经大学硕士学位论文，2013年。

严格控制审批建设占用耕地，事实上拥有农地非农转用的排他性权力，从而形成产权管制状态，其直接表现为政府是城市土地开发建设的唯一合法供地主体，同时也是能够合法征收土地的唯一主体。增量土地开发环节的垄断供给、需求竞争格局被认为是形成土地财政的关键。诚然，产权管制为地方政府获取土地收益提供了产权依据，但农用地转用的产权限制本身并不直接产生土地财政。因为产权只有通过市场交易产生增值时才会涉及价值在不同主体间的分配问题，从而产生土地财政。事实上，土地财政只是反映了土地增值收益分配结果，而产权并不是决定收益分配的唯一依据。此外，我国对地方政府的征地权缺乏有效的监督约束机制，容易产生政府过度使用或者随意使用征地权的问题。因此，政府的产权管制本身并不直接导致土地财政，而是现行土地收益分配机制诱使政府过度使用农地转用管制权，进而对土地财政收入产生影响。由此提出理论假说一：政府拥有的农地转用管制权只是政府获取土地财政收入的权利依据，并不是产生土地财政的根源。

2. 政府价格管制对土地财政的影响

土地财政实质上是土地收益分配问题，政府的价格管制直接影响收益分配格局，进而对土地财政产生影响。其管制的具体表现在对农地征收环节的补偿安置政策、宅基地退出环节有关拆迁复垦新居建设的补偿政策，以及相应的社会保障配套政策和保障水平等都是由地方政府部门主导和制定。① 即便政府在不断改善对农民的补偿政策，但村集体、农户、企业组织等其他有关利益主体仍然缺乏有效的利益表达机制，地方政府始终承担着土地收益分配政策的强制供给角色。在这种政府定价机制下，地方政府存在以较低的补偿成本来换取高额的土地出让价格的强烈动机，而且这种行为缺乏有效的监督约束机制。由此提出理论假说二：政府的价格管制主导了土地收益分配格局，

① 陶然，汪晖：《中国尚未完成之转型中的土地制度改革：挑战与出路》，《国际经济评论》2010 年第 2 期，第 93－123 页。

是形成土地财政的根本原因。

（二）土地违法与土地财政收入

政府实施土地违法的原因很多，其中，土地财政是一个重要的原因，表现在四个方面：一是土地违法开辟了土地隐性市场，政府可以采取违规征地、以租代征、违规出让土地等方式获得额外的隐性收入。二是政府可以选择放松对土地违法行为的查处力度，对其他主体的土地违法行为采取默许甚至纵容的态度从而寻求利益。三是各地普遍存在建设用地指标不足的问题，为了满足当地招商引资和产业发展需要，不得已实施土地违法，但其产业发展又带动了地方土地财政收入。关于土地违法对土地财政收入的影响作用，主要表现在两个方面：一方面是土地违法是否直接带来土地财政收入受到土地违法查处力度的严重影响。如果土地违法面临的查处风险较低、查处惩罚力度较小，地方政府实施土地违法是有利可图的；如果土地违法面临较高的查处风险，并且惩罚措施较严，已经导致违法成本大于违法收益，那么违法就是得不偿失的。另一方面是国家土地督察制度建立以来，土地违法已经成为各地分配建设用地指标的一个选项，即某地如果土地违法行为较多，其能够分配到的建设用地指标就要减少。这也是国土部门通过指标分配的手段和方式来监督和防止土地违法行为。基于这两个方面的影响，土地违法可能并不能直接带来土地财政收入。由此提出理论假说三：强烈的土地财政动机驱使地方政府实施土地违法，以增加土地收益，但受到土地违法查处风险的影响，土地违法可能并不能直接带来土地财政收入的增加。

三、 政府管制、土地违法与土地财政实证分析

（一）数据来源

考虑到数据的可获性和连续性，本文选择 2003—2014 年全国 30 个省级地区的面板数据进行分析（西藏和港澳台地区未纳入分析）。其中，土地市场

交易等相关数据来源于各年《中国国土资源统计年鉴》；地方财政、土地税收和外商投资等数据来源于各年《中国财政年鉴》和《中国统计年鉴》。

（二）变量选取与说明

联立方程组的内生变量主要借鉴唐鹏对土地财政指标和土地违法指标的选择，其中土地财政规模（LF）是土地出让收入和土地税收的加总。土地违法指标主要选用本年发现违法涉及的土地面积（LVA）来衡量，同时选用本年发现违法案件件数（LVN）和各省级地区土地违法比重（RLVA）两个指标进行稳健性分析。

联立方程组的外生变量分别从政府产权管制、政府价格管制、土地市场化改革、地方政府行为监管机制等方面选取指标，同时纳入财政收支约束、外商投资、产业发展等控制变量以识别各因素对土地财政和土地违法具有的不同影响作用。

在政府产权管制方面，土地征收是政府拥有的垄断权力，对农用地的征收能够较好地反映政府产权管制，因此选用省级政府土地征收中涉及农用地的面积（PLA）指标。该指标反映农用地过度非农化的倾向，指标越大，这种倾向越严重，政府管制权过度使用的可能性越大，政府获取的土地财政收入规模也就相应增加，因此预期该指标对土地财政具有正向影响。

在政府价格管制方面，选取土地出让纯收益来衡量。土地出让纯收益是指政府从土地出让中取得的纯收益，即土地成交价款扣除政府支付的土地取得成本（包括征地拆迁等费用）和土地开发成本后的余额①，该指标能够反映土地从征收到出让整个环节的收益分配格局。因此，本文借鉴唐鹏②对土地出让纯收益的计算方法，分别构建了土地纯收益比重（RNI）指标和单位土地

① 陈多长等：《地方政府土地财政依赖：形成机理与转型对策：兼论工业化、城市化对土地财政依赖的影响机制》，杭州：浙江大学出版社，2014 年。

② 唐鹏：《土地财政收入形成及地方财政支出偏好的关系研究》，南京：南京农业大学博士学位论文，2014 年。

纯收益（PNI）指标，前者反映政府追逐土地纯收益总额的偏好，后者反映土地出让收益的规模效应。两个指标数值越大，政府获取的土地纯收益越多，政府的价格管制就越明显，因此预期两个指标对土地财政具有正向影响。同时，模型中加入土地纯收益的滞后变量（L. RNI 和 L. PNI）来考察土地纯收益的滞后影响效应。

土地市场化改革极大地显化了土地价值，对土地财政具有重要影响。本文借鉴唐鹏等人的研究，基于土地市场交易方式综合评价了各地区的土地一级市场发育程度（LPM）。①

关于地方政府行为的监管机制，主要考虑建设用地审批制度、土地违法行为查处情况和相关政策调控三个方面。关于建设用地的审批制度采用与唐鹏②一致的指标，即国务院审批建设用地面积占全部审批用地面积的比重（RLA），反映将建设用地审批权上收对下级政府土地出让行为的约束作用。有关土地违法行为查处情况的指标，本文选取土地违法立案案件涉及土地面积中历年隐漏案件的比重（RCA）指标和土地违法查处结果的罚没款（AF）指标来反映土地违法行为查处情况。对隐漏案件的重新立案查处和对违法行为采取的罚款措施代表了土地违法行为查处力度，这两个指标都是正向指标，其数值越大，说明土地违法查处力度越大，从而对土地违法行为的遏制效应越明显，因此预期该指标对土地财政具有负向影响。同时，加入两个指标的滞后变量（L. RCA 和 L. AF）来检验土地违法行为查处的滞后影响作用。此外，还选用土地违法行为查处的另一种惩罚措施收回土地（ALW）指标和本年立案案件中历年隐漏案件数量的比重（RCN）指标来进行稳健性分析。最

① 本文的土地一级市场计算方法稍有差别，土地一级市场指的是各交易方式占土地一级市场总供应宗数的比重，权重则与其设置一致。由于 2008 年以后土地二级市场交易数据缺失，因此本文暂不纳入分析。

② 唐鹏：《土地财政收入形成及地方财政支出偏好的关系研究》，南京：南京农业大学博士学位论文，2014 年。

后，有关政策调控的影响，根据政策出台的年份，分别设置 2004 年（D04）、2006 年（D06）、2007 年（D07）、2010 年（D10）和 2011 年（D11）五个虚拟变量。① 此外，本文借鉴龙开胜、陈利根②和唐鹏③设置政策虚拟变量的方法，设置了能够反映整体政策调控强度的虚拟变量（DUM）。④

在其他控制变量中，地方政府面临的财政收入约束和财政收支压力对土地财政和土地违法具有重要的影响。在土地财政方程中，由于土地财政收入已经包含部分地方税收，因此仅选取地方预算内财政收支比例（RGF）指标。在土地违法方程中，则不仅考虑 RGF 指标，选取地方预算内财政收入（GBR）指标。一般地方政府财政收支压力越大，其土地财政偏好和土地违法动机越强烈，因此预期该指标对土地财政和土地违法具有负向影响。

最后，土地财政方程主要引入了外商投资和土地出让面积变量来进行识别，具体选取外商投资总额（FDI）指标来反映地方政府之间的资本竞争强度，预期该指标对土地财政具有正向影响。对于土地出让面积指标（LGA），同样预期其具有正向影响。土地违法方程主要考虑第二产业发展带来的影响，因

---

① 虚拟变量的设置方法是将相应年份之后赋值为 1，之前为 0。主要反映的政策措施包括：2004 年出台的《国务院关于将部分土地出让金用于农业土地开发有关问题的通知》《国务院关于深化改革严格土地管理的决定》和财政部、国土资源部关于印发《用于农业土地开发的土地出让金收入管理办法》的通知；2006 年建立国家土地督察制度，发布《国务院办公厅关于规范国有土地使用权出让收支管理的通知》；2007 年规定工业建设项目用地一律按照招拍挂方式供应，这一规定减少了工业用地协议出让比例，促使全国各地工业用地价格上涨；2010 年财政部、国家发展改革委、住房城乡建设部发布的《关于保障性安居工程资金使用管理有关问题的通知》；2011 年，财政部、教育部印发的《关于从土地出让收益中计提教育资金有关事项的通知》，财政部、水利部印发的《关于从土地出让收益中计提农田水利建设资金有关事项的通知》等。

② 龙开胜，陈利根：《中国土地违法现象的影响因素分析——基于 1999 年—2008 年省际面板数据》，《资源科学》2011 年第 6 期，第 157－163 页。

③ 唐鹏：《土地财政收入形成及地方财政支出偏好的关系研究》，南京：南京农业大学博士学位论文，2014 年。

④ 根据各年份出台政策的频度和力度，具体将 2003 年取值为 1，2004—2005 年取值为 2，2006 年取值为 3，2007—2009 年取值为 4，2010 年取值为 5，2011 年及以后取值为 7。

为如今80%的土地违法案件都是未经批准占地类的违法行为，这类违法频繁发生的主要原因是地方政府要发展第二产业，尤其是工业。因此，选取工业增加值占GDP的比重（RI）来反映这种影响，预期该指标与土地违法呈正相关。

（三）模型构建及估计

由于土地违法与土地财政之间是相互影响的，因此构建联立方程组进行分析。计量模型如下：

$$LF_{it} = \alpha_1 + \alpha_2 LVA_{it} + \alpha_3 X_{it} + \alpha_4 D_{it} + \varepsilon_{it} \quad (1)$$

$$LVA_{it} = \beta_1 + \beta_2 LF_{it} + \beta_3 X_{it} + \beta_4 D_{it} + \sigma_{it} \quad (2)$$

式中，LF_{it}是土地财政收入指标，LVA_{it}是土地违法行为指标。下标i和t分别表示第i个省份和第t年。X_{it}是一组控制变量，D_{it}是一组虚拟变量，ε_{it}和σ_{it}是残差项。

根据变量选取部分的说明，本文分别估计了10个模型，以此检验指标影响的稳定性和有效性。其中，模型1～3主要是对土地纯收益的两个指标（PIN、RNI）进行了不同组合，以区分两个指标对土地财政和土地违法的差异影响。模型4和5则分别用土地违法比重（RLVA）指标和土地违法案件件数（LVN）指标来替换土地违法面积（LVA）指标。模型6主要选用反映政策调控强度的虚拟变量（DUM）来代替各年的政策虚拟变量。模型7选用了土地违法查处的数量（RCN）指标来替代面积（RCA）指标。模型8选用土地违法查处的收回土地（ALW）指标来替代土地违法查处的罚没款（AF）指标。模型9加入了土地纯收益的滞后项（L. RNI和L. PNI）进行分析。模型10则加入了土地违法查处变量的滞后项（L. RCA和L. AF）进行分析。

由于联立方程组内生变量的相互影响作用，为了保证估计结果的有效性和一致性，本文采用Nelson和Olson的三阶段最小二乘法进行估计，该估计方法同时消除了方程之间随机干扰项带来的影响。从各个模型的估计结果来看，各变量的估计系数大小、影响方向和显著性水平基本趋于一致，说明模型的估计结果可信，具有较强的稳健性。限于篇幅，本文仅列出前三个主要模型的估计结果。政府管制、土地违法与土地财政收入的联立方程组模型估计结果见表4—1。

表4—1　政府管制、土地违法与土地财政收入的联立方程组模型估计结果

	模型1		模型2		模型3	
	LF	*LVA*	*LF*	*LVA*	*LF*	*LVA*
内生变量						
土地违法面积	−0.06***		−0.06***		−0.07***	
土地财政		0.85**	0.83**	0.92**		
产权管制						
土地征收中农用地面积	0.00	0.01	0.00	0.00	0.00	0.01
价格管制						
单位土地纯收益	0.25***		0.25***	0.07		
土地纯收益比重		10.69*			1.21	11.23*
土地出让市场化改革						
土地一级市场发育程度	4.47**	−15.05	4.50**	−13.35	3.54*	−15.78
地方政府行为监管机制						
国务院审批用地比重	1.88	−0.51	1.86	0.07	2.69**	−0.44
隐漏案件涉及面积立案比重		12.88***		11.92***		12.79***
土地违法查处结果的罚没款		0.10***		0.11***		0.10***
2004年虚拟变量	43.73	−306.40	44.12	−301.14	43.68	−296.06
2006年虚拟变量	−52.99	364.85	−56.04	371.07	−32.93	374.54
2007年虚拟变量	58.86	−605.21	61.46	−631.36	94.34	−588.02
2010年虚拟变量	146.56	−1094.58**	148.89	−921.92**	249.94**	−1103.15**

续表4－1

	模型 1		模型 2		模型 3	
	LF	*LVA*	*LF*	*LVA*	*LF*	*LVA*
2011 年虚拟变量	285.28***	80.92	286.97***	－311.45	237.26**	135.16
其他控制变量						
预算内财政收入		－0.38		－0.36		－0.46
财政收支比例	0.51	－15.07*	0.47	－17.64*	5.08***	－13.34
外商投资总额	0.35***		0.35***		0.34***	
土地出让面积	0.08***		0.07***		0.07***	
工业增加值比重		34.59**	31.73*		33.82**	

注：***、**、*分别表示统计检验显著性水平 1％、5％、10％；常数项省去。

（四）结果分析

1．政府产权管制影响土地财政的结果分析

从回归结果来看，土地征收中农用地面积指标对土地财政收入的影响并不显著。其可能的原因包括两个方面：一是本文试图用土地征收面积指标反映政府过度使用管制权的倾向，但政府管制本身的合理范围和界限并无法有效甄别；二是在现实中地方政府获取土地财政主要是通过大规模出让土地，征收农用地只是出让土地的前提，因此土地出让面积对土地财政具有更为显著的影响作用。而结合土地收益分配的显著影响来看，政府拥有农地非农转用的管制权本身并不会直接带来土地财政收入，只是为地方政府获取土地财政提供了权力依据。该结果验证了理论假说一。

2．政府价格管制影响土地财政的结果分析

出让收益分配结果很好地反映了政府价格管制结果，从模型结果来看，单位土地纯收益指标对土地财政收入具有显著的正向作用，而对土地违法没有显著的影响（模型 2）。土地纯收益比重指标的影响结果则刚好相反，其对土地违法具有显著的正向作用，而对土地财政的影响并不显著（模型 3）。实证结果表明，地方对土地纯收益的单位效益和规模效益的侧重点存在差异。其中，地方土地财政偏好主要表现为对土地纯收益规模效益的追求，即不关心单次土地出让所获得的纯收益比重，更关心土地纯收益总额，主要依靠大规模的土地出让来实现。土地违法追求的则是单次交易中土地纯收益的比重，主要的原因在于土地违法面临查处的风险，一般土地违法规模越大、频次越高，受到处罚的风险就越大。因此，土地违法更多地依靠低频率、小规模的交易，从而更关心单次交易的纯收益比重。模型 9 加入了土地纯收益的滞后项指标，结果表明并不存在显著的滞后影响。说明土地财政和土地违法都更注重当期即时的短期收益，土地违法尤为如此。

综上，土地纯收益对土地财政和土地违法都具有显著的正向作用，表明政府价格管制形成的土地收益分配格局和政府主导机制是形成土地财政的根本原因，验证了理论假说二。

3. 土地违法与土地财政的影响结果分析

从土地违法对土地财政的影响来看，土地违法指标对土地财政收入具有显著的负向作用，表明土地违法查处风险带来的影响作用明显，特别是近年来土地执法、土地督察越来越严格，土地违法与地方建设指标相挂钩，增加了土地违法的成本，加上反腐高压态势，土地违法的隐性收入空间越来越小，导致其对土地财政具有负向抑制作用。同时，土地财政对土地违法指标都具有显著的正向影响，这与其他学者的研究结论相同。结果证实了理论假说三，土地财政是地方政府实施土地违法的重要激励，但土地违法受到查处风险的影响，对土地财政不具有正向激励作用。

4. 其他控制变量的影响结果分析

在方程 1 和方程 2 的主要控制变量和识别变量中，模型结果基本与理论预期一致，在此不再一一解释。在地方政府行为监管指标中，建设用地审批权指标不存在显著的影响，说明国家通过上收建设用地审批权来加强监管没有起到预期的作用，无法有效地抑制地方土地财政行为。土地违法行为查处也没能有效抑制土地违法，而且这种事后的土地查处惩罚机制还可能造成与预期相反的结果——反映土地违法行为查处力度的两个指标对土地违法具有显著的正向影响。只有当土地违法行为查处机制形成一种稳定的高压态势，才会产生长期的震慑作用，土地违法查处的滞后变量具有显著的负向作用，能够抑制土地违法行为。土地收益管理政策方面，2010 年和 2011 年的政策对土地财政具有显著的正向影响，对土地违法具有显著的负向影响，说明加强土地出让金收支管理规定并没有降低地方政府获取土地财政的热情，但一定程度抑制了土地违法行为。综上，不论是旨在加强事前管理的建设用地审批约束，还是注重事后管理的土地违法行为查处惩罚手段，抑或是有关土地收益管理的政策调控措施，对地方政府土地财政偏好的抑制作用都不大。

四、 结论与讨论

本文主要回答了政府管制和土地违法对土地财政的影响作用，在理论上首先阐释了政府产权管制和价格管制对土地财政的不同影响作用，其次深入分析了土地违法与土地财政之间的相互影响机理，进而提出了三个理论假说，然后利用 2003—2014 年我国省级面板数据进行实证检验，同时考虑到不同指标带来的影响，分别构建了 10 个联立方程组模型进行分析。模型估计结果显示：政府产权管制指标对土地财政影响不显著，政府价格管制指标对土地财政具有显著影响，土地违法指标对土地财政具有显著的负向作用，土地财政对土地违法指标具有显著的正向影响。实证结果验证了本文提出的三个理论假说，即政府对农转非的产权管制只是政府获取土地财政收入的权力依据，而不是土地财政产生的根源；政府的价格管制主导了土地收益分配格局，是形成土地财政的关键；土地财政动机对土地违法有较强的激励作用，会促使地方政府实施土地违法以增加土地收益，但土地违法并非必然带来土地财政收入的增加，因为土地违法存在被查处的风险。

土地财政现象实质上是农地征收到供给出让环节的增值收益分配结果，政府管制的核心在于政府决定并主导了土地增值收益分配机制，在农地征收环节制定给予村集体、农户等主体的补偿、安置政策，又在土地出让环节垄断供给获得高额的市场竞价收益。因此，应当注意到政府产权管制和价格管制具有的不同作用。产权管制采用的数量控制、规划管控、用途管制手段在控制城市外延扩张、严格土地利用等方面确实发挥了一定积极作用。在未来的改革方向上，不应该将焦点放在产权管制问题上，价格管制反映的收益分配机制才是引发诸多社会矛盾的根源。那么，土地财政实质上反映出的收益分配问题，是不是通过提高农民等其他有关利益主体的收益份额、减少政府所获收益的份额就可以解决？事实上并不是这么简单。这里必须反思土地收益分配过程中，政府和市场的运行机制和边界到底在哪，如何构建完善市场主导的收益分配机制应该是下一步制度改革的重点和方向。

在土地违法与土地财政的关系中，虽然土地违法并非必然带来土地财政收入的增加，但土地财政依然对土地违法有较强的激励，只要地方政府存在土地财政动机，土地违法就有蔓延的可能，特别是在土地违法行为查处力度不足时，各地都会发现土地违法带来的好处，从而导致土地违法行为在空间和规模上的快速扩散，这不仅影响了整个土地市场运行机制的绩效和土地市场制度的改革与完善，也直接加大了土地违法治理难度，影响地方政府的执法监察工作，造成政府“自己”检查处罚“自己”的困局。而且，土地违法查处力度的加强，包括采用收回土地、罚款等惩罚措施，都无法有效抑制土地违法行为的增加，这需要反思土地违法行为查处的实际效果。因此，减少政府对土地市场的干预、提高市场透明度、坚决打击隐性交易和权力寻租、加强土地违法查处力度、增加土地违法成本是破解地方政府实施土地违法行为、获取额外收益的有效渠道。

农地承包经营权有偿退出的现实合理性及可行性分析

——基于农业转型、新型城镇化和乡村治理视角的考察①

董　欢②

中国正处于经济社会结构转型的关键时期。纵观历史脉络，几乎每一次社会变革都以农地制度改革为出发点或与之密切相关，改革的核心都是如何更科学地处理农民和土地的关系。伴随着新型工业化、新型城镇化和农业现代化的纵深推进，“转移农户家庭的农地承包经营权何去何从”成为一个无法回避的重大现实问题，并受到政府、社会舆论、专家学者的高度关注。早在2006年，成都、重庆、浙江等地的统筹城乡综合改革试验区便开展了农地承包经营权有偿退出的探索。然而，由于一些违背农民意愿、侵犯农民权益的“被放弃”“被换户口”“被退地”等事件的发生与曝光，各地关于农地承包经营权有偿退出的试验基本告停，并在一片质疑声中不断走向“持地进城”。虽然中央政策文件明确指出农地承包经营权的流转形式包括出租、互换、转包、转让、股份合作等，但实际上对转让（即本文定义的“退出”）一直加以严格

① 基金项目：四川大学中央高校基本科研业务费项目“‘三权分置’政策背景下农地承包经营权有偿退出：行为机理、经验观察及后评价”（skq201713）；本文载于《复旦学报（社会科学版）》2017年第4期。

② 作者简介：董欢，管理学博士，四川大学公共管理学院副研究员（专职科研）。

限制（郭熙保等[1]，2016）。不少学者也强调，为了保护转移农户家庭的权益，即使他们已在城镇安家落户，也不应要求其放弃农地承包权（国务院发展研究中心课题组[2]，2011；陈锡文[3]，2016；叶兴庆[4]，2016）。

不可否认，强调“保护转移农户家庭的农地承包经营权”是十分正确和必要的，该措施成功避免了中国城镇化进程中大量失地农民的出现，对维持社会安定具有十分重大的意义。但是，农地承包经营权退出机制的缺失不仅损害了农户家庭的选择权利，导致中国农地流转的发生率远滞后于农村劳动力的市场流动率，并在农业转型、城镇化进程等方面积累了一系列的矛盾和问题（刘同山、孔祥智[5]，2016；樊明、桂华[6]，2016）。虽然国家近年来也试图通过“分离农地承包权与经营权，不断增强经营权流转能力”（即“三权分置”）的制度改革破解这些矛盾，然而从实践观察来看，鼓励农地经营权流转只部分地解决了上述问题，农业现代化与新型城镇化互相促进、互动发展的良性关系进展仍较缓慢。由此，不少学者也开始呼吁：如果农民早已在城市定居，享受城市社会服务，则应退出农地承包经营权（郭熙保[7]，2014；叶

① 郭熙保、苏桂榕：《我国农地流转制度的演变、存在问题与发展的新思路》，《江西财经大学学报》2016 年第 1 期。

② 国务院发展研究中心课题组：《农民工市场化的总体态势与战略取向》，《改革》2011 年第 5 期。

③ 陈锡文：《农地改革不能犯颠覆性错误》，《财经国家周刊》2016 年第 10 期。

④ 叶兴庆：《农地“三权分置”要有利于现代化》，《人民日报》2016 年 11 月 3 日。

⑤ 刘同山，孔祥智：《参与意愿、实现机制与新型城镇化进程的农地退出》，《改革》2016 年第 6 期。

⑥ 樊明，桂华：《土改三权分置尴尬：“经营权”性质不清》，网易财经（http://money.163.com/16/1102/10/C4S1FDJ0002580S6.html）。

⑦ 郭熙保：《市民化过程中土地退出问题与制度改革的新思路》，《经济理论与经济管理》2014 年第 10 期。

剑平[1]，2016；李国祥[2]，2016)。只有农户数量大幅减少并实现永久性向城市转移才能减轻农地细碎化程度，进而实现农地经营的方整化（钟甫宁等[3]，2010)。

那么，在新形势特别是在强调“农村土地集体所有，承包权和经营权分离，鼓励经营权流转”的政策背景下，农地承包经营权有偿退出机制的缺失究竟引发了哪些矛盾和发展弊端？农地承包经营权有偿退出的制度安排有着怎样重大的现实意义？当然，最关键的问题是中国当前是否已具备农地承包经营权有偿退出的客观基础和操作可行性，以及退出的落实究竟须具备哪些实现条件？

一、 农地承包经营权有偿退出的内涵界定

从构词法来看，“农地承包经营权有偿退出”是由“农地承包经营权”和“有偿退出”两个词组成。考察历史轨迹，“农地承包经营权”的概念呈现出从无到有的演进特征。其最早是在1986年通过的《中华人民共和国民法通则》中被提出，指由于家庭联产承包责任制的实施，在农地集体所有权和使用收益权分离基础上产生的一种独立权利形态（丁关良[4]，1999)，是以债权

① 定军:《农民落户城市还保留承包权？农地三权分置仍需配套改革》，《21世纪经济报道》2016年11月4日。

② 定军:《农民落户城市还保留承包权？农地三权分置仍需配套改革》，《21世纪经济报道》2016年11月4日。

③ 钟甫宁，王兴稳:《现阶段农地流转市场能减轻土地细碎化程度吗？——来自江苏兴化和黑龙江宾县的初步证据》，《农业经济问题》2010年第1期。

④ 丁关良:《农村土地承包经营权性质的探讨》，《中国农村经济》1999年第7期。

形式出现的具有一定自物权[①]属性的权利（钱忠好[②]，2002)。《物权法》中也明确规定，农地承包经营权是独立于农地所有权的特定用益物权，是一种财产权利。随着中共十八届三中全会决议提出“要在农业经营体制中建立‘三权分置’的模式”，农地承包经营权又被进一步细分为农户承包权和农地经营权，其中，经营权是承包权的派生权利。所谓“有偿退出”，其实代表的是一种自由选择的权利，是指从某个组织或某种活动中脱离并获得合理补偿的权利。

综上分析，本文认为“农地承包经营权有偿退出”是指农户家庭在依法、自愿、有偿的原则下，放弃基于集体成员身份而享有的承包和经营集体农地的权利并获得合理补偿，就业领域主要从农业生产部门转入非农生产部门。为深化对“农地承包经营权有偿退出”内涵的认识，进一步诠释如下：第一，退出行为的彻底性。在“三权分置”政策主张下，农地承包经营权有偿退出包括农地承包权和经营权的双重放弃，是一种彻底退出。实践中一些农地经营权的长期流转行为，如超过第二轮承包期的流转，可被视为“农地承包经营权准退出”。第二，退出行为的不可逆性。相较于农地经营权的转包、出租和入股等流转行为，农地承包经营权有偿退出是不可逆的，一旦退出，则很难再获得农地承包资格。第三，退出行为的自主性，即退出行为是农户家庭自主选择的结果。第四，退出行为的有偿性。通过退出农地承包经营权，农户家庭可获得一定的补偿。因此，本文讨论的“农地承包经营权有偿退出”不包括因升学或其他原因迁出户口而导致的农地承包经营权丧失，以及政府以公共利益名义对农地实行强制性征收而导致的被动退出。

---

① 物权是指直接支配特定物并排他性地享受其收益的权利，是一种绝对权，这种绝对权是以权利主体以外的不特定的一般人承担不作为义务为实现条件的民事权利。参见王卫国：《中国土地权利研究》，北京：中国政法大学出版社，1997 年。

② 钱忠好：《农村土地承包经营权产权残缺与市场流转困境：理论与政策分析》，《管理世界》2002 年第 6 期。

二、农地承包经营权有偿退出机制的缺失与农业转型

就理论逻辑而言，由于农地承包权和经营权分置实现了农地承包主体（农户家庭）和农业实际经营主体之间的分离，所以能够有效破解因部分农户家庭向非农部门或城镇转移而导致的农地低效利用及撂荒等难题，实现保护转移农户家庭的农地权益和促进农地流转、农业现代化发展目标的统一。然而，农地经营权流转真的是提升农业经营规模效益和竞争力的一剂良药吗？换言之，为什么在“三权分置”政策主张下还要探讨构建农地承包经营权有偿退出的制度安排呢？

（一）农地经营权转出方与转入方需求之间的错位形成农地经营权“流不动”的僵局

在农地承包权和经营权分置的制度安排下，相比低效利用、撂荒农地等行为，大部分转移农户家庭特别是长期举家转移、收入高度非农化的农户家庭，自然会更愿意选择流转农地经营权以获取租金收入。但是，从农地经营权流转的实践效果来看：其一，由于流转的农地过于分散、细碎，新型经营主体等农地转入方不愿意经营。能够长期举家转移的农户家庭毕竟是少数，因此，从农村整体角度来看，农地经营权流转呈现出比农地本身更加分散、零碎的特征，从而无法满足新型经营主体集中连片经营的需求。在一些地理位置较为偏远、农业生产性基础设施条件较差的传统农区，甚至根本没有新型经营主体进入。调查发现，在这些地区，长期举家转移的农户家庭往往将自家农地无偿或低价流转给亲戚或同村农户。对他们而言，“三权分置”的制度安排并未能有效盘活农地的资产价值。因此，从客观角度需要提供农地承包经营权有偿退出的制度安排，以真正实现农地的财产权利。其二，新型经营主体等农地转入方愿意经营的农地，其转移农户家庭又往往要求较高的流转费用。在一些地理区位较好的农区，由于农地需求远大于农地供给，因此

形成了较高的农地经营权流转市场价格。这在一定程度上让部分资金实力较弱的新型经营主体望而却步。更需警惕的是，部分虽已举家转移、收入高度非农化的农户家庭宁愿撂荒以观望农地升值的投机行为（叶兴庆[①]，2015）。在这种情况下更应鼓励农地承包经营权的有偿退出，以避免“不用劳动而坐享增值”的食利集团的出现。

（二）农地经营权流转的不稳定性和投机性导致农业发展陷入“规模化但短期化、高成本”的假繁荣困境

不可否认，政府在促进农地经营权流转方面的努力的确取得了一定成效，初步形成了家庭经营、集体经营、合作经营和企业经营等多种适度规模经营方式的共同发展。从宏观数据来看，截至 2015 年底，全国家庭承包农地流转面积达 4.47 亿亩，流转面积占家庭承包经营农地总面积的 33.3%。[②] 然而，我们也必须清晰认识到这种农地经营权流转、规模经营背后的昂贵代价。第一，农地经营权流转的不稳定性增加了农业生产的不可控因素，助长了新型经营主体的短期经营行为和蚕食性农地开发行为。由于转入农地经营权的新型经营主体面临承包农户中途涨租金或中断合同等风险，因此，新型经营主体的长期投资预期受到极大抑制，从而导致农业发展陷入表面规模化，造成短期经营倾向明显、实际却缺乏长远规划的假繁荣困境。而且，因为经营行为的短期特征，部分新型经营主体在农业生产中便毫无顾忌地使用农药、化肥等以快速收回投资成本，从而造成农地肥力下降，最终陷入“大量使用化肥、农药—农地肥力下降—收益降低—大量使用化肥、农药”的掠夺式开发的恶性循环。第二，农地经营权流转的投机行为推高了农业生产成本，进而促使农业经营的非粮化甚至非农化。学界主要将新型经营主体尤其是工商资

① 叶兴庆：《集体所有制下农用地的产权重构》，《毛泽东邓小平理论研究》2015 年第 2 期。

② 《截至去年底，全国家庭承包耕地流转面积 4.47 亿亩》，中国新闻网（http://www.chinanews.com/cj/2016/08-10/7967918.shtml）。

本的非粮化、非农化经营行为归因于粮食及农业的比较利益低下，但本文认为，除此之外，高地租也是导致农地非粮化、非农化经营的重要经济原因。在近年来农地经营权流转费用持续高涨的背景下，“租地种粮”已很难盈利，甚至难以继续维持经营。

毋庸置疑，这种“规模化但短期化、高成本”的农业经营现象是不利于中国农业持续发展的，也不利于农地资源的保护。因此，迫切需要建立农地承包经营权退出机制，让农户家庭特别是长期举家转移的农户家庭在自愿的前提下有偿退出农地承包经营权，从而降低农地规模化进程中的交易费用①，消减农业经营波动，为规模经营、农业转型提供稳定支撑。

此外，虽然国家政策赋予农地经营权抵押融资的功能，但是在实践中，大多数金融机构其实并不愿意接受期限较短且不稳定的农地经营权抵押。这也亟须构建农地承包权有偿退出的制度安排，因为只有新型经营主体获得较稳定的经营权才能实现真正有效的抵押融资。

（三）农地承包经营权有偿退出机制的缺失使农业发展陷入兼业化、老龄化的“日韩陷阱”②

在难以实现举家转移的现实约束下，农户家庭往往会为家务和农业生产

---

① Williamson 在关于交易费用的论述中，强调交易频率的升高会促使经济主体将该交易活动内部化以节省交易成本。同理，本文认为，如果将频繁的农地经营权流转费用变为一次性的承包权转让费用，进而获取稳定的经营权，对于新型经营主体而言是可以降低其生产成本的。而且，实践中，对一次性承包大面积农地的新型经营主体通常会有额外的价格优惠。参见 Williamson O. E. Transaction cost economics and business administration. Scandinavian Journal of Management 21. 1（2005）：19－40；Williamson O. E. Transaction cost economics：The natural progression. American Economic Review 100. 3（2010）：673－690.

② 农业发展的“日韩陷阱”是指日本和韩国在依据自身资源条件选择农业现代化发展道路时，由于过度依赖资源禀赋，对农业采取高保护策略，但疏于农业内部的制度创新，最终造成农业发展效率低下，突出表现为大量小规模、兼业农户滞留农业，阻碍农业经营规模的扩大。参见速水佑次郎，神门善久著，沈金虎等译：《农业经济论（新版）》，北京：中国农业大学出版社，2003 年；孔祥智：《创新经营体系，走出“日韩陷阱”》，《中国合作经济》2012 年第 12 期。

留下一定数量的劳动力以防范风险（纪月清等①，2010），并且留下的一般都是老人和妇女。② 得益于农机作业服务等减轻农业劳动强度的生产性服务的快速发展和普及，农业生产总体更趋简单，甚至仅靠留守在家的老人或妇女就能轻松经营农业。更关键的是，对这些留守在家的老人或妇女而言，劳动的机会成本非常低，因此，即便农业收入在其家庭收入中的占比非常低、农业劳动报酬率非常低，他们依然可能不会流转农地经营权。

然而我们必须认识到，尽管“老人、妇女＋农业生产性服务”的农业模式在形式上实现了农业生产方式的转变，但并没有真正改造传统的小农生产格局，甚至还有向低投入、粗放经营倒退的倾向（董欢、郭晓鸣③，2014）。这种农业模式的固化和延续，无疑将成为农地资源重新配置的严重阻碍。日本、韩国的农业发展教训也表明，如果不顺利实现转移农户家庭与农地的分离，农地和农业劳动力的配置将被扭曲，进而陷入兼业化、老龄化的“日韩陷阱”，最终造成农业萎缩（速水佑次郎、神门善久④，2003；刘同山⑤，2016）。因此，构建农地承包经营权有偿退出的制度安排尤为必要，不仅可直接增加未转移农户家庭的人均农地面积，更重要的是可为农地流动、农业规

---

① 纪月清，刘迎霞，钟甫宁：《家庭难以搬迁下的中国农村劳动力迁移》，《农业技术经济》2010 年第 11 期。

② Zhao 和 Rozelle 的研究早已证实，年轻的男性劳动力更愿意进城打工。因此，在农户家庭内部，中年男性和青年子女是外出务工的首要人选。参见 Yaohui Zhao. Leaving the countryside：Rural-to-urban migration decisions in China. The American Economic Review 89. 2（1999）；Scott Rozelle，J. Edward Taylor，Alan De Brauw. Migration，remittances，and agricultural productivity in China. The American Economic Review 89. 2（1999）.

③ 董欢，郭晓鸣：《生产性服务与传统农业：改造抑或延续？——基于四川省 501 份农户家庭问卷的分析》，《经济学家》2014 年第 6 期。

④ 速水佑次郎，神门善久著，沈金虎等译：《农业经济论（新版）》，北京：中国农业大学出版社，2003 年。

⑤ 刘同山：《农业机械化、非农就业与农民的承包地退出意愿》，《中国人口·资源与环境》2016 年第 6 期。

模经营提供条件。

三、 农地承包经营权有偿退出机制的缺失与新型城镇化进程

城镇化正在成为推动中国国民经济增长的新引擎（韩俊[①]，2013）。在中国经济发展方式转型的宏观背景下，新一轮城镇化的政策指向意欲从传统以规模扩张为主要特点的土地城镇化道路转向以重视质量提升的人口城镇化道路。近年来国家层面也的确高度重视农村劳动力转移工作，一系列政策性文件不断出台。[②] 然而，观察到的实践现象却是大多农户仍然处于“移而未离”“进城难生根”的尴尬境地。本文认为，除了讨论较多的户籍、社会保障、教育等配套改革不到位（曹景椿[③]，2001；马晓河等[④]，2010；侯云春等[⑤]，2010）的原因外，农地承包经营权有偿退出机制的缺失也是导致中国城镇化进程和质量偏低的重要原因。

---

① 韩俊：《城镇化既是发展问题更是改革问题》，《中国经济时报》2013 年 5 月 13 日。

② 如 2014 年《国务院关于进一步推进户籍制度改革的意见》提出“有序推进农业转移人口市民化”“建立城乡统一的户口登记制度”等；2015 年中央一号文件《中共中央国务院关于加大改革创新力度加快农业现代化建设的若干意见》中，明确要求“加快户籍制度改革，建立居住证制度，分类推进农业转移人口在城镇落户并享有与当地居民同等待遇”；2016 年中央一号文件《中共中央国务院关于落实新理念加快发展农业现代化实现全面小康目标的若干意见》中，进一步提出“健全农村劳动力转移就业服务体系，大力促进就地转移就业创业”“加快培育中小城市和特色小城镇，增强吸纳农业转移人口能力”等。

③ 曹景椿：《加强户籍制度改革，促进人口迁移和城镇化进程》，《人口研究》2001 年第 5 期。

④ 马晓河，胡拥军：《中国城镇化进程、面临问题及其总体布局》，《改革》2010 年第 10 期。

⑤ 侯云春，韩俊：《我国城镇化的基本态势、战略重点和政策取向（上）》，《中国市场》2010 年第 3 期。

（一）农地承包经营权有偿退出机制的缺失助长了“两栖占地”现象，进而可能固化城镇化的“不完全”“不稳定”特征

从发达国家的经验来看，城镇化和农村劳动力转移几乎是一个同步过程。然而，中国的城镇化进程却截然不同，表现出缺乏永久性转移的不完全特征（陶然等①，2005）。截至2015年底，中国常住人口城镇化率已达56.1%，比同期户籍人口城镇化率高16.2个百分点。② 大多数农村转移人口都被视为短期流动的农民，他们既在城镇生活，工作中也使用城镇建设用地，又在农村保留了农地和宅基地。

由此可见，农地承包经营权有偿退出机制的缺失，不仅让部分转移农户家庭“想退而不得退”，还助长了转移农户家庭在进城过程中的“两栖占地”现象，在一定程度上固化了城镇化的“不完全”“不稳定”特征。因此，应当积极探索农地承包经营权有偿退出的制度安排，让部分有条件的农户家庭全身心地投入城镇，从而将城镇化进程变得更加平稳、彻底。

（二）农地承包经营权有偿退出机制的缺失抑制了农地资产价值的最大化盘活，在一定程度上影响了城镇化的速度和质量

新生代农民工正在逐渐成为农村转移劳动力的主体，而且转移趋势正在逐渐从过去以个体、季节性转移为主向以家庭化转移为特征转变（国家卫计委流动人口司③，2013）。截至2015年底，全国外出农民工共计16821万人，其中举家外出的占比达21.3%。④ 然而，要实现彻底融入城镇，农户家庭面临住房、教育、社会保障等多方面的经济压力。虽然可以通过农地经营权流转租金收入增加转移农户家庭的财产性收入，但是，由于住房等开支的一次

① 陶然、徐志刚：《城市化、农地制度与迁移人口社会保障——一个转轨中发展的大国视角与政策选择》，《经济研究》2005年第12期。

② 数据来源：国家统计局，http://data.stats.gov.cn/easyquery.htm?cn=C01。

③ 国家卫计委流动人口司：《中国流动人口发展报告2013》，北京：中国人口出版社，2013年。

④ 数据来源：国家统计局，http://data.stats.gov.cn/easyquery.htm?cn=C01.

性投入非常大，因此，对农户家庭而言，分散且不稳定的租金收入仍无法缓解其进城安家的庞大资金压力。

农地是转移农户家庭拥有的最重要的资产之一。如果允许部分农户家庭在自愿的前提下将农地承包经营权直接转变为货币或股权等稳定性更强的财产形式，不仅可为其进城发展提供一笔数额较大的启动资金，帮助其更高质量地融入城镇，而且，在示范效应下还可带动更多有意愿的农户家庭彻底退出农地承包经营权，从而高质量地加快城镇化进程。

四、 农地承包权经营权有偿退出机制的缺失与乡村治理

（一）农地承包经营权有偿退出机制的缺失产生了大量新型“不在地主”[①]，造成了新的社会不公平现象

随着传统、封闭的单个农户家庭愈来愈广泛、深入地进入开放、流动的社会分工体系中，他们自主择业的意识不断增强，择业领域也日益丰富（徐勇[②]，2006），他们对农地的依赖性也发生了重大变化。部分转移农户家庭的持地目的逐渐从过去为应对城镇就业不稳定向获取更多的财产性收入转变。

事实上，在农地承包经营权有偿退出机制缺失的制度环境下，转移农户家庭持地目的的异化的确产生了大量的新型“不在地主”，从而导致表面上似乎是对农户家庭农地权益的保护，实则更多是在保护已经转移到城镇的那部分农户家庭，并且，能够离开农村、进入城镇工作的农户家庭往往都是农村中的较强势群体。因此，如果他们在享用城市资源和基础设施的同时还占有

① 这里的新型“不在地主”是指居住在城镇，主要从事非农工作，基本脱离农业生产，却依然通过农地经营权流转收取租金的那部分农户家庭。参见费孝通：《江村经济：中国农民的生活》，北京：商务出版社，2005 年；安宝：《“不在地主”概念之厘定》，《东北师大学报（哲学社会科学版）》2013 年第 2 期。

② 徐勇：《“再识农户”与社会化小农的构建》，《华中师范大学学报（人文社会科学版）》2006 年第 3 期。

农地，很可能会进一步加剧农户家庭之间的贫富分化，导致农业剩余不断以地租形式从农村流向城镇（刘同山等[①]，2016），造成新的社会不公平。故而应当探索让部分长期举家转移的农户家庭有偿退出农地承包经营权，实现对转移农户家庭和留守农村的较弱势农户家庭的双重保护，构建和谐的社会关系。

（二）农地承包经营权有偿退出机制的缺失导致集体经济组织“成员”和“村民”的身份不再同一，给基层民主治理带来了较大挑战

由于相当部分长期外出务工的农村劳动力都已在打工城镇定居，因此，他们其实已经不能算原住农村的村民。但是，在农地承包经营权有偿退出机制缺失的情况下，他们仍保留着农村集体经济组织成员的身份。这就造成村组集体经济组织“成员”和“村民”的身份不再同一（张晓山[②]，2016），给农村基层民主治理带来了较大挑战，突出表现在治理效率与公平性。

在农村基层治理不断向民主治理转型的进程中，许多关于集体经济的事务都须经村民民主集中讨论、表决。[③] 如果继续保留那些长期在外打工并在城镇定居的“伪成员”的民主权利，无疑会加重村集体的工作负担，甚至可能降低民主治理效率，比如难以实现调地、互换等，特别是在一些城郊农地增值较明显的地区。更关键的是，如果继续保留这些“伪成员”的集体收益分配权，那么极有可能会引发留守农户家庭的不满。而且，随着生活、工作重心逐渐转移到城镇，大部分“伪成员”其实都较少真正关心农村事务，或者

---

① 刘同山，孔祥智：《参与意愿、实现机制与新型城镇化进程的农地退出》，《改革》2016 年第 6 期。

② 张晓山：《农村基层治理结构：现状、问题与展望》，《求索》2016 年第 7 期。

③ 《中华人民共和国村民委员会组织法》（2010 年修订通过）赋予村民会议很大的权力。该法第 24 条规定，涉及村民利益的下列事项，都须经村民会议讨论决定方可办理：一共列有 9 项，其中有 6 项涉及集体经济有关事宜，分别是从村集体经济所得收益的使用；土地承包经营方案；村集体经济项目的立项、承包方案；宅基地的使用方案；征地补偿费的使用、分配方案；以借贷、租赁或者其他方式处分村集体财产。

说没有较多精力去关注。在此现实背景下，农地承包经营权有偿退出的制度安排显得十分必要。

五、 农地承包经营权有偿退出的可行性和实现条件

（一）农地承包经营权有偿退出的可行性分析

既然农地承包经营权有偿退出机制的构建具有合理性和较强的现实性，可在加快农业转型、提升城镇化质量和优化乡村治理等方面发挥重大作用，那为什么国家层面并未完全放开农地承包经营权退出，还逐渐确立了“农地承包权与经营权分置，鼓励经营权流转”的政策目标？中国当前是否具备建立和推行农地承包经营权有偿退出的可行性？

制度变革的关键在于参与者的意向目的（North①，2005），而农户家庭的农地承包经营权有偿退出意愿主要取决于其对农地的依赖程度及依赖原因。因此，下文重点从转移农户家庭的主观意愿及其影响因素进行考察。

第一，农地承载的就业和收入功能都不断弱化，极大释放了部分转移农户家庭的农地承包经营权有偿退出意愿。事实上，随着新型工业化、新型城镇化进程的不断推进，农地已不再是转移农户家庭的“命根子”。2015 年，全国农村居民人均可支配收入中工资性收入占比达 40.3%，比家庭经营性收入的占比高 0.9 个百分点。② 无疑，这种“工资性收入占比超越家庭经营性收入占比”的趋势在本就以工资性收入为主的转移农户家庭中表现得更加突出。从笔者参与的 2012—2013 年对全国 1213 户农户家庭的调查结果来看，工资

---

① North，D. C. Understanding the Process of Economic Change. Princeton University Press，2005.

② 《工资净收入首超家庭经营收入“12 连增”之后期待新政》，凤凰财经网（http://finance.ifeng.com/a/20160306/14252640_0.shtml）。

性收入在有外出务工情况的农户家庭中的占比高达 75.9%。① 农地经营性收入在转移农户家庭中的占比不断下降，表明农地承载的就业和收入功能都正在逐渐被替代。这在一定程度上极大释放了部分转移农户家庭的农地承包经营权有偿退出意愿，为退出机制的构建奠定了稳定的市场基础。

第二，统筹城乡的社会保障体系的逐步完善，在一定程度上降低了转移农户家庭有偿退出农地承包经营权的担忧和风险。不可否认，时至今日，对部分转移农户家庭而言，农地在一定程度上仍发挥着社会保障的作用，在维系社会安定等方面的意义依然重大，这也正是政界、学界对农地承包经营权有偿退出的担忧所在。但是，事实表明，随着城乡社会保障制度的逐渐并轨，转移农户家庭退出农地承包经营权的担忧和风险总体都在不断减少。总之，随着农地不断摆脱社会保障功能的“绑架”，不断回归生产要素的本质属性，转移农户家庭有偿退出农地承包经营权的意愿将被不断释放。因此，如果再以农地的社会保障功能为由限制转移农户家庭退出农地承包经营权显然不合时宜。

第三，随着彻底融入城镇意愿和能力的增强，转移农户家庭希望退出农地承包经营权以获取进城资本的客观需求愈发强烈。因自身能力、资源禀赋等的差异及获取非农就业机会的不均等，转移农户家庭之间加速分化，利益诉求日趋多元。部分转移农户家庭不仅具有较强烈的彻底融入城镇的意愿，而且也基本具备彻底转移的能力。统计数据表明，2015 年全国农民工月均收入水平已达 3072 元。② 特别是对早已实现长期举家转移的那部分农户家庭而言，农地承包经营权有偿退出的制度安排可以帮助他们实现完全、彻底地融入城镇，不再被边缘化，更关键的是，通过盘活农地的资产价值，还可为其

① 数据根据国家自然科学基金课题“农业生产性服务业发展的模式、机制、需求及不同区域支持重点的选择”（71273070）调查所获问卷分析所得。

② 《工资净收入首超家庭经营收入“12 连增”之后期待新政》，凤凰财经网（http://finance.ifeng.com/a/20160306/14252640_0.shtml）。

进城提供启动资金，从而更体面、更高质量地融入城镇。

此外，从法理上来讲，农地承包经营权有偿退出是有法律依据的。《中华人民共和国农村土地承包法》第十八条明确规定，“按照规定统一组织承包时，本集体经济组织成员依法平等地行使承包土地的权利，也可以自愿放弃承包土地的权利”。从国家政策层面来看，虽然农地“三权分置”的政策改革方向日益明确，但国家层面其实也允许探索农地承包经营权有偿退出，只是强调不能以退出作为农户家庭进城落户的条件。2014 年底，农业部在《关于第二批农村改革试验区和试验任务的批复》中就将“农地承包经营权有偿退出”列为 14 个改革试验任务之一。2015 年《国务院办公厅关于加快转变农业发展方式的意见》中也明确指出，“在农村改革试验区开展农户承包地有偿退出试点，引导有稳定非农就业收入、长期在城镇居住生活的农户自愿退出土地承包经营权”。在 2016 年中央全面深化改革领导小组第二十七次会议中审议通过的《中共中央办公厅国务院办公厅关于完善农村土地所有权承包权经营权分置办法的意见》中又进一步强调“农户有权自愿、有偿退出农地承包权”，“要积极开展土地承包权有偿退出”，“研究健全农村土地承包权退出的具体办法”。总体而言，国家层面既强调保护农户家庭的农地承包经营权，也允许转移农户家庭在依法、自愿、有偿的情况下退出农地承包经营权。

（二）农地承包经营权有偿退出的实现条件

尽管转移农户家庭有偿退出农地承包经营权的意愿愈发强烈，退出能力也在不断增强，但从国家农村改革试验区的实践探索来看，农地承包经营权有偿退出改革尚不具备全面开展的实现条件。

从退出主体来看，农地承包经营权的理想退出者至少应具备以下特点：收入高度非农化且具有稳定收入来源、长期生活在城镇、土地撂荒较长时间或经营权流转较长时间。因为只有基本满足上述条件，转移农户家庭才算具备将退出意愿转变为退出实践行为和承担退地风险的能力。本文认为，农地承包经营权有偿退出机制应当对退出主体设置一定的门槛条件，以防范农户家庭的短期不理性行为。

从退出补偿来看，农地承包经营权有偿退出的持续推进对地方政府财力、区位条件甚至产业发展情况等都提出了较高要求。是否具备稳定、丰富的补偿资金来源无疑是构建农地承包经营权有偿退出机制的核心。而且随着退地规模的不断扩大，相应的资金需求会更大。因此，农地承包经营权有偿退出对地方政府财力有着非常高的要求。在实践中，部分地方政府也积极探索通过市场机制来筹集补偿资金，但必须认识到，社会资本之所以愿意进入，其关键在于预期农地再利用具有赢利空间。而农地再利用结果又依赖于农地本身质量、区位条件、地区农业发展情况、市场情况等诸多因素。概言之，较强的地方政府财力或较好的农地再利用前景是农地承包经营权有偿退出得以持续推进的必要条件。

六、 结语

农地制度改革不仅对一个国家或地区的农业发展具有决定性影响，关乎农业发展、农村社会进步，关系到城乡统筹进程，更重要的是对整个国民经济的发展都有深远影响。近年来，农地承包经营权有偿退出机制的缺失在实践中引发了一系列矛盾和问题，甚至阻碍了农业转型、城镇化进程，给乡村治理带来了较大挑战。因此，新型工业化、新型城镇化、农业现代化的纵深推进都进一步对农地制度改革提出了更高要求，迫切要求构建农地承包经营权有偿退出的制度安排。而且，随着农地承载的就业和收入功能不断弱化、统筹城乡的社会保障体系不断完善以及转移农户家庭彻底融入城镇意愿和能力不断增强，农地承包经营权有偿退出正在逐渐成为部分转移农户家庭理性、主动的选择，从而为改革的推进奠定了可行基础。

不过也必须承认，农地承包经营权有偿退出对转移农户家庭情况、地方政府财力以及农地再利用前景等都有较高要求，因此，大规模推进农地承包经营权有偿退出改革的条件尚不成熟。同时，由于短期内转移农户家庭退地的现实需求毕竟有限，即便长期而言，退出也只是众多农地资源优化利用的途径之一，因此，农地承包经营权有偿退出将是一个渐进的长期发展过程。该制度改革的目的并不在于替代“三权分置”，而是增强现有农地制度的包容性，以更好地适应农业现代化、新型城镇化、乡村治理民主化的发展要求。

更需引起重视的是，农地承包经营权有偿退出的制度改革会牵动全局。一方面，在农地制度改革内部要求协同推进农地承包经营权流转制度、农村宅基地有偿退出制度等配套改革；另一方面，集体经济组织成员权及其权益分配、户籍制度、统筹城乡的社会保障制度等方面的改革也都将对农地承包经营权有偿退出的实际推进产生重大影响。因此，农地承包经营权有偿退出的制度改革必须建立完善的配套措施以及风险防范机制。

社 会 稳 定 治 理

SHEHUI ZHILI
CHUANGXIN FAZHAN BAOGAO（2018）

重大工程项目自主决策式稳评的操作性偏误与矫治①

雷尚清②

一、引言

2012 年 8 月，国家发展和改革委员会颁布《重大固定资产投资项目社会稳定风险评估暂行办法》（以下简称《暂行办法》），要求“国家发展改革委审批、核准或者核报国务院审批、核准的在中华人民共和国境内建设实施的固定资产投资项目应进行社会稳定风险评估，评估结果应作为项目可行性研究报告、项目申请报告的重要内容并设独立篇章”。2013 年初，《重大固定资产投资项目社会稳定风险分析篇章编制大纲及说明（试行）》《重大固定资产投资项目社会稳定风险评估报告编制大纲及说明（试行）》发布，社会稳定风险评估真正嵌入了重大投资项目决策程序。随后，各地纷纷出台了实施细则，社会稳定风险评估机制（以下简称稳评）正式开始在全国实施。

然而，通过重大项目进行治理是“我国政府和企业的重要思维模式、行动战略和运行方式”③，近年来，重大工程项目也常常成为社会稳定风险的诱

---

① 基金项目：教育部人文社科基金青年项目“决策论证与邻避设施社会稳定风险防范研究”（15YJC630052）；四川省社科规划 2016 年度基地项目“重大决策事项社会稳定风险评估制度研究”（SC16E029）；本文载于《中国行政管理》2018 年第 3 期。

② 作者简介：雷尚清，四川大学公共管理学院讲师。

③ 渠敬东：《项目制：一种新的国家治理体制》，《中国社会科学》2012 年第 5 期。

发因素和催化剂，这表明稳评在运行中遭遇了困境。现有研究将这些困境总结为“组织保障制度缺失，程序不规范，力度不均衡，稳评意识需要强化，评估范围不清、主体不明、程序自定、审批机构缺失，评估科学性有待提高，信息化滞后，基础保障不足”①，操纵②，制度堕距③。这很好地概括了稳评的运行问题，但不过是从执行环节进行研究，忽略了执行前的决策环节。众所周知，先有决策，后有执行，现代决策理论的创始人西蒙更是强调管理即决策，可见决策在某一政策的运行中同样不能忽略。因此，本文在现有研究的基础上，聚焦重大工程项目立项决策，分析稳评的操作逻辑以及蕴含于这种逻辑中的偏差和误用，进而寻求矫治偏误的良善之策。

二、 重大工程项目稳评的自主决策式操作逻辑

（一）稳评的运行过程

政策设计必须转化为实际行动才有意义。在重大工程项目稳评中，这种行动有两种表现形式：一是各级政府形成的政策文本，二是依据这些文本进行的实际操作。当前，政策文本中稳评包括调查论证、分析预测、形成报告和确定实施意见四个步骤。④ 调查论证是指根据评估方案，综合运用查阅资料、实地勘察、座谈走访、专家咨询等定性方法和抽样、问卷、民意测验等定量方法收集民众对相关工程项目社会稳定风险的意见建议，研判汇总。分

---

① 林雪源：《大连重大工程社会稳定风险评估的组织保障研究》，大连：大连理工大学硕士学位论文，2015 年，第 22－23 页；戴郑娇：《重大工程项目社会稳定风险管理研究——以衢州市为例》，厦门：厦门大学硕士学位论文，2013 年，第 29－34 页。

② 刘泽照：《地方“稳评”操纵行为发生的影响机理——一个考核情境的诠释框架》，《公共管理与政策评论》2016 年第 4 期。

③ 谭爽，胡象明：《重大工程社会稳定风险评估中的“制度堕距”现象及成因：基于文本与个案实践的对比》，《云南行政学院学报》2017 年第 3 期。

④ 童星，张乐：《国内社会稳定风险评估政策文本分析》，《湘潭大学学报（哲学社会科学版）》2015 年第 3 期。

析预测是指识别影响重大工程项目社会稳定风险的因素，测算其概率、影响范围、后果，结合风险管理目标和标准确定风险等级——低风险、中风险还是高风险，提出项目立项建议。形成报告和确定实施意见是指将评估过程和结果汇总成稳评报告，交由决策主体决定相关项目立项、暂缓立项还是不立项，同时提出后续监管措施。

与文本规定的步骤相比，稳评的实际操作大有出入。巴查赫和巴热兹发现，能否影响决策过程固然是权力的一面，能否影响议事日程的设置则是权力更重要的另一面。① 事实上，上述四个步骤开启前，稳评的议程设置已经启动，但现行政策文本并未提及。而议程设置通常对“谁评”“怎么评”“评出什么结果”“如何运用结果”进行设定，以此指引后续操作。因此，稳评应该增加一个程序——政府议程设置。此外，根据《暂行办法》，项目单位在组织开展重大项目前期工作时应当进行社会稳定风险评估，政府指定的评估主体对项目单位的社会稳定风险分析开展评估论证，分析判断并确定风险等级，提出社会稳定风险评估报告，最后由国家发改委根据评估主体的社会稳定风险评估结论决定项目是否建设。这里同时指出了稳评的评估主体和评估程序，评估主体包括项目单位和指定的评估主体，评估程序包括项目方自评、政府部门审查决策。因此，与政策文本规定的四个步骤不同，实际操作中稳评的步骤是议程设置、项目方自评、政府部门审查决策。

议程设置通常是政府的“专利”，因此稳评该不该进行、如果该进行应如何操作主要由政府决定。与此同时，项目方也在对工程项目社会稳定风险进行自评估。项目方自评有两种方式，一是自行评估，二是第三方组织评估。自行评估即项目方自己评估，第三方组织评估主要委托工程咨询单位等进行。出于自利考虑，项目方优先选择自行评估，其次选择第三方组织评估。两种

---

① Peter Bachrach，Morton Baratz. Two faces of power. American Political Science Review，1962，56（4）：947－952.

评估都需要征询民众意见，查找并列出风险点，测算风险发生的可能性和影响范围，提出防范化解的方案措施和修正的风险等级建议。

政府审查项目可行性研究报告或项目申请报告时会专门对稳评报告进行核查，若发现报告质量较高，则认可项目方的自评估报告；若发现评估报告质量不高，则指定评估主体重新进行稳评。评估主体一般由有资质的工程咨询机构担任，由他们深入现场，向民众讲解项目的法律政策依据、项目方案、项目建设和运行全过程可能产生的影响，了解周边民众和相关部门的意见、诉求，分门别类梳理总结，参考相同或类似项目经验，重点围绕拟建项目的合法性、合理性、可行性、可控性进行论证，根据风险标准确定项目社会稳定风险等级，最后编制评估报告交由政府决策。政府参考稳评结果决定项目是否上马：高风险或中风险的不予立项，低风险且有可靠防控措施的准许立项。至此稳评结束，项目终止或进入规划建设、交付使用阶段。

（二）稳评运行的自主决策式操作逻辑

可以看出，上述四个步骤涉及政府、项目方、中介组织与专家、当地民众四类利益相关者①，他们在稳评中的作用不尽相同，下面将依据“‘能否参与、参与议题是什么、参与时能否对观点理由进行充分证明’②、参与效果如何”的框架进行详细分析。

由于议程设置由政府独享，项目方、中介组织与专家、当地民众无法实质参与，因此，对“谁评”“怎么评”“评出什么结果”“如何运用结果”的论证限定在政府相关工作人员范围内，并通过民主集中制决策。在现实中，主要领导的意见更加重要甚至起决定作用，因此，论证议题和论证过程受制于

① 黄杰，贺振华：《利益相关者理论及其在社会稳定风险评估中的运用》，《党政研究》2015 年第 5 期；雷尚清：《决策论证与大型工程项目社会稳定风险化解》，《风险灾害危机研究（第一辑）》，北京：社会科学文献出版社，2015 年。

② 雷尚清：《公共政策论证类型》，《四川大学学报（哲学社会科学版）》2016 年第 4 期。

领导的认知、态度。这样的结果使重大工程项目稳评从一开始就被设定方向，不利于充分识别风险、防范冲突。

在项目方自评中，参与者主要是项目单位、第三方组织与专家、项目所在地政府和民众，项目单位、第三方组织与专家是评估主体。项目所在地政府和民众受项目影响，项目评估主要工作是评估主体采取一定的方法了解当地政府和民众的看法、需求，以此进行评估论证并得出结论。征求意见主要依靠公告公示、实地踏勘、走访群众、召开座谈会、网上调查以及舆情分析等方法，项目所在地民众可以依靠这些方法表达诉求，项目所在地政府则可以通过体制内的途径表达意见。在综合利益相关者的意见诉求后，评估主体对项目的合法性、合理性、可行性和可控性进行论证，由于论证需要专业知识，因此当地民众和政府不再参与，得出评估结论时也是如此。可以看出，项目方自评中，参与者从政府扩大到稳评实施者（项目方或中介组织）、当地政府、当地民众，但每个环节不尽相同，征求意见环节参与者最多，评估论证和得出结论环节仅限于评估主体。参与议题在征求意见环节主要是对项目风险的看法、诉求，评估论证和得出结论环节则是围绕项目合法性、合理性、可行性和可控性进行讨论。在参与时，民众只能依赖公告公示、实地踏勘、群众走访、座谈会、网上调查表达诉求，这种方式不可持续、不深入，也不长久，评估主体对评估内容的讨论建立在利益相关者看法的基础上，还需考虑委托方的需要和立场，因此参与者对社会稳定风险种类、后果、发生概率等的讨论并不充分，民众的真实想法没有完全表露，专家的专业优势也没有充分体现，社会稳定风险评估质量值得怀疑。

政府审查与决策属于政府内部管理行为，当地民众无法参与，中介组织与专家仅在项目方自评报告质量不符合要求时才参与，因此这一阶段发表意见、对话讨论比项目方自评阶段少。

由此可见，政府参与除项目方自评以外的所有阶段，项目方进行自评，中介组织与专家受项目方委托或政府指定进行稳评，当地民众仅参与意见征求。其中，政府决定稳评的总体思路和行动纲领，确定稳评的实施细则，项目方据此进行自评，中介组织与专家既要考虑政府的稳评框架，还要考虑项目方的意愿，当地民众在意见征求环节能够表达意见，但表达不充分，除非大规模抗议，否则零星反对无法影响稳评结果。因此从参与效果看，中介组织与专家的专业优势未能充分发挥，民众的意见也未能真实表露和被吸纳。

本文将这样的稳评称之为自主决策式稳评，即政府根据当地发展规划和重大工程项目的经济社会效应设定稳评议程、确定稳评战略、设计实施细则，项目方、第三方中介组织与专家、当地民众根据需要参与稳评，但都须受制、服从于政府的战略。这里的自主是指决策者在稳评开始前已有自己的判断、立场，在稳评中根据需要自主设置稳评议程、自主确定风险指标和标准、自主决定稳评的关键议题及其结果，稳评结束后自主选择如何使用稳评结果。虽然有其他利益相关者参与，但他们依赖于政府，并不能独立自主地决定稳评结果，主导项目命运。这里的决策是指决策者根据自己的判断做出决定，虽然也要考虑利益相关者的意见诉求，但更多的是利用独特的权力权威影响稳评结果，协商的意味较弱，因为协商是以平等、对称为指导准则，所有人都有同等的机会发起讲演、询问、质询和公共论辩，所有人都有权对给定的讨论话题提出质疑，所有人都有权就对话程序的规则、应用或实施的方式提出反思性论辩①，而所有的稳评政策文本都没有这些规定，没有各种意见征求方法同时使用导致分析结果不一致时该如何协调的相关说明。②

在自主决策式稳评中，以政府为核心形成了同心圆结构和差序格局，离政府越近，则在运行中影响力越大。这使得重大工程项目稳评操作体现出如下特点：①从评估主体来看，要么是项目方自评，要么是项目方委托第三方

① Seyla Benhabib. Democracy and Difference: Contesting the Boundaries of the Political. New Jersey: Princeton University Press, 1996: 70.

② 童星，张乐：《国内社会稳定风险评估政策文本分析》，《湘潭大学学报（哲学社会科学版）》2015 年第 3 期。

组织与专家评估，要么是政府或相关部门指定评估主体进行评估，政府拥有最大决定权，项目方次之，第三方组织与专家只是接受项目方或政府委托进行评估；②从评估指标和风险标准来看，主要是由政府根据实际情况、发展需要和以往经验确定，项目方和中介组织仅遵照实施；③从评估内容来看，具体指标由政府确定，不一定能充分揭示民众意愿；④从评估程序来看，通过议程设置对稳评进行顶层设计，确定稳评的战略思想和行动纲领，项目方自评和评估主体评估只是细化相关内容；⑤从评估结果来看，取决于政府对相关项目的定位，风险等级确定服从项目性质和项目定位；⑥从结果运用来看，服从项目性质和项目定位，服从当地的经济社会发展大局。

三、 自主决策式稳评的操作性偏误

（一）政府越界、错位，过于“强势”

稳评的初衷是及早发现社会稳定风险源，从源头上进行防范化解，因此政府的作用是议程设置、利益协调、最终裁决，即完善制度规范、进行战略管理、搭建利益相关者可以参与的平台，通过制度建设保证利益相关者可以表达意见，维护权益，裁决争议，保障公平正义。但是实际操作中政府违背了这一界定，不仅制定政策，更深度介入稳评过程，表达自己的偏好，引导评估向既定方向发展。其具体表现在：议程设置中确定评估的战略定位、政策体系、实施细则，要求项目方、专家服从；根据项目需要确定评估指标和风险标准；必要时指定第三方评估主体，而不是竞标择优；当第三方评估主体的评估结果不符合既定战略时施加压力，或者直接更换；评估的目的不是广泛听取民众意见，吸纳民众诉求，而是站在维稳的立场上消除民众的反对，通过关系控制转化亲友，减少反抗①，或运用拖延、收买、欺瞒、要挟、限制

① 邓燕华：《中国基层政府的关系控制实践》，《学海》2016 年第 5 期。

自由等方式摆平抗争者[①]，争取大多数，孤立少数，确保项目顺利上马，甚至“即使现在不能上马，创造条件也要上马”。

（二）稳评服从地方经济社会发展大局，功能被弱化

在我国，地方领导的任期是弹性的，官员无法确知具体时间，因此必须及时展现政绩，否则时不我与。而且，官员任职时间越久，其成功晋升的概率越低，因此官员倾向于“小步快跑”。其结果是形成了“政绩挤压”体制，使地方领导处于类似“试用期”的环境中，莫不兢兢业业、全力拼搏政绩。[②]而在拼政绩的诸多方式中，短期内最有效的是上重大项目，因此大项目是政府工作的重中之重，各地大多设立主要领导挂帅的大项目管理推进领导小组，由发改部门或其他相关部门具体负责，通过年度规划、目标责任制、领导联系、台账管理、问题专报、会商、现场巡查观摩、督察督办等机制全力推动大项目的规划审批、建设保障。在这种背景下，容许重大项目突破既有体制、政策的约束，“先上车再补票”，在审批中“容缺后补”、走绿色通道、特事特办、享受 VIP 服务。更有甚者为了引进重大项目，全员动员，给予项目方诸多优惠。因此，在部分地方领导看来，稳评常常是限制项目上马的负面因素，不为其所爱。[③] 为此，一些地方领导想方设法弱化稳评，一方面认为稳评是累赘，不想评、不愿评，尽可能规避稳评。[④] 另一方面，在必须进行稳评时主要考虑项目的经济社会效应而不是风险后果，因此指定政府部门进行评估，“既当裁判员又当运动员”；评估指标和风险标准因项目而异，可松可严，甚至为

---

① 郁建兴，黄飚：《地方政府在社会抗争事件中的“摆平”策略》，《政治学研究》2016 年第 2 期。

② 庞保，耿庆曙：《官员任期与政绩挤压：中国政府人事的“试用期任职”》，《学海》2016 年第 5 期。

③ 刘泽照，朱正威：《掣肘与矫正：中国社会稳定风险评估制度十年发展省思》，《政治学研究》2015 年第 4 期。

④ 朱德米：《重大决策事项的社会稳定风险评估研究》，北京：科学出版社，2016 年。

了让项目上马调整风险系数，降低风险标准；评估结果违背地方经济社会发展大局时直接不用评估结果，或者根据项目需要有选择地使用，以稳评为名行项目上马之实；做群众思想工作，消除民众反对，降低风险等级；数据造假，营造民众一致赞成的假象。

（三）当地民众象征式参与，中介组织和专家无法充分发挥专业优势

这是由政府过于强势，稳评服从地方经济社会发展大局所造成的。当地民众的参与主要依赖于向评估主体反映意见诉求，而评估主体征求意见时，其样本选择常常不科学、不全面，代表性不强，不能完全反映多数民意。例如，一些项目征求意见的范围仅限于因项目建设需要拆迁安置的居民，而忽视了临近项目的周边居民。再比如，一些项目在征求公众意见时让村社干部代为填写，或仅让当天在家的民众填写意见表，不在家或路途遥远的就被忽略掉了。除此之外，当地民众很少参与稳评的其他环节，只能通过政府或项目方的告示、公示、公告了解评估结果和项目进展情况，且面临着知识壁垒和权力宰制的现实困境①以及政府或项目方的关系控制、摆平策略，难以实质性参与稳评。

与此同时，专家也不能独立、客观、公正地发挥专业优势，其主要表现在：能否成为评估主体取决于项目方是否委托或政府是否指定，这迫使中介组织必须考虑项目方和政府的目的，而不是依据专业优势独立客观地评价风险、做出判断；征求当地民众意见时面临着难以获取信任的困境，因此需要政府或项目方引介，但这常常导致调查对象无法达到科学取样的要求，所得结果也不能代表多数民众的真实想法；征求意见走过场，草草了事；评估结果需要与政府和项目方进行对接才能确定。

（四）稳评政策质量不高

由于稳评要服从项目大局，因此地方政府制定的稳评政策文本质量通常

① 张乐，童星：《重大决策社会稳定风险评估路径的优化：公众参与环节的再思考》，《广州大学学报（社会科学版）》2016 年第 10 期。

不高。在政策目的上，站在维稳的立场制定政策，文本用语体现出强烈的政府主导和项目本位色彩，忽略了稳评的终极目标——保障群众合法权益、维护社会和谐稳定①；在评估主体上，没有明确区分政府、项目方、中介组织与专家、当地民众，没有界定其构成、权责、角色、功能，赋予政府过多的自由裁量权，缺乏问责细则，没有评估主体发生争议时的具体处理办法；在评估对象上，限定为重大固定资产投资项目，没有对所有重大工程项目进行归类、甄别，确定哪些项目需要稳评，哪些项目不需要稳评；在评估内容上，多数没有细分评估指标，这实际上赋予了评估实施者过大的自主决定权，不利于真正发现风险源；在评估程序上，强调资料收集与报告分析，掩盖议程设置等内部决策程序，忽略稳评前的准备宣传和稳评后的跟踪应对；在评估方法上，几乎穷尽了所有的社会调查方法，但缺乏这些方法的使用条件、选择标准、操作指南、结果运用、争议解决办法等细则，很少使用定量评估方法与技术；在评估结论及应用上，需要尊重政府的意图，没有明确风险防控责任的主体、目标，与后续风险防控、应急管理不能有机衔接；在政策时限上，多数政策文本超出了有效期，但未见修订版本。

（五）稳评和工程项目运营管理被割裂

以稳评为分界点，可以将重大工程项目运营分为稳评前、稳评和稳评后三个阶段。稳评前主要是政府、项目方和专家围绕工程项目识别需求、立项准备，包括项目策划、与发改委沟通、土地获取、工程测量、方案设计。稳评在重大工程项目需求识别和立项准备阶段即开始启动，并作为必要的立项文件以供决策者参考。如果稳评及可行性研究报告或申请报告通过审批，则项目正式立项；如果稳评及可行性研究报告或申请报告未通过审批，则项目终止。而在实际操作中，因为重大工程项目是政府工作的重中之重，因此各

① 童星，张乐：《国内社会稳定风险评估政策文本分析》，《湘潭大学学报（哲学社会科学版）》2015 年第 3 期。

地不仅有专门的机构负责推进，还给予政策、审批优惠，一路绿灯，因此稳评实际上是形式大于实质。接下来是稳评后阶段，这一阶段的主要工作是勘察设计招投标、工程勘察、相关部门协调、初步设计报批、办理用地规划证、初步设计概算审核、设计施工图、办理工程规划许可证、施工图审查、办理土地使用证、施工单位招标、监理单位招标、报质量监督站、办理施工许可证、办理征地拆迁证、项目开工建设、项目竣工验收、项目交付使用。可以看出，一旦项目进入这一阶段，则几乎不考虑稳评结果。因此，稳评时重视不够，稳评后基本忽略稳评，这就将稳评与重大工程项目运营管理分割开来，制造出重大工程项目的“冰山效应”①，即重大工程项目及其暴露出来的显性风险危机冲突事件往往只是冰山一角，隐藏在冰面下的社会风险危机冲突隐患体积更庞大、后果更严重，一旦爆发，必将造成巨大的影响和严重的后果。

四、 矫治偏误的对策建议

（一）搭建利益相关者平等对话的公共理性实现平台，改变稳评的决策结构

稳评之所以呈现出政府自主决策式局面，是因为现有决策结构是以政府为中心，项目方、中介组织和专家、当地民众均围绕该中心运行，因此要想从根本上改变政府自主决策的做法，必须先改变稳评的决策结构。可行的办法是搭建政府、项目方、专家、当地民众平等对话的公共理性实现平台，让稳评的重要议题和重大决定在此平台上讨论通过。该平台由四个子平台构成：程序控制与决策平台，由政府主导，主要发挥议程设置、方案抉择、利益协调功能；利益实现平台，由项目方主导，主要功能是稳评前准备、协助编制稳评报告、稳评后项目运营；事实判断平台，由中介组织和专家主导，负责

① 唐钧：《社会稳定风险评估与管理》，北京：北京大学出版社，2015 年。

实施稳评，发挥理性决策“外脑”、代言、监督功能；诉求实现和价值判断平台，主要由当地民众主导，进行利益损益、风险认知、项目预期判断，维护自身合法权益（见图 5－1）。四个子平台分别承载着政府理性、项目理性、专家理性和大众理性，围绕“稳评启动、风险识别、专家评议、公众评议、报告撰写、司法救济等稳评程序”① 和重大议题对话，弥合冲突、分歧。

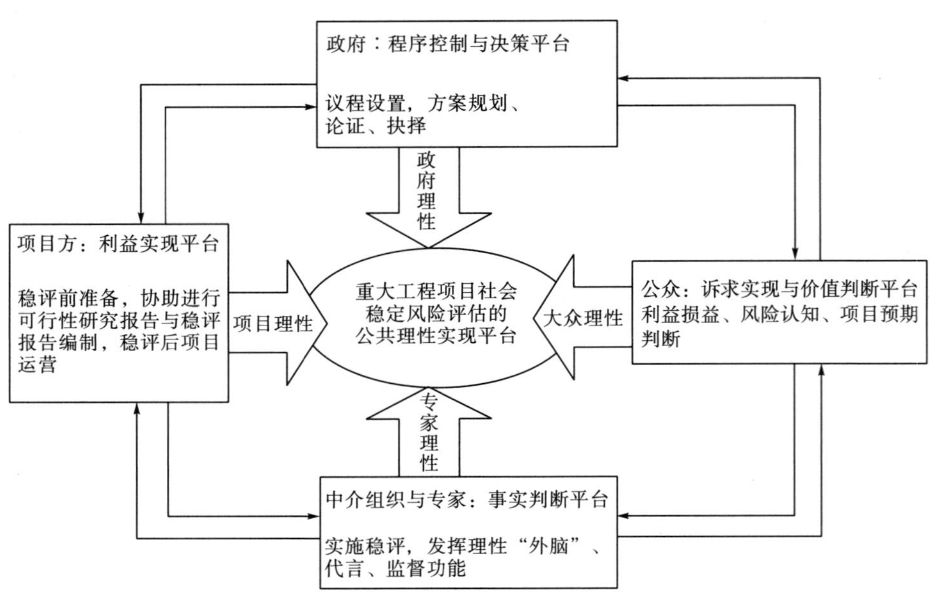

图 5－1　重大工程项目社会稳定风险评估的公共理性实现平台

为了保证平台的顺利运行，需要创建平等、有效的“言谈情境”，以保证对话质量。所谓平等包括三个方面：第一，所有潜在的参与者须有同等的机会进行言语行为，以便能够随时启动论证，通过演说、反诘、提问、答辩将这些行为持续下去；第二，所有参与者须有同等的机会提出解释、主张、推理、说明、证据，根据议题有效地进行证立、反驳，以消除所有疑问，避免出现新的批评；第三，只有那些充分运用同等的机会表达其态度、情感、意

① 张红显：《重大决策社会稳定风险评估程序建设研究》，《河南财经政法大学学报》2015 年第 4 期。

图，发布论点、提出反驳、做出辩解和说明的言谈者才允许参与相关论证过程。① 尤尔根·哈贝马斯认为，有效的话语是指话语表达可理解、命题构成要素真实、行为正确或恰如其分、言谈主体愿意真诚对话②，这就要求稳评参与者在论证过程中做好以下四点：第一，用大家都理解的语言表达观点、诉求，不可咬文嚼字，大量使用难懂的专业术语；第二，推理证明符合逻辑和实际情况；第三，推理行为符合个人道德、社会公德、职业伦理，既不过分张扬也不过于谦卑，恰到好处；第四，真诚坦率地开展对话，既不敷衍搪塞、模棱两可、顾左右而言他、闪烁其词，也不强词夺理、利用优势地位压制他人，更不无责漫谈、偏离主题。

不同的利益相关者难免存在不一致甚至冲突的地方，但是在公共理性对话的制度平台和平等有效的"言谈情境"下，各方可以提出自己的主张、依据，对他人的主张、依据进行质疑，如此反复，逐渐缩小差异，扩大共识，最终形成各方都能接受的稳评方案。这是该平台的终极目标，它既可防止过于独断，又可防止无休止的争论、议而不决。

（二）逐步减少对重大工程项目的依赖，优化稳评政策文本，挖掘稳评潜能

从表面上看，重大工程项目自主决策式稳评是以政府为主的决策结构，其根本原因是政府依赖大项目提升政绩，所以要想真正提升稳评的地位，发挥其最大潜能，必须改变政府过度依赖重大项目的习惯。在此基础上优化稳评政策文本，包括对现有文本进行修订，延长合法周期等。在政策目的上，从以维稳为主转向以保障群众合法权益为主；在评估主体上，明确区分政府、项目方、中介组织与专家、当地民众的权责、角色、功能、边界，制订利益

---

① 罗伯特·阿列克西著，舒国滢译：《法律论证理论——作为法律证立理论的理性论辩理论》，北京：中国法制出版社，2003 年。

② 尤尔根·哈贝马斯著，郭官义等译：《理论与实践》，北京：社会科学文献出版社，2014 年。

相关者发生争议的具体处理办法；在评估内容上，将评估对象从重大固定资产投资项目扩大为所有重大项目，实行准入机制和分类管理，明确每种类型稳评的条件、参与者、程序、结果运用细则；在评估方法上，明确社会调查方法的使用条件、选择标准、操作指南、结果运用、争议解决办法，引入定量评估方法与技术；在评估程序上，纳入并规范议程设置，引入全过程风险管理，增加稳评事前准备和事后跟踪评估的规定，考虑不同风险的关联性，重视舆情引导和风险放大；在风险等级确定上，细化等级标准，明确不同等级风险防控的主体、责任、目标；在评估结论应用上，不允许擅自修改或选择性使用稳评结果，细分违法违规的类型、追责条件、追责结果、实施细则；将稳评纳入政绩考核，从过程、结果运用等方面防止政府过度介入。同时，拓展稳评的民主功能①和风险管理功能，打通稳评与环评②、社会影响评价、项目建设使用中日常安全管理的通道，实现全生命周期的项目风险管理③，真正实现重大工程项目社会稳定风险的源头治理、动态治理、系统治理。

五、 结语

稳评是一项有效防范重大工程项目社会稳定风险的制度，然而现实中由于政府过于重视项目的经济社会效应，导致在操作中出现了偏误，“体现出强烈的政治色彩，维护社会稳定的‘后果主义’导向远高于评估程序之价值本

① 朱德米：《开发社会稳定风险评估的民主功能》，《探索》2012 年第 4 期。

② 张乐，童星：《“邻避”设施决策“环评”与“稳评”的关系辨析及政策衔接》，《思想战线》2015 年第 6 期。

③ 唐钧：《社会稳定风险评估与管理》，北京：北京大学出版社，2015 年；陈玲，李利利：《政府决策与邻避运动：公共项目决策中的社会稳定风险触发机制及改进方向》，《公共行政评论》2016 年第 1 期。

身”。[1] 本文从立项决策角度将这样的模式概括为自主决策式稳评，并与“操纵行为”“制度堕距”等理论共同描绘了我国稳评的现实场景。当然，政府自主决策并不意味着政府包办一切，而是说政府在议程设置、评估指标、风险标准、评估主体、评估结果运用等环节起核心作用，决定项目方、中介组织与专家、当地民众的角色和功能发挥程度。换言之，这里有一个角色比例问题，在整个过程中，政府所占的比例最大、角色最明显，其他三类利益相关者的比例相对较小、角色相对不明显。

① 卢超：《“社会稳定风险评估”的程序功能与司法判断——以国有土地征收实践为例》，《浙江学刊》2017 年第 1 期。

公众对我国内陆核电站建设的风险感知研究①

李华强，韩译萱②

一、引言

核能是一种高效清洁型能源，利用核能发电是解决能源短缺、气候变暖的重要方案之一。我国核电站建设相比西方起步较晚，国内首批核电站是在20世纪90年代才开始投入使用。2015年我国核电发电量占全国总发电量的比重不到3%，远远低于10.2%的世界平均水平。③ 2011年3月，日本福岛核电站发生重大核泄漏7级事故，迫使方圆20公里内的居民紧急撤离，大约有630万人员得到紧急疏散。这场核泄漏事故促使我国政府对核电项目进行重新审视与评估。国务院常务会讨论并通过了《核电安全规划（2011—2020年）》《核电中长期发展规划（2011—2020年）》，规定"十二五"期间只许在沿海地区安排建设少数通过的核电项目，不安排内陆核电项目建设。日本福岛核泄漏事件还引发了公众对于核能安全问题的担忧，部分中国居民由于对

① 基金项目：教育部人文社会科学研究青年基金项目（17YJC630056）；中央高校基本科研业务费专项资金资助（2682017WTD21）；四川省哲学社会科学重点研究基地社会发展与社会风险控制研究中心2017年度项目（SR17A02）。

② 作者简介：李华强，西南交通大学公共管理与政法学院副教授，硕士生导师，研究方向：公共政策、社会风险。韩译萱，硕士研究生，研究方向：风险与应急管理。

③ 《核电或将进入售电侧市场核心地位》，能源经济网（http://www.inengyuan.com/2015/toutiao_0923/1017.html）。

核电认知的偏差造成国内多地出现碘盐抢购风波，引发了全社会的恐慌。

随着“十三五”规划的开展，中国内陆核电站的修建将迎来解冻期，这又引发了全社会对于内陆修建核电站和核能安全问题的讨论。公众普遍认为，内陆修建核电站的潜在风险远远大于海滨地区。如何引导社会公众对核能风险做出正确的感知和理性的判断，避免因认知不足而引发恐慌；政府应该如何传播正确有效的信息，加强核电风险沟通效果，是本文研究的重点问题。

公众在面对突发性灾害或潜在风险时，会倾向于依赖个人的直觉判断对风险进行评估，即风险感知（Risk Perception）。[①] 风险感知会受到价值观念、外界信息等的影响，因此会存在风险感知偏差。[②] 信息传递在影响公众风险感知方面具有重要作用。随着互联网的兴起，网络搜索和新兴媒体已经成为人们获取外界信息的主要途径之一。根据《中国互联网络发展状况统计报告》[③] 的数据显示，截至 2015 年 6 月，我国互联网搜索引擎使用率为 80.3%；微博客使用率为 30.6%。本文以网络搜索和新兴媒体（例如微博客）为平台获取公众的信息搜索及信息发布行为，判断公众对内陆核电站修建的意愿、风险感知水平及其影响因素。

二、 文献回顾

（一）风险感知及其相关研究

Slovic[④] 认为，人们对于外界事物中各种客观风险的感受和直觉判断即为风险感知。风险感知是风险研究的重要组成部分，对于日常生活的各种决策

① Slovic P. Perception of risk. Science，1987，236（4799）.

② Slovic P. Perception of risk. Science，1987，236（4799）.

③《第 36 次中国互联网络发展状况统计报告》，中国互联网络信息中心（http://cnnic.cn/hlwfzyj/hlwxzbg/hlwtjbg/201507/P020150723549500667087.pdf）。

④ Slovic P. Perception of risk. Science，1987，236（4799）.

以及政府的政策制定等都具有重要的影响。

纵观国内外研究，影响风险感知的因素可以归为三大类，分别是风险因素、个体因素及社会因素。

风险因素包括风险的巨大程度、风险发生的概率、后果的严重性、影响的长期性等。①② 尽管历史上核电站发生泄露的事件不多，但由于其造成的严重后果及长期影响，使其风险因素对公众的核能风险感知具有显著影响。③

个体因素包括性别、年龄、收入、受教育水平等基本的人口统计特征④以及人们对风险的熟悉性。⑤ Hüppe 和 Janke⑥ 在研究切尔诺贝利核事故时发现，妇女和年幼者要比男性和年长者对于核事故的担忧程度更高。Lei Huang 等⑦研究发现，妇女、低收入者、年长者、未享有社会福利者、大学及以上学历者在福岛核事故发生后，对于核能的接受程度下降尤为显著。据调查⑧，公众、普通科学家和能源科学家对核电危险的评估存在很大差异，对核能了解程度越高的群体认为核能危险的人数比例越少。

---

① Slovic P. Perception of risk. Science，1987，236 (4799).

② Fischhoff B，Slovic P，Lichtenstein S，et al. How safe is safe enough? A psychometric study of attitudes towards technological risks and benefits. Policy Sciences，1978，9 (2).

③ Alba L Pineda-Solano，Victor H Carreto-Vazquez，Mahboobul S Mannan. The fukushima daiichi accident and its impact on risk perception and communication. Safty Practice，2015 (241)：13－17.

④ Finucane M. L，Slovic P，Meriz C. K，et al. Gender，race and perceived risk：The "white male" effect. Healthy Risk and Society，2000，2 (2).

⑤ Slovic P. Perception of risk. Science，1987，236 (4799).

⑥ Hüppe M，Janke W. The nuclear plant accident in Chernobyl experienced by men and women of different ages：Empirical study in the years 1986—1991. Anxiety Stress Coping，1994，7 (4).

⑦ Lei Huang，Ying Zhou，Yuting Han，et al. Effect of the Fukushima nuclear accident on the risk perception of residents near a nuclear power plant in China. Proceedings of the National Academy of sciences，2013，110 (49).

⑧ 田愉，胡志强：《核事故、公众态度与风险沟通》，《自然辩证法研究》2012 年第 7 期。

社会因素包括距离风险源的远近①、政府的危机应对能力②、来自外界的信息、专家的影响和小道消息及传言③等。Lei Huang 等④在研究日本福岛核事故对中国公众的影响指出：核事故发生之前，居住在核电站适中地区（20千米～40千米）的居民对于核能的风险感知水平要比较近（20千米以内）和较远（40千米以外）地区居民的风险感知水平高；当福岛核事故发生之后，距离核电站较近地区（20千米以内）的居民要比其他更远地区居民的风险感知水平上升得更快。没有直接经历风险的个人主要依赖外部信息形成对风险的理解与感知⑤，因此在突发性事件来临时，人们对信息的需求会显著增强。⑥

公众对风险进行评估时，往往会出现风险感知偏差⑦，当人们过高地估计核能的风险，甚至超出其本身的风险程度时，可能会导致人们的过度紧张，容易引起恐慌；当人们低估核能的风险时，可能会使人们放松警惕，在面对突发的核泄漏等危机事件时不能及时应对而失去最佳的逃生与救援机会。因此，研究公众对核电站建设的风险感知及其关键影响因素，为政府部门构建行之有效的风险沟通策略、减少公众的风险感知偏差提供理论依据，具有重要的现实意义。

---

① Slovic P. Perception of risk. Science，1987，236（4799）.

② 孙多勇：《基于 Logit 建模的个体灾难恐惧感知模型与实证研究》，《管理评论》2006年第10期。

③ 代豪：《雾霾天气下公众风险认知与应对行为研究》，上海：华东师范大学硕士学位论文，2014年。

④ Lei Huang，Ying Zhou，Yuting Han，et al. Effect of the Fukushima nuclear accident on the risk perception of residents near a nuclear power plant in China. Proceedings of the National Academy of sciences，2013，110（49）.

⑤ Wachinger G，Renn O，Begg C，etal. The risk perception paradox-implications for governance and communication of natural hazards. Risk Analysis，2013，33（6）.

⑥ Alba L Pineda-Solano，Victor H Carreto-Vazquez，Mahboobul S Mannan. The Fukushima Daiichi accident and its impact on risk perception and communication. Safty Practice，2015（241）.

⑦ Slovic P. Perception of risk. Science，1987，236（4799）.

（二）风险沟通及其相关研究

在研究风险感知的过程中，Slovic[①] 曾把公共事件解释为一种信号，认为风险事件如同一块石头坠落在池塘中，溅起的水波会一环一环由中心向外散开，公共事件的波及过程便如水波一般，其广度与影响力度不仅与风险事件本身有关，也与其波及的过程以及公众如何获取、感知相关信息有关。[②] 这便是风险沟通所要探讨的问题。风险沟通的研究建立在风险感知基础之上，对风险感知具有重要影响。[③]

据美国国家科学院（The National Academy of Sciences）[④] 研究，风险沟通是个体、群体与组织之间直接传递、交换与风险相关的信息及想法的相互作用的过程。随着互联网的兴起，微博等新兴媒体逐渐成为公众表达意见与诉求的主流工具，公众不再仅仅是信息的接收者，更成为信息的发布者。传统自上而下的政府“发布式”、公众“被告知”的沟通方式已被打破，政府、专家、公众三者之间双向沟通的新型风险沟通模式应运而生，公众参与逐渐成为风险沟通的重要特征之一。良好的风险沟通有助于缓和公众面对突发性事故时的焦虑与恐慌，达成风险共识。[⑤] 对于政府来说，尊重网络民意、建立双方信任是良好风险沟通的基础。

核电站因面临着核废料处理、核辐射防控等重大问题及潜在风险，容易造成公众的过激反应和抵触心理，须解决的一个重要问题便是公众对核能的风险感知与核能客观风险之间的偏差。公众对核电站的风险感知在很大程度

---

① Slovic P. Perception of risk. Science，1987，236（4799）.

② 李华强，范春梅，贾建民等：《突发性灾害中的公众风险感知与应急管理——以5.12汶川地震为例》，《管理世界》2009年第6期。

③ 谢晓非，郑蕊：《风险沟通与公众理性》，《心理科学进展》2003年第4期。

④ 田愉，胡志强：《核事故、公众态度与风险沟通》，《自然辩证法研究》2012年第7期。

⑤ 程惠霞，丁刘泽隆：《公民参与中的风险沟通研究：一个失败案例的教训》，《中国行政管理》2015年第2期。

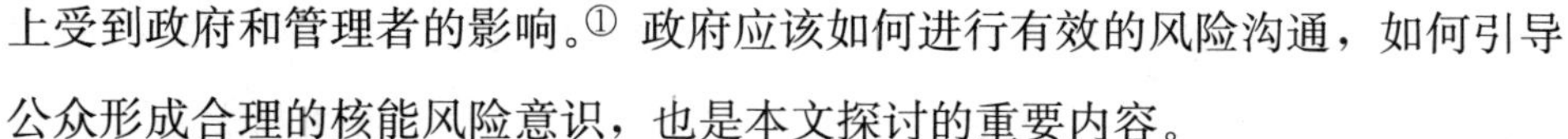

上受到政府和管理者的影响。[①] 政府应该如何进行有效的风险沟通，如何引导公众形成合理的核能风险意识，也是本文探讨的重要内容。

（三）数据来源

本文基于新浪微博、百度指数等网络途径获取相关信息进行实证研究。新浪微博是目前中国使用最广泛的微博客户端，截至 2015 年 6 月，新浪微博注册用户已达 2.12 亿。经过搜索和比较，我们发现“核电站”和“内陆核电站”基本已经包含同类词汇（如“核泄漏”“核事故”“日本福岛”等）搜索所获取的数据。因此，本文以“核电站”和“内陆核电站”作为关键词进行搜索，共获取微博 986 条，剔除无效和重复的微博，最终得到有效微博 288 条。由于 2011 年 3 月日本福岛发生了核泄漏事故，为分析该事故发生对公众风险感知的影响及风险感知随时间的变化特征，本文选取了时间跨度为 2011 年 3 月至 2015 年 12 月的微博数据。百度指数是以百度海量网民搜索行为数据为基础的数据分享平台，可以反映不同关键词在一定时间内的网民关注水平，是当前数据时代重要的分析平台之一。由于“内陆核电站”未被百度指数收录，因此在使用百度指数时选取“核电站”作为关键词获取网民在 2011 年至 2015 年的搜索指数，分析这期间网民对核电站关注程度的变化趋势及特征。

三、分析结果

（一）公众对核电站关注度的时间演变特征

从百度指数得到的数据分布来看，公众对于核电站关注度的变化随着时间的演变呈现出一个不规则、脉冲式的分布（见图 5—2）：原本公众对核电站的搜索量维持在较低水平，然而当核电站发生重大事故，如 2011 年 3 月 11

① Jung-Chun Ho，Chiao-Tzu Patricia，Shu-Fen Kao，et al. Perceived environment and health risks of nuclear energy in Taiwan after Fukushima nuclear disaster. Environment International，2014，73（12）.

日日本福岛核电站发生重大泄漏事故时，公众对核电站的关注度在短时间内急剧上升，在达到最高值后又迅速下降恢复至日常水平，并维持着不规则波动的状态。在日本福岛核泄漏发生期间，以“核电站”为关键词的搜索量从3月11日起开始快速增长，到3月15日达到最高值后又迅速下降，在3月17日又有一个短暂的回升，之后持续下降（见图5-3）。由此可见，公众对于核电站的关注度会随着时间的演变呈现不规则的上下波动状态，并在很大程度上受到福岛核事故的严重影响。

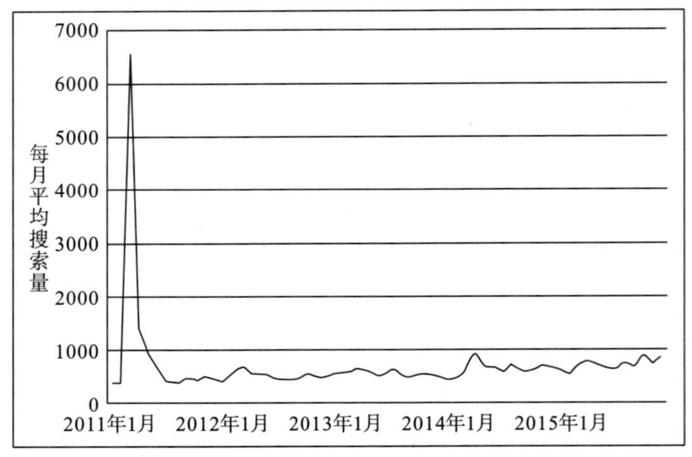

图5-2　公众对核电站关注度的整体变化趋势

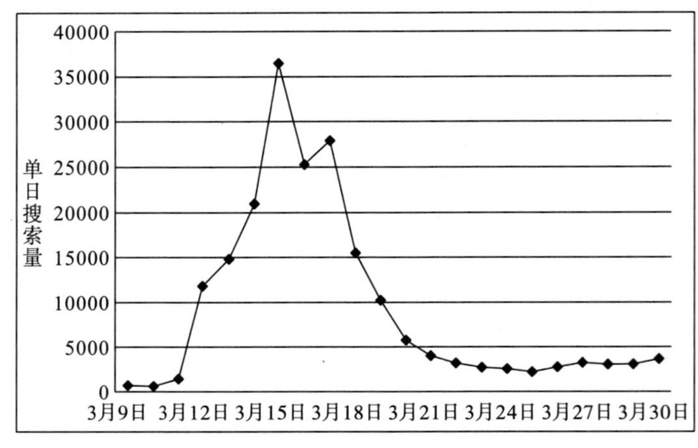

图5-3　日本福岛核泄漏时期公众关注度的变化

（二）个体特征对核电站关注度的影响

个体特征对核电站关注度的影响主要从人群的年龄、性别等人口统计特征分析。从年龄分布上看（见图5—4），中国的主要青壮年人群（20—39岁）共占到总体的73%，达一半以上。这部分人群对于核电站的关注水平要远远高于19岁及以下和40岁及以上的人群，其原因可能是处于这个年龄段的人群在网民数量中占有最大比重。他们是支撑国家发展的主要劳动力群体，对于国家发展规划的关注水平要高于其他年龄段的人，因此他们对于核电站有关信息的关注度自然会高于其他年龄阶段的群体。

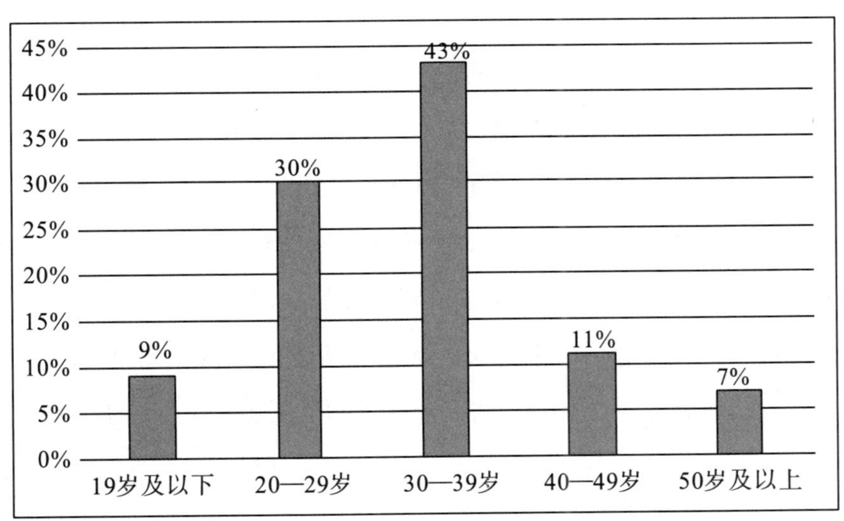

图5—4 核电站信息获取的年龄分布

从性别分布上看（见图5—5），男性对核电站相关信息的搜索量远远大于女性，这可能源于男性和女性兴趣爱好及关注侧重点的差别。相比较女性来说，男性普遍更关注诸如政治、经济、军事、能源等国家大事，因此，就核电站建设、核电发展等相关方面的信息对男性的吸引力会比女性更大，男性对核电站的关注度高于女性。

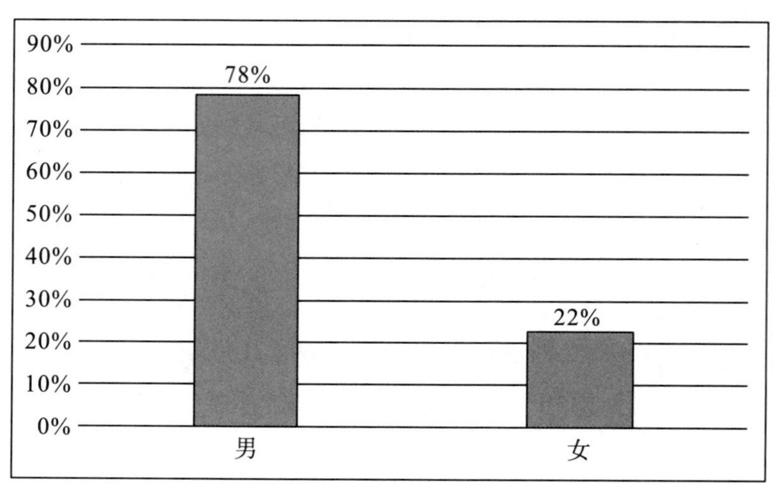

图 5-5　核电站信息获取的性别分布

（三）公众对修建核电站的态度分析

通过搜索关键词“核电站”和“内陆核电站”共获取微博 986 条，剔除无效和重复的微博，最终得到有效微博 288 条，其中公众账号，诸如媒体、企业、政府等共 51 条，个人账号 237 条，分别占总数的 17.7%和 82.3%。根据对微博内容的文本分析，把公众对待核电站建设的态度分为积极、消极、中立三类，结果如表 5-1 所示。将公众账号和个人账号对建设核电站的态度进行卡方检验，得到 $P=0.066$，大于 0.05，检验结果不显著。但是无论是公众账号还是个人账号，在对待核电态度的问题上超半数都持较为消极的态度，大众普遍认为核电站安全存在隐患。

对个人账号微博进行统计分析（见表 5-2），发现在性别构成方面，男性占 78.9%，女性占 21.1%，可见男性比女性对核电站的关注度更高，这与上述通过百度指数统计获得的性别特征分布结果相同。在这 237 人中，有 22.4%人的对于修建核电站的态度积极；有 68.8%的人对修建核电站的态度消极；有 8.8%的人对于修建核电站的态度中立。将性别和修建核电站的态度进行卡方检验，得到 $P=0.116$，大于 0.05，检验结果不显著。由此可见，在对待核电站修建的态度方面，无论是男性还是女性都是持消极态度比例更高。

表 5－1　不同微博账号类型对核电站的态度

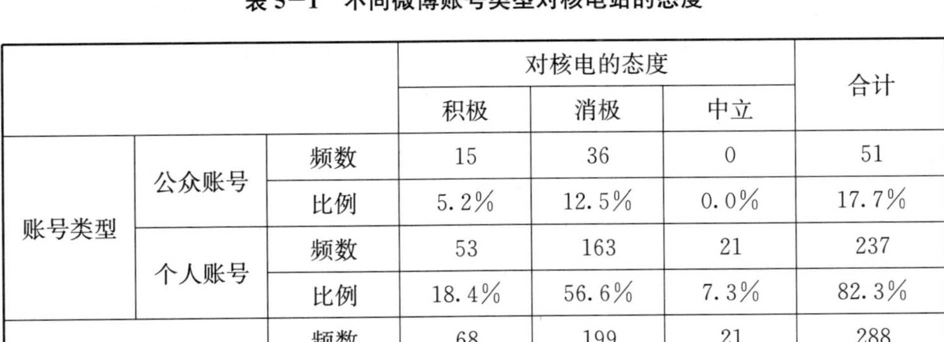

			对核电的态度			合计
			积极	消极	中立	
账号类型	公众账号	频数	15	36	0	51
		比例	5.2%	12.5%	0.0%	17.7%
	个人账号	频数	53	163	21	237
		比例	18.4%	56.6%	7.3%	82.3%
合计		频数	68	199	21	288
		比例	23.6%	69.1%	7.3%	100.0%

表 5－2　公众对核电站的态度

			公众对于核电站的态度			合计
			积极	消极	中立	
性别	男	频数	43	124	20	187
		比例	18.1%	52.3%	8.4%	78.9%
	女	频数	10	39	1	50
		比例	4.2%	16.5%	0.4%	21.1%
合计		频数	53	163	21	237
		比例	22.4%	68.8%	8.8%	100.0%

（四）核电站感知利益和感知风险来源

通过提取微博信息中的关键词进行词频和分类统计，分析公众对核电站修建感知利益和感知风险的来源因素，得到的结果如表 5－3 所示。从感知利益角度分析，“技术进步”出现的次数最多，共 44 次，占 46.81%，接近一半，这部分人群认为我国当前自主研发的核电技术足够安全，因此没有必要担心核事故的发生。“环境保护”出现次数也较多，共 21 次，占 22.34%，这部分公众认为核电是一种较为清洁环保的能源，尤其是当时北京等地雾霾天气频发，更使得他们认为开发核电、修建核电站有助于解决我们当前所面临的各种空气问题。“大国崛起”出现 16 次，占 17.02%，这部分人群认为核电站建设是建立大国威慑力的基础，是促进社会经济发展、造福人类的必要举措。“信任”出现 8 次，占 8.51%，通过研究发现，公众对于中央政府的信任要高于对地方政府的信任。“能源结构”出现 5 次，占 5.32%，这部分人群认为当前我国能源结构主要是以煤炭、石油等化石燃料为主，这种能源不可再生并且有污染，石油还需依靠大量进口。修建核电站开发核能不仅有助于改善我国当前的能源结构，减少对煤炭、石油的依赖，还有助于促进我国能源的多元化发展。

从感知风险角度进行分析，“核事故”出现次数最多，共 287 次，占 74.35%，这部分人群对于核电站的风险感知主要来源于核泄漏、核辐射、核污染等灾害的发生。“致命危害”出现 33 次，占 8.55%，这部分人群的感知风险主要源于核辐射致癌以及其他对人体健康的危害。“不信任”出现 66 次，占 17.10%，这部分公众对于核电站的风险感知主要源于对政府、企业、专家的信任不足，相关词频出现次数分别为 31、16 和 9。对政府信任不足的原因是他们认为政府对核电站运营方面存在监督管理不到位、信息透明度不高等问题；对企业信任不足的人认为，核电站是利益集团从本集团的利益角度出发修建的，而较少考虑社会利益；对专家信任不足的人认为，专家的发言可能是为少数利益阶层所服务的，其可信度不高。

此外，需要说明的是，日本福岛和切尔诺贝利这两个关键词共出现 50 次，占关键词词频总数的 12.95%，说明公众对于核电站建设的态度很大一部分是受到日本福岛核事故和苏联切尔诺贝利核事故的影响。据一项针对包括英美法日在内的 24 个国家的调查显示，有 62%的受访者反对使用核能发电，其中 26%的反对者表示其对核能态度的转变是由于发生了福岛核泄漏事件。①由此可见，核事故在很大程度上影响着公众对核电站的态度。

---

① Kessides. The future of the nuclear industry reconsidered: Risks, uncertainties and continued promise. Energy Policy, 2012, 48: 185－208.

表 5—3　核电站相关微博的词频统计和归类

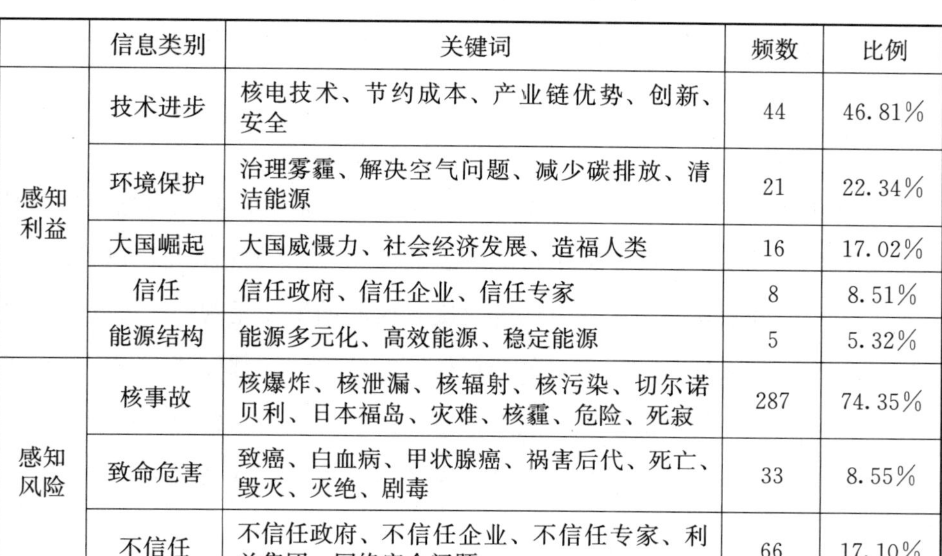

	信息类别	关键词	频数	比例
感知利益	技术进步	核电技术、节约成本、产业链优势、创新、安全	44	46.81%
	环境保护	治理雾霾、解决空气问题、减少碳排放、清洁能源	21	22.34%
	大国崛起	大国威慑力、社会经济发展、造福人类	16	17.02%
	信任	信任政府、信任企业、信任专家	8	8.51%
	能源结构	能源多元化、高效能源、稳定能源	5	5.32%
感知风险	核事故	核爆炸、核泄漏、核辐射、核污染、切尔诺贝利、日本福岛、灾难、核霾、危险、死寂	287	74.35%
	致命危害	致癌、白血病、甲状腺癌、祸害后代、死亡、毁灭、灭绝、剧毒	33	8.55%
	不信任	不信任政府、不信任企业、不信任专家、利益集团、网络安全问题	66	17.10%

综上所述，公众对核电站的感知利益主要源于我国核电技术的进步，其次源于核电的清洁功效，我国当前核电技术的进步和自主创新使得一部分人群认为核电站的运行足够安全，同时使用核电有助于改善我国当前面临的诸多空气问题，优化我国能源结构。公众对核电站的感知风险主要来源于核事故，其次是不信任。此外，有 8.8%的人群对核电站建设持相对中立的态度，他们的态度中既有支持的成分也存在反对的一面，例如，核能技术只要可以控制风险、缩小弊端，在理论上是可以应用的，但核电站不可大规模建设，选取合适地点小规模应急是可考虑的；反对内陆核电站建设，但支持建设沿海核电站；反对修建核电站，但支持将核技术运用到核潜艇、核航母等海上项目中。

四、 研究结论及政策建议

（一）研究结论

本文基于百度指数和新浪微博的数据资源，获取公众对核电站及内陆核电站建设的关注度、态度、感知利益和感知风险来源等信息，得出以下结论。

第一，公众对核电站关注度的变化随着时间的演变呈现一个不规则、脉冲式的分布。在大部分时间里，公众对核电站的关注度都保持在相对较低的水平，呈现无规律波动的特征。重大核事故的发生使公众在短期内对核电站保持高度警惕，关注度在此时急剧升高，在上升到最高点后又会快速下降，恢复至日常水平。

第二，20—39 岁的人群、男性对于核电站相关信息的关注水平高于其他群体。

第三，超半数（近 70%）的公众对于核电站持较为消极的态度，他们认为核电站的安全堪忧，不支持核电站或内陆核电站的建设。

第四，公众对于核电站的感知利益主要源于对核电技术的信心和核电的环保性；对于核电站的感知风险主要源于核事故和不信任。

（二）政策建议

本文的研究结果表明，公众对于核电站修建的风险感知很大程度上来源于对政府、企业、专家的信任度不足，因此与公众进行风险沟通对政府来说是一个不小的挑战。①

首先，政府应该制定一套行之有效的风险沟通方案，明确风险沟通对象

① Tanja Perko，Baldwin van Gorp，Catrinel Turcanu，et al. Communication in nuclear emergency preparedness：A closer look at information reception. Risk Analysis. 2013，33（11）.

的范围和特征，针对不同人群的特点和公众对核能风险的关注点和目的[①]，采取针对性的沟通策略。在沟通过程中合理运用公众能够接受的风险沟通手段，尤其应注重对科技手段及新兴媒体的应用。应保障公众的知情权及决策权，保证信息的公开、透明，建立信任，避免风险的累积引发群体性事件和社会稳定风险问题。其次，需要有长期规划。政府与公众进行沟通时，在引导公众理性看待核风险的问题上并不是一蹴而就的，而是一个长期的过程。在这个过程中，政府要根据实际情况评估风险沟通成效，动态调整沟通目标、沟通方法，以保证沟通方案得以顺利开展，使风险沟通工作日趋成熟和完善。最后，建立和完善支持核电站安全运转的相关配套法律法规体系、技术标准、安全管理机制、监督机制、危机预警机制[②]，降低核事故发生的可能性。

① 雷翠萍：《核与辐射认知和风险沟通研究》，北京：中国疾病预防控制中心博士学位论文，2011年。

② Guizhen He，Arthur P. J. Mol，Lei Zhang，Longyong Lu. Public participation and trust in nuclear power development in China. Renewable and Sustainable Energy Reviews. 2013.

社会影响评估：西方的研究与经验①

李强彬，肖 祥②

自20世纪60年代以来，生态环境的恶化敲响了质疑传统工业发展和经济增长模式的警钟，社会影响评估伴随环境影响评价的发展而逐渐成为一项专门的研究和实践议题。从广义上看，社会影响涉及人类行动所产生的任何社会后果，社会影响评估则是利用专门的知识、技术和方法对人类行动的社会后果进行预先的识别、分析、预测和反应。作为社会变革与发展中的一种防御性手段，社会影响评估针对政策、计划、规划和项目的成本与收益、显性影响与潜在后果、短期效应与长期后果、积极后果与消极后果进行分析，这有助于合理衡量不同的价值观和利益，改进决策和管理，减少不利的社会影响和促进积极后果的最大化，使人们更好地面向未来、面向下一代、面向可持续发展。对此，围绕“应该评估哪些社会影响”“如何评估社会影响”“社会影响评估面临哪些争议”等问题，西方学者就社会影响评估的内涵、价值、实施和冲突进行了广泛而系统的研究。

---

① 基金项目：国家社科基金青年项目“群体性事件政策议程学发生机制与治理研究”（14CGL038）；四川省软科学项目“建立健全重大事项第三方社会稳定风险评估机制研究”（2017ZR0086）；中国博士后第9批特别资助（2016T90866）；中国博士后基金第60批面上一等资助（2016M600746）；本文载于《教学与研究》2018年第6期。

② 作者简介：李强彬，副教授，硕士生导师，博士后研究人员，研究方向：公共政策与社会治理、协商民主的理论与实践研究；肖祥，硕士研究生，研究方向：公共政策与社会治理研究。

一、社会影响评估的内涵

根据社会影响评估“应该评估和重视哪些影响”，可以就“社会影响评估是什么”进行微观、中观与宏观层面的理解。就微观而言，美国1969年颁布的《国家环境政策法案》（NEPA）所提出的环境影响评估中包含有社会影响评估内容，由于该环境影响评估是美国环境规划和决策的重要组成部分，一些学者认为社会影响评估是由环境影响评估衍生而来，是环境影响评估的子领域和环境影响评估中项目设计的一部分，主要用来识别、预防、减少和减轻拟定项目发展对环境造成的影响。[①] 就中观而言，一些学者认为社会影响评估与环境影响评估没有任何从属关系，社会影响评估是影响评估而非环境影响评估的一个子领域，社会影响评估和环境影响评估只是对社会中不同方面的事物所进行的影响评估。[②] 1992年，社会影响评估准则与原则组织委员会的成立标志着社会影响评估正式从环境影响评估中独立出来。在宏观层面，弗兰克·万克莱（Frank Vanclay）认为，社会影响评估是对计划中和任何社会变革过程中的干预措施（政策、计划、规划和项目）所导致的有意或无意的后果进行分析和管理的过程，目的是创造可持续、公平与和谐的环境。[③] 这一定义将社会影响评估的范围进行了极大的拓展，涵盖了政策、计划、规划和项目的各种影响，意味着社会影响评估不能仅仅局限于对社会概念的狭隘理解，主张社会影响评估是一个广泛的总体框架，包含审美影响（景观分

---

① Antonio Arce-Gomez，Jerome D. Donovan，Rowan E. Bedggood. Social impact assessments：developing a consolidated conceptual framework. Environmental Impact Assessment Review，2015，50：85—94.

② Henk A. Becker. Social impact assessment. European Journal of Operational Research，2001，128（2）：311—321.

③ Frank Vanclay. Conceptualising social impacts. Environmental Impact Assessment Review，2002，22（3）：183—211.

析)、考古和文化遗产影响、社区影响、文化影响、人口影响、发展影响、经济和财政影响、性别评估、健康影响、土地权利、基础设施影响、制度影响、政治影响（人权、治理、民主等)、贫困评估、心理影响、资源问题（资源获取和所有权)、旅游影响和对社会的其他影响等所有人类影响的评估。① 宏观层面的社会影响评估将其所评估的影响从“社会层面”拓展到“人类影响”，凸显了社会影响评估范围的广泛性。尽管如此，作为一种评估活动，微观、中观和宏观层面的社会影响评估均有其共通的属性。

第一，作为权力实现的一种工具。持这一观点的学者认为，社会影响评估本质上是一种政治行为，是一种政治工具。因为，尽管决定一个政策或项目是否应该上马或者开发商应该承担多少赔偿在很大程度上是由政治压力决定的，社会影响评估并不能就某个政策或项目是否应该进行做出确定性决策，即使可以做出决定，也未被赋予足够的监管权力。但是，社会影响评估结果会为叫停政策和项目提供一个好的“借口”②，也就是说，决策者可以通过权力来操纵社会影响评估结果，推动或叫停某一政策或项目。对此，拉贝尔·J. 伯奇和弗兰克·万克莱指出，如果评估者是直接由项目开发商聘请，除了公众意见之外没有任何评审程序，那么评估者往往只会提供有利于项目发展的信息，掩饰任何负面或批评性的评论，致使所评估的“影响”（主观影响或客观影响）只是政治化或社会化过程所决定了的影响。③ 有学者甚至指出，影响评估的政治化是由咨询公司和项目开发商之间的商业关系所导致的，再加上发展主义的意识形态主导，社会影响评估可能成为一种政治工具，专为决

① Henk A. Becker，Frank Vanclay. The international handbook of social impact assessment：Conceptual and methodological advances. Cheltenham：Edward Elgar Publishing，2003：3－8，279.

② Rabel J. Burdge，Frank Vanclay. Social impact assessment：A contribution to the state of the art series. Impact Assessment，1996，14（1）：59－86.

③ Rabel J. Burdge，Frank Vanclay. Social impact assessment：A contribution to the state of the art series. Impact Assessment，1996，14（1）：59－86.

策者提供特定行动的成本和收益。① 所以，社会影响评估容易迎合某种政治压力，容易淡化或强化政策及项目的不利后果或积极后果，容易成为决策者和项目开发商运用权力谋利的“遮面纱”。

第二，作为明智决策的一种工具。作为一种决策工具，社会影响评估可以为计划者和决策者提供拟议项目可能造成的经济社会影响，辅助决策者决定项目是否应该上马、调整或者完全被放弃。有研究指出，社会影响评估可以为机构和社区提供决策中需要考虑的任何有关社会和文化因素的信息，提供一种能将当地习俗和价值观纳入决策的机制，并且可以帮助决策者确定最符合本地、本区域和国家利益的最好的行动方针。② 从理性决策的角度来看，通过评估政策备选方案的成本与收益，社会影响评估可以帮助决策者选择最佳可实施的政策方案，通过社会影响评估，可以针对不利的社会后果实施缓解计划，从而尽可能地促进政策和规划的顺利进行，尽可能地避免政策和规划对人们的福利造成负面影响。

第三，作为公民实施影响的一种工具。通过参与社会影响评估，公民可以表达自己的利益和诉求。弗兰克·万克莱认为，社会影响评估推动了解放和赋权的进程，提高了人们对决策的影响能力，也促使人们在政治决策中获得越来越大的影响力。③ 马库斯·莱恩（Marcus Lane）进而指出，环境影响评估和社会影响评估“民主化”的关键就在于促进社区参与，确保社区的所

---

① Marcus Lane. Social impact assessment. Australian Planner，1997，34（2）：100－102.

② Rabel J Burdge，Susan Charnley，Michael Downs，Kurt Finsterbusch，Bill Freudenburg，Peter Fricke，Bob Gramling，Michael Smith，Brenda C. Kragh，Richard Stoffle，James G Thompson，Gary Williams. Principles and guidelines for social impact assessment in the USA：The interorganizational committee on principles and guidelines for social impact assessment. Impact Assessment and Project Appraisal，2003，21（3）：231－250.

③ Frank Vanclay. Conceptualising social impacts. Environmental Impact Assessment Review，2002，22（3）：183－211.

有观点得到有效表达并传达给决策者，可以有效地平衡支持者与当地社区之间的利益。① 可见，社会影响评估特别需要尊重和重视公民的参与权，特别需要在开放、公开、透明、公正的评估过程中，经由公民参与来为评估者提供各种变化的信息。社会影响评估潜在要求评估权力应该被政策、计划、规划和项目的相关者所共享，以寻求各方可接受的解决方案或妥协方案。

第四，作为社会可持续发展的一种工具。减少政策、计划、规划和项目的不利影响对于社会的可持续发展是极为重要的。主张这一观点的学者认为，社会影响评估是推动社会良性和可持续发展的重要政策工具。其中，马库斯·莱恩就把社会影响评估作为一种计划工具，旨在了解地方项目开发成本和收益分配、确定和降低发展的不利影响、优化项目进程和进一步促使当地人民享受发展成果。② 艾希亚·阿布·巴卡尔（Aisyah Abu Bakar）等人也认为，社会影响评估预测社会变化，其基本目的在于制定改进策略、优化项目实施和带动当地人口与经济的发展。③ 此外，一些政府和机构还将社会影响评估的范围延伸到保护受影响人群之外，澳大利亚矿产理事会就通过开展广泛的社会研究来制定社会经济效益与影响政策。④

---

① Marcus Lane. Social impact assessment. Australian Planner，1997，34（2）：100－102.

② Marcus Lane. Social impact assessment. Australian Planner，1997，34（2）：100－102.

③ Aisyah Abu Bakar，Mariana Mohamed Osman，Syahriah Bachok，Ismawi Zen. Social impact assessment：How do the public help and why do they matter?. Social and Behavioral Sciences，2015，170：70－77.

④ Bruce Harvey，Sara Bice. Social impact assessment，social development programmes and social licence to operate：Tensions and contradictions in intent and practice in the extractive sector. Impact Assessment and Project Appraisal，2014，32（4）：327－335.

二、社会影响评估的价值

社会影响评估致力于分析、监测和管理社会发展的后果，具有独立性特征。弗兰克·万克莱认为，社会影响评估属于研究和实践相结合的领域，是一个由知识、技术和价值组合成的研究范式，是影响科学的一个领域。① 政策、计划、规划和项目的社会影响事关人们的利益和社会福祉，因而无论对于个人还是社会来说，社会影响评估都具有实际的价值。有学者指出，预先评估人类行为可能产生的社会后果，包括足以改变人们生活、工作、娱乐、邻里关系、需要的满足以及应对社会成员的方式等任何公共或私人行动所产生的社会和文化影响，此种影响又涉及个人的规范、价值观和信仰的改变，影响到个人对自身和社会的认知。② 具体而言，国际影响评估协会将社会影响评估的核心价值确定为：第一，保证人们平等地享有基本人权；第二，促使基本人权受到法律保护，并遵守公平正义；第三，确保人们在优质的环境中工作和生活，推动人类和社会的发展；第四，塑造良好的社会关系、强烈的归属感、和谐的社会环境等，这些都是保障人们健康生活的重要前提；第五，保障人们参与影响他们生活的决策；第六，保障当地有价值的知识和经验可以被充分利用，以完善计划预防措施。③ 针对拟议中的特定政策、计划、规划和项目，社会影响评估在冲突解决、决策质量提升、公众权益保护等方面有

① Frank Vanclay. International principles for social impact assessment. Impact Assessment and Project Appraisal，2003，21（1）：5－12.

② Rabel J. Burdge，Frank Vanclay. "Social Impact Assessment"，In：Frank Vanclay and Bronstein DA，editors. Environmental and Social Impact Assessment. Chichester：Wiley，1995：31－65.

③ Henk A. Becker，Frank Vanclay. The international handbook of social impact assessment：Conceptual and methodological advances. Cheltenham：Edward Elgar Publishing，2003：3－8，279.

其独特的功能和优势。

第一，社会影响评估促进冲突的解决。在社会影响评估研究者看来，任何改变的政策、计划、规划或项目都会成为社会冲突的根源，潜在冲突在所有改变既有现实的行动中都存在，不同的行动会对不同的社会群体造成不同的影响，冲突本身也会带来许多次级的社会影响。然而，经由媒体公布信息、公众及时表达意见和建议、决策者及时回应，社会影响评估在冲突的预防、管理和解决方面功能显著。① 通过访谈、问卷调查等途径，社会影响评估可以寻找到社会冲突的根源和区分社会冲突的“事实”、价值观和经济利益差异，明确社会生态系统中的核心驱动因素，识别特殊利益边缘价值观与群体核心价值观之间的差异以及冲突是可以“讨价还价”的还是“零和博弈”的②，进而协调社会冲突中不同的观点和化解社会冲突。南希·曼琳（Nancy Manring）等人还指出，社会影响评估可能会因为增加现有的信息而无意中加剧冲突，但以下原因可以解释为何需要将社会影响评估纳入冲突解决过程：首先，社会影响评估可以促进社会更加公平地发展；其次，项目的成功最终可能取决于包括社会问题、股权问题在内的一切问题的更好地处理；最后，社会影响可能在环境纠纷中形成一个隐蔽的议程并作为潜在的阻力来源，长远来看最好通过公开解决所有对人类和自然系统的影响来管理冲突。③ 所以，社会影响评估有助于为公平合理地解决社会冲突创造条件、提供根据。

第二，社会影响评估促进决策质量的提升。社会影响评估是针对未来要

---

① Paula V. Prenzel，Frank Vanclay. How social impact assessment can contribute to conflict management. Environmental Impact Assessment Review，2014，45（45）：30－37.

② Douglas Clyde Wilson，Paula Antunes，Gualter Baptista，Karl Bruckmeier，Norma Franco，Rui Ferreira，Christina Höj Larsen，Pedro Mateus，Stefano Moretti，Thomas Olesen，Lia Vasconcelos，Sini Virtanen，Heidi Wittmer，Oliver Zwirner. Social impact assessment report. Institute for Fisheries Management，2004：1－156.

③ Nancy Manring，Patrick C. West，Patricia Bidol. Social impact assessment and environmental conflict management：Potential for integration and application. Environmental Impact Assessment Review，1990，10（3）：253－265.

实现的事项，不仅要评估复杂项目的多重影响，还要对尚未实施的项目采取必要的行动以改进项目的实施。从表面上看，社会影响评估决定是否实施项目，但实际上其关注的焦点在于项目的未来，也就是政策和项目的有效性。① 在循证决策模式中，政策影响评估在回答“所选政策在实现其公共目标方面的有效性”这一问题上就起着重要作用。② 社会影响评估促使决策者去寻求有效决策的可靠基础，从而尽可能避免决策的失误甚至错误。有研究指出，社会影响评估与决策相连接的范围已不断被扩大，技术评估、社会影响评估和环境影响评估可以预测有害和有益的影响、可行的替代方案、可行的减缓措施以及哪些政策是可取的。③ 实践经验表明，社会影响评估的质量与政策、计划、规划和项目的有效性正相关，通过保证利益相关者之间关系和信息收集与处理的有效运转，社会影响评估能直接促进决策质量的提升。

第三，社会影响评估促进公众权益的保障。亨克·A. 贝克尔（Henk A. Becker）和弗兰克·万克莱指出，社会影响评估的功能远不止事先预防负面影响和计算得失，还包括授权给当地人，提高妇女、少数群体和社会弱势群体的地位，能力建设与发展，减轻一切形式的依赖，增加股本，关注扶贫。④ 而且，向公众提供信息和保障公众参与也是社会影响评估的重要目的。在将公众参与视为社会影响评估过程的一个环节，为评估者提供信息的同时，公众的意见表达和对评估结果的影响本身就是确保公众权益、民主政府和民主

---

① Errol Meidinger，Allan Schaniberg. Social impact assessment as evaluation research：Claimants and claims. Evaluation review，1980，4（4）：507－535.

② Bojan Radej. Synthesis in policy impact assessment. Evaluation，2011，17（2）：133－150.

③ Donna Craig. Social impact assessment：Politically oriented approaches and applications. Environmental Impact Assessment Review，1990，10（1）：37－54.

④ Henk A. Becker，Frank Vanclay. The international handbook of social impact assessment：Conceptual and methodological advances. Cheltenham：Edward Elgar Publishing，2003：3－8，279.

决策的重要基础。[①] 从更深层次来讲，社会影响评估促进公众权益保障的根本原因在于政策、计划、规划和项目的政治合法性寻求。正如蒂莫·海基宁（Timo Heikkinen）和劳诺·塞里宁（Rauno Sairinen）所言，环境影响评估、社会影响评估和参与规划作为主要的政策工具和方法，是为解决规划中环境与社会问题的合法性而发展的[②]，因为从民主的角度来看，个人有权被告知及征询意见，并对影响他们的事情发表自己的看法。美国的《国家环境政策法案》就呼吁各机构在采取可能对人类环境质量有重大影响的行动之前首先公开潜在的影响评估结果，这实际上为公民提供了一项重要的法律追索权，用以反对破坏环境的行动，使以前被排除在决策过程之外的人和团体更容易获得影响决策的机会。[③]

三、 社会影响评估的实施

社会影响评估是实践性的，有其需要遵循的特定原则、准则、步骤和方法。针对社会影响评估所应遵循的原则，由社会影响评估准则与原则组织委员会于 1994 年最早提出：涉及不同的公众；利益分析；重点评估；提前确定假设、方法和意义；向项目规划者反馈社会影响；专业的社会影响评估从业

---

① Thomas Webler，Hans Kastenholz，Ortwin Renn. Public participation in impact assessment：A social learning perspective. Environmental Impact Assessment Review，1995，15 (5)：443－463.

② Timo Heikkinen，Rauno Sairinen. Social impact assessment in regional land use planning-best practices from Finland. Nordic Research Programme Report 2005—2008，Report：3，2007：17－18.

③ Lynn G. Llewellyn，William R. Freudenburg. Legal requirements for social impact assessment：Assessing the social science fallout from three mile island. Society&Natural Resources，1989，2 (1)：193－208.

者；制定监测和缓解方案；掌握数据资料和确保数据差异性。① 随着社会影响评估实践的发展，该委员会又于2003年提出新原则：广泛地了解受到拟议行动、计划和政策影响的当地人口与环境，关注与拟议行动、计划和政策有关的人类环境的关键要素，以合理的科学研究概念和方法为基础，为决策提供有价值的信息，充分地描述和分析所有环境公平问题以及对项目、规划和政策实施监测与评估并提出减缓措施。② 对于上述原则，弗兰克·万克莱等认为它们并没有提供实质性信息，在批判的基础上，他提出社会影响评估应该遵循如下原则：尊重人权应该是一切行动的基础；发展规划的主要动力应该是促进公平与民主，要重点关注弱势群体；文化的多样性与利益相关者需求的多样性应该得到认可和重视；决策者应该对自己的决定负责，保证决策公平、公正和公开；发展项目应广泛接受那些可能从计划干预中受益或受损的社区成员；专家意见不应是决定计划干预的唯一考虑因素；所有项目最重要的应该是积极结果，比如能力建设、授权以及发掘人类与社会的潜力；“环境”一词应该包括社会和人类两个维度，必须对社会领域给予足够的重视。③ 通过对比可以发现，弗兰克·万克莱提出的原则更加突出社会影响评估的政治分析和评估结果，而社会影响评估准则与原则组织委员会则更为强调社会影响评估的技术分析和评估过程。

---

① Interorganizational Committee on Guidelines and Principles for Social Impact Assessment. Guidelines and principles for social impact assessment. Environmental Impact Assessment Review，1994，15（4）：11－43.

② Rabel J. Burdge，Susan Charnley，Michael Downs，Kurt Finsterbusch，Bill Freudenburg，Peter Fricke，Bob Gramling，Michael Smith，Brenda C. Kragh，Richard Stoffle，James G. Thompson，Gary Williams. Principles and guidelines for social impact assessment in the USA：The interorganizational committee on principles and guidelines for social impact assessment. Impact Assessment and Project Appraisal，2003，21（3）：231－250.

③ Henk A. Becker，Frank Vanclay. The international handbook of social impact assessment：Conceptual and methodological advances. Cheltenham：Edward Elgar Publishing，2003：3－8，279.

针对社会影响评估的准则，社会影响评估准则与原则组织委员会于 2003 年提出：识别和描述感兴趣和受影响的利益相关者以及其他团体，收集当地的基本信息资料；从社区和利益相关者的资料信息中识别与行动或政策相关的关键的社会和文化问题，选择社会和文化变量以解释已识别的问题；研究方法应该是全面的，研究方法必须描述与行动或政策相关的次级和累积社会效应，确保方法和假设的科学性和可重复性，数据收集和分析的方式与标准须与政策或行动相适应；收集社会、经济和文化的定性和定量数据，充分地描述和分析所有合理的行动选择，确保数据收集方法和分析形式的科学性与稳定性，确保所收集数据的完整性以及数据或信息的差异性；确保研究方法、数据和分析能够考虑那些代表性不足和弱势的利益相关者和人群，并强调他们的脆弱性；建立对利益相关者、社区和机构拟议行动的评估和监测机制，在需要减轻影响的地方分析和评估替代方案，并识别数据差异性和评估数据需求。① 从该委员会提出的这些准则中可以看出，社会影响评估是具体而复杂的。作为一种过程，从资料收集、方法使用、数据处理到形成评估结果和寻求替代方案，都要确保社会影响评估的真实有效和公平合理。

针对社会影响评估的步骤，社会影响评估准则与原则组织委员提出过 17 项关键活动清单以指导实践操作。② 杰里·尤斯林（Jyri Juslén）提出，社会影响评估应该经过筛选和规划评估、基线数据收集、识别和确定范围、评估

---

① Rabel J. Burdge，Susan Charnley，Michael Downs，Kurt Finsterbusch，Bill Freudenburg，Peter Fricke，Bob Gramling，Michael Smith，Brenda C. Kragh，Richard Stoffle，James G. Thompson，Gary Williams. Principles and guidelines for social impact assessment in the USA：The interorganizational committee on principles and guidelines for social impact assessment. Impact Assessment and Project Appraisal，2003，21（3）：231－250.

② Frank Vanclay. Principles for social impact assessment：A critical comparison between the international and US documents. Environmental Impact Assessment Review，2006，26（1）：3－14.

备选方案和影响、影响报告、监控和审计六个步骤。① 此外，有研究提出社会影响评估的实施应遵循八个步骤：筛选规划方案，确定社会影响评估是否必要；搜集可能受影响的社区的概况；识别可能造成的潜在影响；评估预测影响的显著性；为计划方案制定替代方案；制订缓解和增强策略以及管理社会影响的计划；监测社会影响；管理计划和评估。② 总体来看，这些有关社会影响评估实施的分析主要包含识别影响、确定影响、减缓影响、监测影响等主要步骤。还有研究者指出，一个好的社会影响评估应包括以下步骤：确定感兴趣和受影响的人；促进和协调利益相关者参与；对项目当地的历史环境进行文本分析，以便能够解释项目进行的可能性并评估累积影响；了解当地文化背景和社区的价值观，特别是与计划方案有关的特点；识别并描述可能导致影响的事项；预测可能的影响以及社区不同部门如何应对；协助评估和备选方案选择；协助选址；提出缓解措施；提供赔偿建议；描述利益相关者之间的潜在冲突，并就解决流程提供建议；设计社区应对策略，处理剩余或不可缓解的影响；促进社区技能开发和能力建设；对各机构提出建议和协调安排各党派；协助制定和实施监督管理方案。③

针对社会影响评估的方法，有学者认为：欧洲的评估方法和实践在每个案例上都表现出很大的不同，这部分反映了国家之间的差异，现有经验也清楚地表明方法的多样性是良好评估实践的内在特征。④ 概括而言，可以将社会

---

① Jyri Juslén. Social impact assessment：A look at finnish experiences. Project Appraisal，1995，10（3）：163－170.

② Antonio Arce-Gomez，Jerome D. Donovan，Rowan E. Bedggood. Social impact assessments：Developing a consolidated conceptual framework. Environmental Impact Assessment Review，2015，50：85－94.

③ Henk A. Becker，Frank Vanclay. The international handbook of social impact assessment：Conceptual and methodological advances. Cheltenham：Edward Elgar Publishing，2003：3－8，279.

④ Erkki Ormala. Impact assessment：European experience of qualitative methods and practices. Evaluation Review，1994，18（1）：41－51.

影响评估的方法分为三大类，即技术方法、政治方法和多案例对比研究方法。其中，技术方法以贝克尔和万克莱为代表，他们提出了计算机软件与定性研究方法相结合的评估模式，该模式在访谈、观察以及二手资料分析方面的运用比较普遍，其运用的主要软件有 NUD. IST、NVivo、ATLAS. ti 等，软件的运用一方面可以减轻评估者的压力，另一方面可以提高评估的信度和效度。[①] 不同于技术方法，社会影响评估的政治方法强调社会影响评估中的权力冲突、权利保护和压力型决策过程，强调地方性知识与经验的重要性，往往被运用于社会价值的选择和公众的参与过程。在保罗·梅思尔（Paul Melser）看来，社会影响评估的政治方法更有可能作为一个社会和政治过程去检查项目，观察项目发展对社区社会结构或不同社会群体权利的影响以及对个人发展的无形影响。[②] 此外，社会影响评估多案例对比研究方法被许多学者论及，尤其以伯奇的比较历时模型较为典型。[③] 社会影响评估多案例对比研究方法的基本原理是研究者通过选择两个基本情况相似的社区或区域进行对比，找出相似项目在 A 社区已经产生的影响，进而预测在 B 社区产生的影响。此外，单案例研究在社会影响评估实践中也被广泛运用，由于并非所有项目都能找到可以对比的案例，因此需要评估者通过对个案的实地调研来进行评估。

四、 社会影响评估中的争议

社会影响的多样性、复杂性决定了社会影响评估的过程和结果往往充满

① Henk A. Becker，Frank Vanclay. The international handbook of social impact assessment：Conceptual and methodological advances. Cheltenham：Edward Elgar Publishing，2003：3－8，279.

② Donna Craig. Social impact assessment：Politically oriented approaches and applications. Environmental Impact Assessment Review，1990，10（1）：37－54.

③ Rabel J Burdge. The social impact assessment model and the planning process. Environmental Impact Assessment Review，1987，7（2）：141－150.

争议。一方面，社会影响本身并非完全客观，它是需要去识别和建构的，受到相关者所持立场、利益偏好和态度倾向的影响；另一方面，社会影响评估涉及社会性的行动以及人与人之间所构成的社会关系，对于同一社会影响，一些人可以接受，但另一些人则可能不能承受。因此，尽管社会影响评估的理论和方法不断演进，但伴随其间的争议也会一直持续。

第一，技术分析与政治分析之间的争议。社会影响评估理论存在两种主要相互冲突的范式：纯粹的技术分析范式和政治分析范式。① 纯粹的技术分析范式主张社会影响评估与其他分析方法相结合，通过设计一套权重来衡量社会影响的大小，权值通常来自决策者和公众的价值观，通过计算预期影响与权值的乘积，得出每个备选项的权重值，分数高的即获胜。然而，政治分析范式主张社会影响评估的范围可以由决策者试图知道的内容而定，社会影响评估会告诉决策者选择特定方案的可能的政治后果，决策者在做出决定时必须把所有的研究结果和政治分歧考虑在内，并由决策者来权衡研究结果和政治现实之间的关系。② 针对这两种范式之间的冲突，托马斯·迪茨（Thomas Dietz）认为，在纯技术分析的基础上做出政策选择是一项非常艰巨的任务，并且许多重要问题不能用技术分析来解决，因为社会中人与人之间存在很大的价值差异，这种价值差异会转化为不同利益集团的立场，从而会导致强大的政治压力。与此同时，特殊利益集团主导的政治进程会产生不合理和反生产性的政策，而解决这个问题的唯一办法就是从政治舞台上消除许多关键的决定，使它们完全以技术为基础。③ 因此，社会影响评估的技术分析范式与政

---

① Nancy Manring，Patrick C. West，Patricia Bidol. Social impact assessment and environmental conflict management：Potential for integration and application. Environmental Impact Assessment Review，1990，10（3）：253－265.

② Kurt Finsterbusch. Social impact assessment as a policy science methodology. Impact Assessment，1984，3（2）：37－43.

③ Thomas Dietz. Theory and method in social impact assessment. Sociological Inquiry，1987，57（1）：54－69.

治分析范式之间存在内在的张力，需要在技术分析与政治分析之间保持恰当的平衡才能确保决策者恰当地行使政治权力。

第二，数据搜集与隐私保护之间的争议。数据之于社会影响评估的实施至关重要，数据信息的真实性和充分性直接影响到社会影响评估结果的客观性、公正性、全面性和有效性。正如安娜·玛利亚·埃斯特维斯（Ana Maria Esteves）等人所言，在过渡性地区和项目重叠地区，数据是关键，数据可以提供更多的基础信息，更好地确定那些未满足的需求，并且二手数据很快会过时，需要研究人员搜集本地数据予以补充。① 而且，尽管量化指标促进了影响评估的发展，但要使影响评估真正发挥作用，还需要定性分析予以辅助，所以影响评估通常需要综合使用定性与定量数据。然而，利昂·亨佩尔（Leon Hempel）等人指出，数据隐私和公平运用信息受到极大的挑战和威胁，整个社会对隐私和社会意识的认识已发生改变，从而贬低了诸如正义、尊严和自律等民主社会的核心价值观，它们都是社会伦理所应关注的议题。② 在社会影响评估中应保护参与者的隐私，社会影响评估过程也一直强调道德规范，认为一个好的研究有利于做出高质量的决策，但是一个好的研究在理论上要求搜集所有有关问题和观点的数据信息，以及对信息和替代方案进行全面细致的分析。③ 因此，社会影响评估一方面要求尽可能多和全面的数据和数据分

---

① Ana Maria Esteves，Daniel Franks，Frank Vanclay. Social impact assessment：The state of the art. Impact Assessment and Project Appraisal，2012，30（1）：34－42.

② Leon Hempel，Lars Ostermeier，Tobias Schaaf，Dagny Vedder. Towards a social impact assessment of security technologies：A bottom-up approach. Science and Public Policy，2013，40（6）：740－754.

③ Rabel J. Burdge，Susan Charnley，Michael Downs，Kurt Finsterbusch，Bill Freudenburg，Peter Fricke，Bob Gramling，Michael Smith，Brenda C. Kragh，Richard Stoffle，James G. Thompson，Gary Williams. Principles and guidelines for social impact assessment in the USA：The interorganizational committee on principles and guidelines for social impact assessment. Impact Assessment and Project Appraisal，2003，21（3）：231－250.

析，另一方面又要做到隐私保护和公平运用数据，难免在数据的搜集和分析上受到限制。

第三，评估结果与决策运用之间的争议。社会影响评估与实际决策之间的关系突出了社会影响评估在立法与行政层面的意义。① 就社会影响评估的实际效用而言，需要加强评估结果与法定决策程序之间的相互衔接，以促进社会影响评估与政策和管理之间的互动。对此，玛利亚·洛萨里奥·帕蒂达罗（Maria Rosário Partidário）等人基于可持续性措施认为，影响评估的有效性会对决策过程产生影响，促使决策者选择最合适的发展方案。② 然而，有研究表明，社会影响评估的有效性取决于政治背景，比如不同的机构会对社会影响评估的结果运用造成不同的影响。③ 后实证主义研究者就认为，由于难以将政策评估信息直接运用于政策制定，所以是否使用政策评估工具显得无关紧要，并且指出影响政策评估有效性的主要因素在于评估过程缺乏协商。④ 凯茜·A. 拉科夫斯基（Cathy A. Rakowski）甚至指出，无论社会影响评估如何设计，政治和财政因素可能会干扰经济开发项目的评估，致使其不能立即采纳改善社会影响的建议。在某些情况下，不同的参与者（尤其是当文化和职业存在差异时）秉持着不同的价值观和假设，可能导致他们对社会影响评估效果做出不同的反应。除此之外，社会影响评估的时机、方法、假设、内含价值以及公众参与的效果都会影响评估过程和评估结果。⑤ 还有研究认为，

---

① Paul Wildman. Methodological and social policy issues in social impact assessment. Environmental Impact Assessment Review，1990，10（1）：69—79.

② Maria Rosário Partidário. Elements of an SEA framework-improving the added-value of SEA. Environmental Impact Assessment Review，2000，20（6）：647—663.

③ Chaunjit Chanchitpricha，Alan Bond. Conceptualising the effectiveness of impact assessment processes. Environmental Impact Assessment Review，2013，43（1）：65—72.

④ Camilla Adelle，Sabine Weiland. Policy assessment：The state of the art. Impact Assessment and Project Appraisal，2012，30（1）：25—33.

⑤ Cathy A. Rakowski. Evaluating a social impact assessment：Short- and long-term outcomes in a developing country. Society&Natural Resources，1995，8（6）：525—540.

目前的评估方法不能评估累积影响，导致社会影响评估并不能完全反映社会影响，因而评估结果的有效性有待考证。① 由此可见，从社会影响评估结果的有效性到社会影响评估结果本身的决策运用，其间还受到诸多因素的影响，这也是理论和实践中亟须破解的一大难题。

五、 结语

社会影响评估是政治、政策和管理的重要工具，对于促进社会的良性发展和提升人们的福祉具有重要意义。在中国语境下，尽管我国的制度、文化和社会所处的发展阶段不同于西方，但是面向人们日益增长的美好生活需求的满足，面向国家治理体系和治理能力的现代化发展，亟须在信息、偏好和利益日益分散的社会中推动社会影响评估的科学化、民主化和精准化，以促进国家治理和社会发展更具前瞻性、预见性和预防性，促进良好的政策设计，确保资源的合理分配、社会的有效运转和公民权益的有效保障。西方的研究和经验表明，一个良好的社会影响评估需要处理好“评估什么”“怎么评估”“如何平衡评估中的冲突”三大问题。为此，可以从以下三个方面着力推动社会影响评估在我国的发展。

第一，建立和发展综合性的社会影响评估制度。政策、计划、规划和项目的社会影响是多方面的，不能“顾此失彼”，否则在重视某一方面的影响而忽视其他方面的影响时，随着时间的演进，那些被忽视的社会影响很可能演化为社会风险并转化为人们的某种认知而引发社会风险事件。作为一个综合性的评估框架，社会影响评估有助于打破政策、计划、规划和项目评估中不同影响的各自为政和碎片化评估，将政治、社会、经济、文化、环境、自然

① Jodie Asselin, John R. Parkins. Comparative case study as social impact assessment: Possibilities and limitations for anticipating social change in the far north. Social Indicators Research, 2009, 94 (3): 483-497.

的影响纳入综合的社会影响评估，从而实现更加完整、全面的影响识别、影响分析、影响预测和影响应对，促进国家和社会的可持续发展。

第二，建立和发展有效的社会影响评估模式。社会影响具有客观性、建构性、复杂性与动态性，因而建立恰当的评估模式极为重要。从民主治理的角度来看，社会影响评估需要保持开放性，要积极鼓励并为公众参与社会影响评估创造有利的制度和社会条件。因为无论是公共部门、私人部门还是专家，实际上都难以获得足够的知识去评估动态和多样化的社会影响。如果缺乏真实而有效的公众参与，评估者将难以获得有关政策、计划、规划和项目在各个阶段充分和准确的信息，也难以使社会影响评估结果得到足够的认同和支持。

第三，面对社会影响评估中的冲突，要处理好技术分析与政治分析、数据搜集与隐私保护、评估结果与决策运用之间的平衡。要区分不同类型的政策、计划、规划和项目，根据评估对象的属性确定技术分析与政治分析的要求，以精确的技术分析提升社会影响评估的科学性，围绕政治合法性的强化来提升社会影响评估的可接受性。在强化数据搜集与分析的同时，健全数据隐私和数据运用保护制度，保障数据的合理运用。为避免社会影响评估结果被束之高阁，需要在评估结果与决策运用之间建立常态化的衔接机制，促使社会影响评估落到实处、产生实效，起到实际的决策和管理方面的约束作用。

典 型 经 验 与 个 案

“四直为民”机制：基层整体性治理的新探索①

任　敏②

一、导言

社会经济的转型是国家治理发展变化的根本原因。改革开放以来，伴随着经济的高速增长，经济体制和社会结构也在发生着重大的转变。这种转变极大地改变了政府和市场、国家和社会的关系，进而催生了治理模式的变迁。如果说自1978年以来中国改革的重点是以市场化为主导的经济体制改革，那么，今天的改革已经进入分水岭，改革的重点已经变为国家建设或者国家重建。在国家重建的过程中，中国必须适应经济社会的变迁来重构国家治理模式。③ 基层治理是国家权力向社会延伸并为之订立规则的过程，当这些规则不再适应经济和社会转型所带来的变化的时候，基层治理也极易迅速地被推向社会矛盾的风口浪尖，成为经济发展和社会转型的阻力。中共十八届三中全会以来，推动国家治理体系的现代化和提升国家治理能力已经成为改革的明

---

① 基金项目：贵州省哲学社会科学规划一般项目《贵州省非对抗环境社会治理模式创新研究》(16GZYB10)；贵州大学协同创新中心一般项目《生态文明建设中的管理体制机制创新研究》(2015G001)；本文载于《探索》2018年第2期。

② 作者简介：任敏，贵州大学公共管理学院教授，硕士生导师。

③ 马骏：《经济、社会变迁与国家重建：改革以来的中国》，《公共行政评论》2010年第1期。

确目标，这充分表明党和国家对这一形势已经有了清醒的认识和准确的把握。

基层治理是国家治理体系中最广泛和最基础的部分，农村基层治理和乡村民主政治更是学术界的热点领域。在已有的研究中，对于当前农村基层治理问题和困境的认识，较有影响的观点主要有以下几个方面。

一是基层政权的悬浮化。周庆智认为2004年国家全面取消农业税以来，乡镇政府成为上级政府的派出机构，与乡村社会的联系程度变得疏离而失去了“合法性”的关联，乡镇政府“悬浮”起来，但是乡镇政府的行政权威并未消失，只是在功能上相对模糊。① 周飞舟的观点则是农业税费改革之后，基层政权从过去依靠收农业税费来维持运转变为争取上级转移支付，从“要钱要粮”变为“跑钱”和借债，乡村财政困境造成农村公共品供给严重短缺，基层组织演变为松散的“悬浮型”政权。② 贺雪峰则将取消农业税后国家行政力量开始退出乡村社会认定为乡村治理基本逻辑的巨大变化之一。③ 饶静、叶敬忠将中西部乡镇政权变化后的角色概括为高度依赖县级政权组织的“政权依附者”。④ 于建嵘也明确提出，应警惕政权退化，特别是一些中西部缺乏资源、经济发展相对较差地区的基层政权把主要精力放在如何维持自身的生存运转，从而与农民的关系日益疏离，“悬浮”于农村社会之上的现象。⑤

二是基层政权的内卷化，即政权功能的一种结构性退化，表现出显著的自主性和自利性动机增强、行政角色单一化、形式化以及社会服务和社会管理功能的弱化。“内卷化”经戈登威泽、格尔茨、黄宗智等人用于分析文化和

① 周庆智：《基层治理：一个现代性的讨论—基层政府治理现代化的历时性分析》，《华中师范大学学报（人文社会科学版）》2014年第5期。

② 周飞舟：《从汲取型政权到“悬浮型”政权——税费改革对国家与农民关系之影响》，《社会学研究》2006年第3期。

③ 贺雪峰：《论乡村治理内卷化——以河南省K镇调查为例》，《开放时代》2011年第2期。

④ 饶静，叶敬忠：《税费改革背景下乡镇政权的“政权依附者”角色和行为分析》，《中国农村观察》2007年第4期。

⑤ 于建嵘：《警惕农村基层政权退化》，《南风》2012年第14期。

农业生产的领域，由杜赞奇将这一概念引入政治领域，提出了“国家政权的内卷化”。马良灿将“内卷化”用于描述乡镇政权社会服务和社会管理功能弱化、行政角色单一化、形式化以及自利性动机增强。① 于建嵘将基层官员与黑恶势力勾结以获取资源和利益的情况称之为掠夺资源型“内卷化”。② 陈峰探讨了在资源输入背景下，基层组织在不同的治理主要形态下如何形成分利秩序，使得国家与地方的公共资源遭受侵蚀，国家、基层组织与农民三者之间利益与责任的连接纽带和制衡关系发生断裂进而导致乡村治理内卷化。③ 贺雪峰则将造成国家资源和国家政权的合法性流失并形成恶性负反馈看成内卷化的危害。④

三是农村公共服务提供的碎片化。由于基层政权的权威结构没有被完全整合进国家政权体系中，税改以前农村基层公共物品过度依赖于基层政府的“摊派筹资”，取消农业税以后基层政府又面临着财权和事权的失衡，这也加剧了农村公共产品和服务提供的碎片化。杨华、王会认为，虽然过去被纳入农村基层组织的事宜划拨给了职能部门，但是以科层化、职能化、专门化、独立化为基本特点的国家职能部门与乡村社会的非程式化、不规整性、综合性问题和治理不契合。⑤ 曲延春进一步将我国在公共产品供给中形成的以城市为中心、从城市向农村不断扩散的城乡差序格局下农村公共产品供给的碎片化特征总结为供给主体、供给决策、供给监督、供给内容等方面的碎片化。⑥

---

① 马良灿：《“内卷化”基层政权组织与乡村治理》，《贵州大学学报》2010 年第 3 期。

② 于建嵘：《警惕农村基层政权退化》，《南风》2012 年第 14 期。

③ 陈峰：《分利秩序与基层治理内卷化：资源输入背景下的乡村治理逻辑》，《社会》2015 年第 3 期。

④ 贺雪峰：《论乡村治理内卷化——以河南省 K 镇调查为例》，《开放时代》2011 年第 2 期。

⑤ 杨华，王会：《重塑农村基层组织的治理责任——理解税费改革后乡村治理困境的一个框架》，《南京农业大学学报（社会科学版）》2011 年第 2 期。

⑥ 曲延春：《差序格局、碎片化与农村公共产品供给的整体性治理》，《中国行政管理》2015 年第 5 期。

汪锦军认为，政府单一主体供给、市场主导供给以及民间自给自足这些传统的供给模式在公共服务供给中过于碎片化，无法为农村公共服务提供整体协调的机制安排。[①] 杜春林、张新文则根据各个时期碎片化的特征，将碎片化区分为制度隔离型碎片化、资源匮乏型碎片化和府际竞争型碎片化。[②]

四是行为模式的运动化，即习惯于以政治动员等非制度化手段取代常规化、制度化的行政管理方法，导致难以实现现代理性政府的稳态运行。“运动式治理”是解释中国官僚体系非常态化运作的一个重要概念。马明洁较早就以“经营型动员”概念来分析乡镇政权“逼民致富”的过程。[③] 冯仕政以政体为中心，在新中国的维权体制中就国家运动的形式和变异提供了整体性解释。[④] 周雪光则从整个官僚体制的内生性困境入手分析了“运动式治理”的成因。[⑤] 欧阳静在与相关理论对话的基础上，富有洞见地区分了“国家运动型治理”与“基层运动型治理”的不同，进而指出后者是“一种常规性的行政机制，而非临时性的、任意发动的、非常规的政治机制”。[⑥] 以上问题导致部分基层政府陷入“合法性危机”或者“政治困境”，具体表现为政府信任的差序化，公众对基层政府呈低信任甚至不信任态度，部分地区的基层治理陷入“塔西佗陷阱”。[⑦]

---

① 汪锦军：《农村公共服务提供：超越“碎片化”的协同供给之道——成都市公共服务的统筹改革及对农村公共服务供给模式的启示》，《经济体制改革》2011 年第 3 期。

② 杜春林，张新文：《乡村公共服务供给：从“碎片化”到“整体性”》，《农业经济问题》2015 年第 7 期。

③ 马明洁：《权力经营与经营式动员：一个“逼民致富”的案例分析》，清华大学社会学系主编：《清华社会学评论特辑》，厦门：鹭江出版社，2000 年。

④ 冯仕政：《中国国家运动的形成与变异：基于政体的整体性解释》，《开放时代》2011 年第 1 期。

⑤ 周雪光：《运动型治理机制：中国国家治理的制度逻辑再思考》，《开放时代》2012 年第 9 期。

⑥ 欧阳静：《论基层运动型治理——兼与周雪光等商榷》，《开放时代》2014 年第 6 期。

⑦ 所谓“塔西佗陷阱”是西方政治学的一个定律，指在政府公信力这个问题上，当政府不受信任的时候，无论政府怎样做都会受到公众的质疑和批评。

中国农村的基层治理由于发展阶段、地域和经济发展水平、社会发展程度的不同存在较大的差异性，但在以上问题的表现方面的确显示出一定程度的共性特征，其本质是国家和社会、政府与市场的关系不顺，治理能力未能满足社会转型和发展的要求。因此，农村基层治理的变革应针对以上困境破局，从而满足国家和基层社会的需求，重构国家和社会、政府与市场的关系。正是在这一背景下，各地在基层治理创新方面不断进行探索。从 2014 年起，为提升服务能力，建设效率、市场、竞争、灵活相统一的服务型基层政府，贵州省凤冈县开始探索实施“党群直议话民事、干群直通连民心、县乡直达惠民利、民生直办解民忧”的“四直为民”新机制，通过在基层治理领域大胆创新，形成了一套较为系统和成熟的基层治理新机制。“四直为民”不仅丰富了基层民主形式，而且是对推进国家治理能力现代化、建立基层治理新模式的一种可贵尝试。这种新模式较为符合“整体性治理”的范式特征，是中国西部地区地方政府在这一领域的新探索，较好地顺应了西部地区经济发展和社会转型的实际情况和对基层治理的要求，取得了令人瞩目的效果。本文首先介绍理论分析工具——整体性治理理论，随后，对凤冈县“四直为民”机制产生的背景及其主要制度设计进行分析，探讨这种整体性治理新机制如何突破当前基层治理的“悬浮化”“内卷化”“碎片化”“运动化”等，最后，分析它对于基层治理创新发展方面的重要意义。

二、 理论分析工具：整体性治理

整体性治理（holistic governance）的理论和实践兴起于后新公共管理时代，人们通常认为自 20 世纪 90 年代末起便进入了后新公共管理时代。这一理论发端于英国，基于对新公共管理的批评，整体性治理模式成为新的改革指导，被当时执政的英国工党所采纳。英国新工党政府实行的“协同政府”即是整体性治理实践的操作化结果，用以解决之前执政的保守党政府的碎片化政策和回应中央政府的“空心化”问题。① 该理论的代表人物是佩里·希克斯和帕却克·登力维。近年来，国内外学者对这一理论的引介和研究力度不断加大，该理论甚至被认为有望成为 21 世纪有关政府治理的大理论。② 公共管理理论从以传统官僚制理论为代表的旧公共行政理论发展到风靡一时的新公共管理理论，对于之后的发展方向，学者们有不同的认识。其中，因为对传统官僚制理论和新公共管理改革经验教训的继承和修正，再加上揉入了信息时代的组织和技术特征，将整体性治理理论作为新兴政府治理新模式的呼声很高。

整体性治理强调用“整合化”的组织形式，通过正式组织管理关系和各种伙伴关系、网络化结构等方式，实现有效利用资源、协商解决公共问题和综合供给公共服务。在整体性治理的视野中，政府改革方案的核心是通过政府内部门间及政府内外组织间的协作达到以下四个目的：第一，排除相互拆台与腐蚀的政策环境；第二，更好地使用稀缺资源；第三，通过聚合某一特定政策领域的利益相关者以产生协同效应；第四，向公众提供无缝隙而不是碎片化的公共服务。③ 整体性治理的理论议题恰好是针对部门主义、各自为政等现实沉疴而提出的，其重新整合的思路是逆部门化和逆碎片化。整体性治理就是以公民需求为治理导向，以信息技术为治理手段，以协调、整合、责任为治理机制，对治理层级、功能、公私部门关系及信息系统等碎片化问题进行有机协调与整合，不断从分散走向集中、从部分走向整体、从破碎走向整合，为公民提供无缝隙且非分离的整体型服务的政府治理范式。

整体性治理的逻辑具体体现在“协调与整合”的工具理性和以“以公民

① 胡象明，唐波勇：《整体性治理：公共管理的新范式》，《华中师范大学学报（人文社会科学版）》2010 年第 1 期。

② 曾凡军，韦彬：《整体性治理：服务型政府的治理逻辑》，《广东行政学院学报》2010 年第 1 期。

③ 高建华：《区域公共管理视野下的整体性治理：跨界治理的一个分析框架》，《中国行政管理》2010 年第 11 期。

为中心回归”的价值理性。[①] 通过组织建构层面的层级整合、责任感与制度化的工具契合、信息技术的深层应用，诠释了“逆碎片化”的“整体性主张”。[②] 整体性治理所要求的协调机制既包括协调行动者之间的利益关系，也包括协调行动者与整个合作网络的关系，主要包括价值协同的协调机制、信息共享的协调机制、诱导与动员的协调机制。[③] 整体性治理的整合是指“通过为公众提供满足其需要的、无缝隙的公共服务，从而达致整体性治理的最高水平”。[④] 整体性治理强调以预防导向、公民需求导向和结果导向满足公民需求作为主导理念，以解决人民的生活问题为政府运作的核心，此外，还包括其他一些重要内容，如信任、责任感、预算和制度化等功能性要素，希克斯则是把信任作为整体性治理所需的一种关键性整合。[⑤]

三、“四直为民”机制的产生背景

贵州省凤冈县“四直为民”机制诞生的契机是凤冈县委县政府为了贯彻和落实党的十八大提出的“建设学习型、服务型、创新型的马克思主义执政党”，确保党始终成为中国特色社会主义事业的坚强领导核心，实现在群众路线教育实践活动中提出的要重点解决联系服务群众“最后一公里”这一对基层党组织的新要求，也恰好顺应了凤冈县亟待解决的基层治理困境的需求。当时的凤冈县政府和西部地区大多数基层政府一样，伴随着经济的发展、社

① 寇丹：《整体性治理：政府治理的新趋向》，《东北大学学报（社会科学版）》2012年第3期。

② 范逢春：《农村公共服务整体性治理框架研究》，《求索》2014年第12期。

③ Perry，Dinna Leat，Kimberly Seltzer，Gerry Stoker. Towards holistic governance：The new reform agenda. New York：Palgrave，2002.

④ Perry，Dinna Leat，Kimberly Seltzer，Gerry Stoker. Towards holistic governance：The new reform agenda. New York：Palgrave，2002.

⑤ 曾凡军，韦彬：《后公共治理理论：作为一种新趋向的整体性治理》，《天津行政学院学报》2010年第2期。

会的转型、各种利益关系调整和思想观念的变化，“两张皮”现象成为阻碍发展的主要障碍。当地政府把这些问题概括为基层治理“两张皮”、县乡权责“两张皮”、便民服务“两张皮”和服务质量与群众期盼“两张皮”。例如，“党的主张和群众的意愿慢慢割离，导致政府想做的群众不乐意，群众想办的政府不愿干”就是基层政权“悬浮化”的典型表现。“由于利益部门化倾向，一些县直部门掌握着重要资源和权力，把规划、项目、资金、监管等权力牢牢握在手中，好事自己做，责任镇村担，县乡权责极不对等，增加了中间消耗，打击了镇村的工作积极性”则是基层政权“内卷化”的典型体现，这种县乡关系的权责失衡也必然会导致农村公共产品提供的碎片化。正如便民服务“两张皮”所描述的，“一方面，由于乡镇‘七站八所’经过撤并乃至上划，大多已上收到县直部门，以致群众办一些小事却需要县乡多头跑，增加了办事成本。另一方面，基层党组织服务群众仍然以原始而简单的方式进行，如赶集日集中办理、工作日上门发放宣传单等，方法简单，效率低下，不能满足群众专业化、多样化、便捷化的需求”。这种治理困境必然会导致服务质量与群众期盼“两张皮”，即服务手段仍然是“老三样”“旧把式”，越来越不合群众“口味”，导致群众要求什么事都要办得好、办得快，基层却无力办得好、办得快。① 这里面也存在一些行政村合并后带来的问题，由于小村变成了大村，大多数村民离村委会的距离增加了，办起事来就觉得远了，加之村委会的办事人员并未随着地域、人口、事务量等因素的增多而增加，导致村级服务半径过大，甚至出现了“盲区”。以上四个“两张皮”现象实际上与前文所论及的基层治理的主要困境基本一致。

“四直为民”发端于凤冈县进化镇中心村。自 2005 年以来，中心组通往双龙组短短两公里的通组公路修了四年多都未修通，其原因是群众在这条公路的投工投劳、集资及占地等方面没有统一意见。鉴于这样的情况，在村支

① 四个“两张皮”来源于实地调研中有关领导干部的现场介绍。

“两委”的支持下，当地群众选出了自己的当家人和议事小组，让村民在党员的带领下，自主解决了以上问题，修成了这条路。2009 年，凤冈县被列为全省第四轮农村改革试验试点，以村民小组为单位开始建立民主议事会，并以“发展、法律、道德、风气、和谐”为核心内容开展议事。组议事会形成了“党群直议”的雏形。

凤冈县“四直为民”机制经历了三个发展阶段：一是上文所述改革试验催生了议事会。二是议事会催生了“党群直议”。由于“撤并建”后存在村级区域面积大、服务半径过大、农村基层党组织与基层自治组织之间协调度不够等问题，导致党内民主引领人民民主面临新的挑战，党群直议制应运而生。三是“党群直议”催生了“四直为民”。2014 年，时任贵州省省长的陈敏尔在凤冈县调研指导教育实践活动时提出“要在深化改革、加快发展、改善民生中走好群众路线”的要求，凤冈县委以解决联系服务群众“最后一公里”的问题为出发点，在“党群直议”的基础上，创新推出了“四直为民”联系服务新机制，并将其定位为统揽全县基层党建工作的总抓手和一项中长期的战略目标任务来推进。

四、“四直为民”机制的整体性治理分析框架

（一）“四直为民”机制的出发点与整体性治理目标相契合

公共性的回归是整体性治理的重要特点。针对新公共管理的管理主义取向所带来的公共性缺失，整体性治理在很大程度上体现了对现代公共行政合法性来源的重塑，吸纳了价值理性的公共行政的多种学术主张，体现了服务型政府的基本特征和内在属性，其作为一种公共精神体现为民主、责任、公正和服务精神。因此，整体性治理的最大价值正是体现在尊重公共意志、提供公共服务和实现公共目标这些公共性的回归和强调上。通过制度和行动，整体性治理最终外化为合作、互动、参与等实现手段。与新公共管理以效率

为主要宗旨的治理模式相比较，整体性治理以满足公民需求作为主导理念，把公民的需求作为衡量价值的优先，将治理的重心由组织效率向公众需求转移，体现出更多的服务取向以及对效率和公平的平衡。所以，公共产品和公共服务均等化等命题更加符合整体性治理的语境。

“四直为民”的直接出发点是解决“末梢堵塞”问题，打通联系服务群众的“最后一公里”。也就是说，新机制从一开始就是源于公民的需求未能得到满足而形成的，具有鲜明的问题导向，而根本目标则是围绕着“话民事、连民心、惠民利、解民忧”四个方面，这体现了基层治理为民众提供无缝隙公共服务和服务型政府的公共性取向。从“四直为民”最终的落地目标上看，“党群直议、干群直通、县乡直达、民生直办”四个工作机制均有很强的操作性，体现出合作、互动、参与等整体性治理的主导理念，并且落脚到产业发展、乡村旅游、返乡创业以及基层建设创新、农村脱贫致富，落实到民生和发展的根本目标上来，充分地体现了对效率和公平的平衡以及治理的重心从组织效率向公众需求的转移，体现出服务性政府的基本取向和以人民为中心的价值追求。由此可见，“四直为民”机制紧密围绕“为民”这一设计目标与整体性治理的根本目标具有很高的契合度。

（二）“四直为民”的基层整体性治理运行机制

如果说，“四直为民”的目标体现了整体性治理的价值理性，那么“四直为民”的“党群直议话民事、干群直通连民心、县乡直达惠民利、民生直办解民忧”四个实现途径则是从工具理性的层面来实现整体性治理逆碎片化的核心目标。凤冈县基层治理的四个“两张皮”现象也是当代中国乡村治理特别是中西部地区乡村治理的典型写照。导致这些现象的根本原因是政府中存在严重的部门主义以及公共组织责任和服务的碎片化，反映出政府基层治理整体功能的不足。总体来看，由于中西部经济社会发展水平和发展条件的特殊性，基层治理的一元化特征相对突出，也就是说，中西部地区基层社会相对弱小、经济相对落后，单靠社会、市场的力量很难改变农民的生活环境和生存处境。因此，在一个相对长的时间内，基层政府依然是配置资源、维持秩序的权威性核心。但从另一个方面来看，基层政权在转型中出现的关系不顺、体制滞后等问题对社会的影响更大，从而导致乡镇治理中“价值碎片化”“体制碎片化”“权威碎片化”“政府职能碎片化”“预算制度碎片化”等现象加剧。① 也正是由于以上原因，基于对政府治理模式进行反思而出现的整体性治理工具，对于我国农村基层治理特别是中西部地区基层治理的适用性更强。整体性治理所追求的公共性目标及其强调的整合、协调机制，以及建立在平等、相互信任的诚信关系和合作伙伴关系基础上的信任机制也契合了基层治理寻求的国家整合和社会融合的目标（见图 6-1）。因而，作为工具理性意义的整体性治理运行机制为当前基层治理改革创新提供了一种可能的出路。

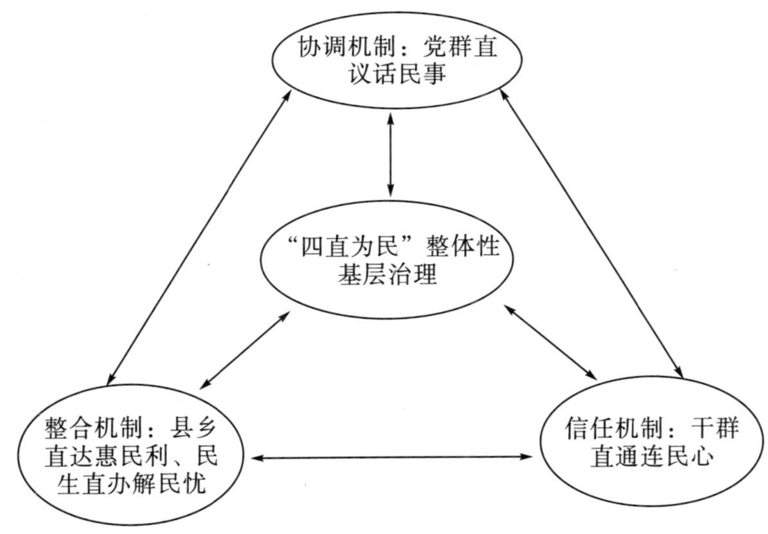

图 6-1　整体性治理视角下“四直为民”的运行机制

1. “四直为民”整体性治理的整合机制

整体性治理的理论认为，整合的目标是为公众提供满足其需要的、无缝隙的公共服务，从而达到整体性治理的最高水平。整合的原因是由于当前公

① 赵树凯：《乡镇治理与政府制度化》，北京：商务印书馆，2010 年。

共事务的复杂性而导致大量棘手的公共问题。传统思维的线性模式和单一的方法手段很难解决这类问题，需要立体化的治理以及多方主体以多种方式参与。整体性治理的整合包含治理层级的整合、治理功能的整合和公私部门的整合①三个方面。为达成以上三个方面的整合，需要突出包括政策、规章、服务与监督四个层面在内的治理行为。②

第一，“四直为民”整合机制首先通过“直达”实现治理层级的整合。治理层级的整合涉及行政体制改革。凤冈县通过大力推进简政放权，把县级行政资源科学地下放到乡镇，推进政策、项目、技术、人才、监管直达，为群众直接提供无缝隙的公共服务。具体来说，一是实施政策直达。按照程序精简、能放则放的原则，罗列出与基层关系最直接、由乡镇实施较为科学的基础设施建设项目、民生资金兑现、个人证照办理、产业扶持项目等审批事项清单，将审批权下放到乡镇，减少了凡审批事项群众都往县城跑的现象。二是实施项目直达。综合考虑政策、技术、资源等因素，重点围绕“小康六项行动”，把涉及基础设施建设项目的招投标、组织实施、验收付款等事项下放到乡镇，县直主管部门主要负责信息、技术等服务指导，改变主管部门“既当运动员又当裁判员”的现象。三是实施技术直达。采取“技术跟着项目走”的方式，针对重点工程、重点项目以及乡村对技术的需求，通过远程教育、农民大教育、农民夜校等学习教育服务平台，由技术人员制作、刻录技术课件提供网上学习或下乡直接讲授。四是实施人才直达。采取“人随事走”的方式，从县直部门选派专业技术人员到项目实施地的村挂任党总支副书记，或选派县直部门班子成员到有项目实施的乡镇挂任党委副书记，实现人才与项目“点对点”的服务。五是实施监管直达。围绕农村基础设施项目建设，

① Perry，Dinna Leat，Kimberly Seltzer，Gerry Stoker. Towards holistic governance：The new reform agenda. New York：Palgrave，2002.

② Perry，Dinna Leat，Kimberly Seltzer，Gerry Stoker. Towards holistic governance：The new reform agenda. New York：Palgrave，2002.

将项目监管的职责下放到组议事会，并组织项目实施地的群众代表担任工程质量监督员，避免了以前“包工头不买群众账”的现象，同时减少了“群工矛盾”，确保把每个工程都建成放心工程。[①]

根据整体性治理理论，为了达成治理机制的整合，需要特别突出包括政策、制度、项目（服务）及监督四个层面的治理行为。从政策的角度来看，过去基层政府在很多公共服务领域中被动地执行上级政府的各种统一决策，自上而下的考核任务也常常使基层政府不堪重负，导致公共政策有效执行的扭曲。凤冈县通过把很多县级行政资源下放到乡镇，特别是将一些和基层关系最直接、由乡镇实施较为科学的审批事项的审批权也下放到乡镇，激发了基层政府的活力和积极性。从服务项目的角度来看，基础设施建设项目、民生资金兑现、个人证照办理、产业扶持项目等民众公共需求程度较高、与民生联系密切的项目是“直达”的重点。农村公共服务项目出现碎片化现象的根本原因还是科层制体系根深蒂固的条块分割特征。直达的机制可以有针对性地破除科层制狭隘的服务视野以及政策目标和手段的冲突等弊端，使得依附于科层体系的项目制运作的组织基础发生变化。从监督的角度来看，将项目监管的职责下放到组议事会，并组织项目实施地的群众代表担任工程质量监督员，让监督的主体回归到群众那里。农民作为农村公共服务的需求者与最终消费者，让他们成为监督的主体才能去除农民需求表达话语权缺失形成“供给与需求”错位的弊端，形成“目标”与“手段”的合一。从制度的角度来看，技术和人才的直达通过建立“技术跟着项目走”以及“人随事走”等制度极大地保障了“直达”的常态化运行。总的来说，虽然我国实行四级政府层级，但是改革开放以来，基于城市政府带动县域经济发展初衷的“市管县”体制造成了实践中的五级政府层级格局，这加剧了政府在纵向层级上对

---

① 参见《关于开展“四直为民”创建工作推进党的群众路线教育实践活动的实施意见（试行）》等系列文件和其他制度规定。

资源、政策等方面的竞争，这也是农村公共服务治理效果和效率受到抑制、农村公共服务治理层级出现“碎片化”的主要原因。从凤冈县“四直为民”机制五个“直达”的具体内容可以发现，能够取得实效的原因也正是因为抓住了整体性治理的关键点，即政策、制度、项目（服务）和监督。

第二，“四直为民”整合机制通过“直办”实现治理功能的整合。凤冈县以办理民生事项为目的，配套建立相应的分类办理、限时办结、追踪问效、责任处理等机制，同时，组建茶乡勤务员队伍开展民生直办，解决群众办事难、为群众办事慢的问题。一是分类办理，扫除“空白点”。把搜集到的民生问题按照本质类型、难易程度、轻重缓急等，划分为民需、民急、民诉、民盼、民意五大类，并按照特事特办、大事大办、急事速办、要事细办、难事重办的原则，分门别类地建立工作台账，明确责任主体、完成时限。全县所有的信访积案都明确了县级、科级责任人，并要求限时、分类、逐一化解。二是组建队伍，找准“服务点”。结合因“合村并组”后基层服务半径过大、党组织服务不到位导致群众办事不便等问题，组建县、乡、村、组四级“茶乡勤务员”队伍，把优抚补助、养老保险、合作医疗、证照办理等与群众密切相关的事项都委托给代办员全程代办，变“干部动嘴、群众跑腿”为“群众动嘴、干部跑腿”。“直办”机制在一些细节的设计上也体现了公共服务的精细化。例如，为了让村民熟悉民生事项的办事流程，所有的公共服务事项，无论是办理事项的名称、时限、办理条件、办理时间，还是所需材料、基本流程，都在中心村公共服务大厅前台的公共服务明白卡中进行详细解读，村民们可以根据明白卡熟悉办理流程，大大提高了办理事项的工作效率。而且，公共服务大厅办理的 13 项公共服务事项与贵州省网上办事大厅的 13 项公开办理事项完全一致。这样，村级政务服务中心实现了线上咨询和线下办理的结合，村民们可以在家通过线上查询或在线咨询准备所需的办理材料和证件，到场后直接办理，从而成为线上线下服务为一体的综合性、集中式政务服务场所。

整体性治理的整合机制特别强调政府功能的整合，比如在政府部门内部横向关系的重构上，将一些横向业务相似、职能相近的部门进行整合，综合设置一些服务机构，从而提供“一站式”的服务，减少由于服务职能交叉而造成的效率低下。凤冈县在民生直办方面的制度措施体现了精细化分类和精细化管理的特征。在《关于开展“四直为民”创建工作推进党的群众路线教育实践活动的实施意见（试行）》中，对民需、民急、民诉、民盼、民意五大类民生类事务做出了详细明确的说明。建立服务点和全程代办的工作机制事实上也是为民众提供一站式服务。从以上整合的功能来看，“四直为民”整体性治理机制有效运行的成功经验首先在于整合与维护机制的保障力，从政策、项目、技术、监管、人才这五个方面实现了资源整合与维护机制。整合是整体性治理最重要的机制，资源整合可以极大地保障农村公共服务供给的长期有序运转。整合机制使得基层政府在农村公共服务供给过程中扮演着“政策传播者”和“实施推进者”的角色，通过把政府“顶层设计式”的宏观政策加以整合、细化、分类等，并以“项目包装”的方式传递到基层政府。[①] 整合之所以重要，是因为从发展趋势上看组织具有功能过度分工而形成的“碎片化”趋势。传统官僚制的层级体制运作之下，县政府作为农村公共服务重要的规制者、供给者，在组织功能上已经形成了过度分散化和重叠交叉的部门间职能。涉农部门在各自的职能和政策领域会出于“经济人”理性而产生趋利行为，从而在治理功能上形成“各自为政、争权夺利”的“碎片化”局面。“四直为民”的整合机制就是通过上述资源整合和维护机制，从治理层级和治理功能两大方面实现了对农村公共服务“碎片化”问题的改进，“直办”和“直达”既惠民利、解民忧，更切实解决了农村基层治理的“悬浮化”问题。

---

① 张新文，詹国辉：《整体性治理框架下农村公共服务的有效供给》，《西北农林科技大学学报（社会科学版）》2016 年第 3 期。

2.“四直为民”整体性治理的协调机制

第一，“四直为民”整体性治理通过“直议”建立协调机制。凤冈县以基层民主政治建设为目的，在党支部领导下，党员、群众共同进行农村事务的协商、决定、执行等，围绕“发展、法律、道德、风气、和谐”开展议事，并构建以“党群直议制”为抓手的“12345”基层民主治理体系。“1”是一个体系，是指构建一个党内民主带动人民民主的工作体系，把事关本村（社区）、本组（小区）经济社会发展、公共事务和民生事务的协商、决定、执行等权力交到党员、群众的手中，充分保障群众的参与权、知情权、选举权、监督权。“2”是两个平台夯基础，即在自然村寨或村（居）民小组、相对集中联片区域建组级党支部，搭建党内议事平台；以村（居）民小组为单位，选举由5~7名成员组成的组级议事会，搭建群众议事平台，消除党建“盲区”和组织“空白点”，促进党群合法合规、有节有序地参与互动，保证党内决策和群众意愿共同协商、共同决定。“3”是三个主体，即针对民主提议和决议主体范围不广、民主参与程度不够等难题，突出基层组织、党员、群众在基层民主议事中的职责主体和作用主体，使“谁来提议、谁来决议”主体明确、重点突出、职责清晰，实现民主议事最大化。“4”是四个程序，即围绕党员、群众关心关注的热点、重点、焦点问题，着力规范“提、评、审、决”程序，确保所议事项“议得准、议得实、合民意、效果好、能实施”。“5”是五项内容，是指围绕党员和群众所需、所思、所盼，将“发展、法律、道德、风气、和谐”作为议事核心内容，提高议事针对性、实效性，保证议事不虚、不空、不偏。①

“问题的解决”是整体性治理视角下政府活动的逻辑起点。为了充分利用各利益相关方的专有资源和特色优势，行动者应广泛地使用沟通、协商和谈判机制。作为最重要的行动者，政府不应以权威和命令作为主要的手段和工

---

① “12345”基层民主治理体系来自凤冈县委的总结材料。

具，新公共管理所器重的合同和契约关系也不能满足整体性治理的需求。以“党群直议制”为抓手的“12345”基层民主治理体系破解了权威和命令手段的单一化，热点、重点、焦点问题反映出群众所需、所思、所盼的问题解决导向。

第二，“四直为民”整体性治理通过制度使协调机制常态化。治理与管理最大的不同就是相关多元治理主体的共同参与以及持续的互动机制，农村治理最大的难点也是如何建立持续有效的党员与群众之间、政府与民众之间制度化的互动机制。管理学意义上的互动机制是协同治理的基础，也就是在基层政权和社会之间建立共同的利益关联结构的过程。协调机制之所以是管理学永恒的话题，其原因就是不同的组织、不同的利益主体在管理的过程中总会有不同的诉求，当这种诉求的分散化和强度达到一定程度的时候就会危及组织目标的实现。传统管理的效率来源主要是分工，而现代治理的主要效率来源是合作。“党群直议话民事”就是在治理的过程中吸纳和整合不同利益群体的声音，是政府与社会关系“新合作主义”的具体体现，是增加整体性治理合法性、减少不稳定风险、发挥社会动员的主体能动性的重要途径。“一个体系、两个平台、三个主体、四个程序和五项内容”使得协调机制具有了持续运行的制度化保障。为了将这项机制落实，凤冈县出台了《党群直议办法》《党群议事日工作制度》《组级联席会议制度》《包片联户议事制度》《凤冈县党群直议规则》等相关的工作制度和办法，通过精细化的制度安排和实际运作夯实了整体性治理的协调机制。持续运行的制度化保障也是农村基层治理行为“运动化”问题的解决之道。

第三，“四直为民”整体性治理通过“双向”使协调机制动态化。“党群直议制”的运行模式又分为两种议事方式：一是自上而下议事，按照村党总支提议→村两委商议→村党员大会审议→村民代表大会决议的方式，构建起自上而下的民主议事体系，把上级党组织安排部署的工作及时有效落实到基层，并转化成党员和群众的自觉行为，让基础设施建设、产业发展项目能够事半功倍地落到实处；二是自下而上议事，按照两员（党员、议事会成员）提议→两组（组级党支部、组级议事会）评议→村两委（村民委员会、村总支委员会）审议→两会（党员代表大会、村民代表大会）决议的方式，构建起自下而上的民主议事体系，将农村党员和群众的意愿上升为基层党组织的主张，让环境整治、社会治安等风气和谐类的村风民风建设能以村规民约、组规民约的方式成为约束村民自身行为的有效措施。围绕贫困户、低保户、特殊对象户等开展“直议”，不仅提高了精准识别率，同时也保障了群众的知情权、参与权、决策权和监督权，让群众心服口服。“直议”形式多样，支部会议、组议事会议、院坝会议、田坎会议等方式灵活使用，就在议事的过程中，当地的产业发展、基础设施建设、项目整治、村风民风建设和集体经济发展等不少问题找到了解决的方案。①

协调机制的双向性是整体性治理关键层面实现良性互动的保证，其实现机理是目标与手段的相互增强。希克斯以目标和手段的互相冲突和互相增强为标准区分了四种不同类型的政府，其中，没有治理的贵族式政府目标和手段均为相互冲突，碎片化政府是目标互相增强而手段相互冲突，渐进式政府则是目标互相冲突而手段互相增强，只有整体性政府属于目标相互增强和手段相互增强的情况。② 也就是说，整体性治理致力于从一系列明确且互相增强的目标中发现和完善使得参与相关各方形成良性关系的治理工具。价值协同、信息共享、诱导与动员的协调机制就是在这样的目标和手段相互增强的协调过程中建构起来。在整体性治理理论中，最正式和核心的目标是如何有效地处理公众最关心的问题，也就是说，整体性治理是以需要为基础的。因此，治理体系中目标的设定应该考虑到四个关键层面（政策、顾客群体、组织和机构）中的每一个层面。而“四直为民”的双向党群直议机制中“两员（党

---

① 相关内容来自进化镇中心村和何坝镇水河村驻村干部的介绍。

② Perry，Dinna Leat，Kimberly Seltzer，Gerry Stoker. Towards holistic governance: The new reform agenda. New York：Palgrave，2002.

员、议事会成员)”“两组(组级党支部、组级议事会)”“两委(村民委员会、村总支委员会)”“两会(党员代表大会、村民代表大会)”的互动过程既关注了不同目标群体的需要,也有效地协调了各种组织和人的关系。通过双向的“直议”,对不同目标群体的动机进行较大程度的整合。通过互动和磨合,产业发展、基础设施建设、项目整治、村风民风建设方面明确一致的目标逐渐形成。目标是为了改进结果,手段是为了促进目标,公共服务的提供和推进政策动议的具体手段也起到了互相增强的作用。根据整体性治理理论,互动和整合的程度越高,治理体系的凝聚力就越大,互相掣肘和各自为政的情况也就越少,各方连接就越紧密。双向协调机制使得农村基层治理的“内卷化”问题得以破解,在国家整合和社会融合的过程中,搭建了国家和社会互动的桥梁。

3. “四直为民”整体性治理的信任机制

第一,通过“干群直通连民心”建立整体性治理的信任机制。凤冈县通过推进“平台、信息、联系、声音、情感”直通,实现干部与群众心连心。“平台”是指建立县、乡、村、组四级群众工作平台,让群众话有地方说、事有地方办,实现干部与群众有平台直通。“信息”是指依托凤冈新华网、县人民政府网、凤鸣高冈微信公众平台,以及建立县、乡、村三级微信群等信息平台,实现惠民政策、行政审批、便民服务等信息直通。“联系”是指通过开展领导蹲点调研、干部驻村联户、脱贫攻坚结对帮扶等措施,以脱贫攻坚结对帮扶户为圆心,同步走访周边群众,发现问题并及时解决问题。通过开展“访民情、释民惑、解民难”干部大走访活动,各级领导干部深入基层走访,实现与群众的联系直通。“声音”是指发挥结亲干部、驻村干部上情下达、下情上传的作用,推动党的声音进万家,又将基层群众的诉求反馈给上级,实现党和群众声音直通。“情感”是指结合干部驻村联户,深入推进“三关爱”工程,重点为特殊群体解疑惑、办实事,拉近干部与群众的距离,实现情感直通。例如,何坝镇在干群结对“连民心”的工作中,针对贫困户、低保户、特殊对象户等开展结对帮扶、驻村帮扶；对留守儿童进行结对关爱，对留守儿童开展摸底登记，由干部及教师与他们结对；通过民警走访联系空巢老人，增强警民关系，促进社会和谐稳定。永安镇结合“党员连心干群结亲”等活动，采取干部“1+N”模式结对联系群众，深入建立“鱼水感情”，全镇 90 多名干部均结对联系了当地群众，并通过一系列联系活动不断拉近干群距离，干群关系进一步融洽，干部再也不怕下乡，群众也开始主动与干部联系。

第二，“四直为民”通过信任机制提升基层治理的濡化能力。濡化能力也是治理能力的重要组成部分，它是指形成被广泛接受的认同感和价值观以大大降低治理成本的过程。信任机制的建立是形成濡化能力的基础。整体性治理理论非常强调在行动者和组织之间建立信任关系，因为信任是最核心的凝聚力，是合作治理机制产生效果的黏合剂，然而信任又是不确定和有风险的。因此，在推行整体性治理的改革方案中，为了取得和保持信任，建立与其他机构和个体长期稳定的对话机制就非常重要，通过稳定而畅通的对话机制，各个主体彼此间的承诺也更加可靠，可以更好地理解组织的使命和目标，最终产生认同和归属感。为达成信任，整体性治理理论也支持采用一些非正式的方法来鼓励一些从事跨边界工作的人和建立培训机制。① 从凤冈县的实践来看，通过四级群众工作平台、“访民情、释民惑、解民难”干部大走访活动和“三关爱”工程来实现情感直通，正是着眼于建立信任机制的有力措施，而平台、信息、联系、声音、情感这五大要素正是“四直为民”机制达成“干群直通连民心”目标的重要桥梁。其中，平台、信息和联系是载体，声音和情感则是承载的对象。通过外化的平台、信息和联系机制，对话机制得以建立，公众诉求得以顺畅表达，一线工作人员也可以及时回应公众关切。赫希曼在《退出、声音和忠诚：回应公司、组织和国家的衰落》中认为，组织和国家衰

---

① Perry，Dinna Leat，Kimberly Seltzer，Gerry Stoker. Towards holistic governance：The new reform agenda. New York：Palgrave，2002.

落的主要原因在于失去组织成员的“忠诚”，即如果组织成员“退出”了组织，那么组织必然衰落。因此，为组织成员提供满意的服务和容许组织成员发出“声音”从而改进组织的服务是解决衰落问题的两个主要出路，“让群众话有地方说、事有地方办”就是这两个出路的朴素表达。通过这个表达机制，提升群众对政权、国家的信任和忠诚度，实现基层治理的濡化功能。

五、“四直为民”机制对基层治理创新的重要意义

中国农村基层治理问题一直是学术界的热点问题。从目前的研究成果来看，大部分的研究主要从国家和社会关系的社会学视角以及政权建设和基层民主的政治学视角两个方面展开。公共管理方面则较为集中在农村公共服务提供等相对微观的领域。在后新公共治理时代，作为解决各国政府组织关系碎片化、部门化问题以及公共服务分散化带来的弊端的代表性理论之一，整体性治理理念和模式一经出现，很快成为一种很有发展空间的新兴治理理论。整体性治理的核心关怀是解决人民的生活问题，落脚点是政府各种制度与人民需求的科技、资源的高度整合。这种以公民需求为治理导向，以信息技术为治理手段，以协调、整合、信任为治理机制，对治理层级、功能、部门关系及信息系统等碎片化问题进行有机协调与整合，旨在为公民提供无缝隙且非分离的整体型服务的政府治理模式在很大程度上契合了我国特别是西部地区农村基层治理的情景和现实需求，对我国政府基层治理、行政体制改革和服务型政府建设具有重要的借鉴意义。

凤冈县的实践对于落实党的十九大报告中指出的必须坚持以人民为中心这一核心命题给出了一种可能的答案，对于思考“强国家—强社会”模式如何构建、在治理过程中县乡村如何实现联动、基层政府如何和公众结为一种新型合作关系也很有意义。在后税费时代，对于近年来出现的“争资跑项”“资源下乡”的过程中，一些地方出现的由于乡村的治权弱化、缺乏保障和干

群合作等问题而导致的基层治理困境，“四直为民”以“整合”“协调”“信任”三大机制为基础，对基层治理困境的出路进行了探索。

基层整体性治理的“凤冈探索”兼顾了公民利益导向的价值理性和整合、协调、责任、信任的技术理性，使得“善治”成为可能。基层治理的“悬浮化”“内卷化”“碎片化”“运动化”等困境体现出国家与基层组织、农民三者之间的连结与制衡纽带发生断裂。对于基层治理来说，改革的要义应是重建国家、基层组织与农民之间的利益关联机制与制衡机制。整体性治理因为其整合和“无缝隙”的特质成为一种可以参考的解决方案。可以肯定的是，善治的结果既不是国家这样的正式权力，也不是社会自发治理单向度发展的结果。基层治理的实践发展必须寻求一种平衡，它应该是开放性的，可以将政府行动和社会行动进行连接；它应该是建构性的，可以整合政府资源和社会资源，并最终发展出一种官民共同遵守的公共规则，实现多元主体共同协商治理的目标。但是，在通往这个美好目标的道路上，政府现代化治理能力的完善和提高应是基础和保障。凤冈县正是通过“四直为民”机制的建立和完善，使服务运转起来，使官民信任起来，使治理能力提高起来。

跨县域公共服务合作治理的四重挑战与行动逻辑

——以浙江“五水共治”为例①

张　鹏，郭金云②

跨域治理与跨域公共问题相伴而生，跨域公共问题由于涉及两个及两个以上地域的利益，因而其治理情形更为复杂。随着大气污染、流域污染等环境问题的凸显，跨域公共问题的合作治理被提上政治议程，中共十八届三中全会就提出“建立陆海统筹的生态系统保护修复和污染防治区域联动机制”。近年来，跨域治理已成为我国学术界持续关注的重要学术领地，学者们主要围绕跨域治理研究领域的界定③、治理主体间的博弈④、西方国家跨界治理模式的介绍⑤等方面展开探讨，然而，已有研究更多地聚焦于理论层面的宏观叙事，缺乏对基层实践的微观注解。在当前省直管县体制改革和民生改善的双重驱动下，跨县域公共服务的合作治理更具操作性和紧迫性，它是促进区域

---

① 基金项目：国家社会科学基金重大项目（14ZDA030）；国家社会科学基金青年项目（11CZZ033）；本文载于《东北大学学报（社会科学版）》2017 年第 5 期。

② 作者简介：张鹏，四川大学博士研究生，研究方向：行政管理、地方治理研究；郭金云，四川大学副教授，管理学博士，研究方向：地方治理、公共服务研究。

③ 陈瑞莲，杨爱平：《从区域公共管理到区域治理研究：历史的转型》，《南开学报（哲学社会科学版）》2012 年第 2 期。

④ 金太军：《从行政区行政到区域公共管理——政府治理形态嬗变的博弈分析》，《中国社会科学》2007 年第 6 期。

⑤ 娄成武，于东山：《西方国家跨界治理的内在动力、典型模式与实现路径》，《行政论坛》2011 年第 1 期。

公共服务均等化、推进地方治理能力现代化的必然选择。由于水环境治理是最为典型的跨域公共服务问题，同时浙江省又是全国省直管县体制改革的标杆，因此本文以浙江“五水共治”为研究案例，通过总结跨县域治水的实践经验，以期为跨域公共服务合作治理提供可复制的基层样本。

一、浙江“五水共治”：跨县域公共服务合作治理的实践探索

2013 年 11 月，浙江省委做出“五水共治”的战略决策，希望通过治水倒逼产业转型升级，转变经济发展方式，促进绿色发展和共享发展，提高群众的获得感和幸福感。浙江省的“五水共治”行动主要分三步走：2014—2016 年三年间解决突出问题，明显见效；2014—2018 年五年间基本解决问题，全面改观；2014—2020 年七年间基本不出问题，实现质变。“五水共治”包括治污水、防洪水、排涝水、保供水、抓节水等内容，这五方面构成的完整的逻辑体系需协调好整体推进和重点突破的关系，其中治污水是“五水共治”的最大突破口，只有抓住这个突破口才能整体联动促进治理成效，形成治水合力。浙江河网密集，一水分隔两县的情况较为常见，一旦两县政府之间协调不畅，治水工作将止步不前。为了克服跨县域治水存在的负外部性特征，浙江省在加强治水主体间的协调整合、组建县域间联动执法机构、建立“河长制”、强化考核问责、创新治水技术等方面进行了有益探索。

（一）加强治水主体间的协调整合

为解决跨行政区治水面临的协调不畅与责任推诿等难题，浙江省在治理机制上进行了积极探索。第一，加强省级政府层面的组织领导。浙江省成立了由省委书记、省长任“五水共治”工作领导小组组长，六位副省级领导任副组长，31 家省级部门为成员单位的组织领导机构，形成了多部门联合治理机制。各县级政府也分别组建了工作领导小组，加强治水工作的领导。第二，注重县域政府间的协商合作。浙江省积极探索跨县域治水的合作机制，如宁

海县桑洲镇、天台县泳溪乡与三门县沙柳街道三地政府就共同制订了《村民护水公约》，化解交界河道的污染处理难题，保障跨县域联合治水成效。第三，发挥多元治理主体的治理优势。浙江省在治水过程中积极推广排污权交易制度，发行“五水共治”项目的相关债券，广泛整合市场、社会力量共同参与治水。例如，宁波市率先采取政府购买水质养护服务模式，借助第三方力量提升河流水质；诸暨市创新投融资机制，采用公私合作的PPP模式，有效解决了治水的资金来源问题。此外，浙江省还成立了流域内上下游地区的环境执法机构，实施跨县域水环境联防联治行动，开展流域突发事件的应急联动演练，旨在加强治水主体间的协调与整合。

（二）完善跨县域治水的制度化保障

浙江省在水环境治理过程中致力于推动跨域治水的制度化进程。首先，全面落实“河长制”。浙江省建立了全省域、广覆盖的分级“河长制”，同时辅之以“河道警长制”，实现“河长”与“河道警长”双配套，政府河长与民间河长双向互动，构建了纵横交叉的责任体系，完善了治水的制度保障。当前，浙江省从省市到县乡都建立了“河长制”，确保每一条河流、每一个河段都有河长。省级领导直接担任具体河流的河长。据官方统计，浙江省共有6名省级河长、199名市级河长、2688名县级河长、16417名乡镇级河长。[①] 河长制将各级党政主要领导作为每条河流的具体负责人，明晰了问责对象，落实了治理责任，有助于跨域联动治水的开展。其次，建立县级政府间联席会议制度。各县级政府成立由分管领导作为区域合作召集人的组织机构，每季定期召开治水联席会议，以便及时有效地解决联合治水过程中遇到的沟通、协调等难题。最后，形成跨域治水的制度规范。浙江省人民政府专门出台《浙江省综合治水工作规定》、浙江省治水办出台《关于加强跨行政区域联合治水的指导意见》，旨在配合“五水共治”的全面推进，确保治水工作有章可

---

① 顾春：《五水共治，浙江绘就美丽画卷》，《人民日报》2015年10月9日。

循，为合理解决跨县域水环境治理中信息共享困难、整治联动不畅等问题提供了制度保障。

（三）实施科学的绩效考核

为了提高跨县域治水的实效，浙江省加大了治水工作的考核力度。一方面，将治水绩效纳入年度考核。浙江省将“五水共治”工作作为各县、各部门的考核内容，并纳入各级领导干部年终述职及年度考核的重要内容，以此作为任用和奖惩干部的主要依据。为了充分调动欠发达县治水的积极性，2015 年浙江省给 26 个欠发达县“摘帽”，取消对这些县 GDP 总量的排名，代之以经济发展质量、环境保护等指标进行综合考核，更加注重县域的绿色发展。另一方面，科学开展“大禹鼎”奖项的评选。浙江省每年会向“五水共治”工作年度考核优秀的县（市、区）颁发治水最高奖——“大禹鼎”，“大禹鼎”的评选遵循一套科学设计的考核标准，考虑到治水存在阶段性、动态性等特征，考核分值由年终考核、日常考核及领导小组评价等组成，并按照一定的比例权重计算出最终得分。同时，考核评选中还特别强调人民群众的获得感，通过电话随机调查的方式了解当地群众对“五水共治”的满意度。此外，为了明晰跨流域政府间的治理责任，浙江省将“出境水好于入境水”作为考核跨流域治水成效的核心标准之一，通过开展出入境水质的对比，增强县级政府跨域治水的动力。

（四）注重治水技术的综合运用

浙江省在推进“五水共治”的过程中，积极运用现代信息技术、开发信息管理系统、创新治水方式，取得了良好的成效。第一，为切实解决河道污染治理及河长监控的碎片化问题，浙江省开发了河长制管理信息系统，建立健全河道电子档案，实时记录河道治理信息，开启了智慧治水时代。借助信息系统，省、市、县、乡镇四级河长可通过移动端实施有效管理，人民群众可通过手机 App、微信、电话投诉等方式共同参与治水，极大地发挥了信息化治水的便利。第二，浙江省专门成立了“五水共治”专家技术服务团，积极组织专家赴全省各地开展“点对点”服务，为基层治水提供专家智慧和技术支撑。第三，将无人机、GPS卫星遥感、视频监控等技术运用于治水过程当中，形成了360度无缝隙的治水服务网络。各县市区纷纷采纳新技术，创新治水方式，如嵊州市采用了“高负荷地下渗滤污水处理复合技术”、泰顺县大力推进“欠发达地区水源涵养地内存水环境保护”技术等。

通过三年的综合治理，浙江“五水共治”成绩斐然，“消灭垃圾河6500km，消灭黑臭河5100km，清除了‘黑、臭、脏’的感官污染，2016年1月至11月，浙江省221个省控断面Ⅲ类水以上占76.9％，比2013年提高13.1个百分点，劣Ⅴ类水断面占2.7％，比2013年减少9.5个百分点”。[①] 浙江省“五水共治”改善了生态环境，促进了产业转型，获得了民众点赞，完成了第一阶段的既定目标，形成了一系列具有浙江特色的治理经验。然而，水环境治理是一场持久战，由于水具有流动性，人具有主观性，企业存在投机性，政府存在自利性，这些因素都加剧了治水的不确定性，因此，跨县域合作治水仍然面临诸多困境与挑战。

二、 跨县域公共服务合作治理的四重挑战

跨县域治水是最具典型性的跨县域公共服务合作治理问题，纵观浙江省“五水共治”的实践探索，虽成效显著，但始终面临协调多元行动主体间复杂关系等方面的挑战。

（一）可持续性不足：运动式治理的内生缺陷

跨县域公共服务合作治理主要由高层级政府主导推动，自上而下逐级开展，凸显了合作治理的政治逻辑，开展方式是以集中整治、专项治理等行政

---

① 夏宝龙：《全面深化河长制把“五水共治”进行到底》，《中国水利》2017年第2期。

命令为主，因此运动式治理色彩较为浓厚。“运动式治理依靠强有力的政治动员、组织化调控和目标责任制等手段，可在短期内积聚力量重点处理一些形势危急的社会问题。”① 运动式治理依循“强政府—弱社会”的行动逻辑，虽然在治理初期会有计划、有目的地动员群众广泛参与，但此种参与属于下压式的被动参与，而非自觉式的主动参与，群众参与的可持续性明显不足。其一，运动式治理具有动员能力显著、治理成果见效快等先天优势，但也存在制度化规范不足、易滋生投机心理、整体效益降低等内在缺陷，易导致治理政策的“短命”。如果跨县域合作治理出于应付上级政府的政治任务，县级政府官员以投机治理换取晋升空间，从而采取一些治标不治本的迎合举措以博得上级政府的认可和赞许，那么合作治理的成效将大打折扣。其二，运动式治理的持续推进需要依托主政者的强力支持，易受主政者决策意志的变化而变化，一旦主政者职位发生调动，则很有可能出现“人走政息”昙花一现的政治景象。其三，运动式治理需要政府财政的大规模投入。浙江省“五水共治”是省级政府推动下的铁腕治理，治水投资主要由政府承担，各县级政府财政压力较大。长此以往，易造成企业和公民过度依赖政府，形成“搭便车”思维，不利于企业的转型升级。

（二）利益博弈：县级政府间的竞合关系调适

县级政府间的利益角逐是影响跨县域公共服务合作治理成效的关键性问题。由于“跨地区的地方政府官员间的合谋在中国当前的晋升体制下不是一个现实的威胁，地方官员之间的高度竞争才是常态”②，因此县级政府间的利益竞争关系普遍多于利益合作关系。根据公共选择理论，政府存在“经济人”动机的倾向，会做出有利于自身偏好和本地利益的决策判断。县级政府之间考虑到利益博弈和考核压力等因素，在处理跨域性公共事务时，出于对官员

---

① 王连伟，刘太刚：《中国运动式治理缘何发生？何以持续？——基于相关文献的述评》，《上海行政学院学报》2015 年第 3 期。

② 周黎安：《中国地方官员的晋升锦标赛模式研究》，《经济研究》2007 年第 7 期。

政治前途及县域经济发展水平等地方保护主义的考量，时常优先选择属于本县域管辖范围内的公共服务事项进行治理，而对于治理边界不清的跨县域公共服务治理问题则会持等待观望的态度。在跨县域公共服务治理的过程中，利益收获较少、机会成本较高的县级政府必然会选择“搭便车”式的消极态度，依其他县级政府的决策和执行风向而动。面对跨县域公共服务治理问题的广泛涌现，倘若县级政府之间的利益协调出现问题，那么合作治理的进程将会搁置，最终可能导致“公用地悲剧”的重演，其后果不堪设想。如在浙江省治水的前期，为了治理菇溪河（跨界河流）的污染问题，位于下游的永嘉县曾投入4.38亿元巨资整治河道，却对污染源转移到上游青田县一筹莫展。① 正是由于县级政府之间存在利益博弈，上下游政府对接不利，缺乏有效的组织协调载体，才会纵容排污企业从下游县域转移至上游县域，使得治水陷入僵局。如何协调无边界的流域污染与有边界的行政管辖之间的矛盾，是跨县域合作治理面临的现实挑战。

（三）协同乏力：多元治理主体的行动困境

跨县域公共服务合作治理涉及两个及以上的县域，除了要协调县级政府之间的利益关系，还需要关注政府与企业、社会组织、公民等多元治理主体的互动协商。为此，跨县域公共服务合作治理的网络关系更加复杂，治理主体过多更易混淆治理的责任边界，正如奥尔森所言，“集团越大，就越不可能去增进它的共同利益”②，反而会弱化多元治理主体采取集体行动的动力，因而跨县域公共服务合作治理的协调整合难度远大于本县域范围内公共服务的合作治理。浙江省在治水过程中，县级政府主要依循省级政府的政治逻辑而动，企业和公民则依循市场逻辑而动，多元治理主体的行动逻辑各不相同，有时政治逻辑与市场逻辑还会发生冲突，加之法治逻辑的缺位，易导致治理

① 江帆：《治水如何“一盘棋”?》，《浙江日报》2016年3月26日。

② 曼瑟尔·奥尔森著，陈郁译：《集体行动的逻辑》，上海：格致出版社，2014年。

主体协同乏力，治理过程呈现碎片化。受省级政策的强力驱动和政治压力，县级政府可能会为了完成任务而草率地采取行政处罚或者直接关停涉污企业等强制性管理手段，从而引致利益相关企业和民众的抵触。如在浙江省浦江县治水的早期阶段，对重污染水晶企业进行严厉整顿时就曾遭到部分民众的阻挠。如果只有政府在唱“独角戏”，缺失企业、社会组织、公民等治理主体的行动配合，那么合作治理逐渐只会沦为政府的一个口号，极有可能发生治理目标与社会需求的偏离，难以奏响政企民合作共治的三重奏。

（四）法制欠缺：跨县域合作治理的根基薄弱

法律是治国之利器，良法是善治之前提。然而，我国涉及跨域治理方面的法律法规十分不健全，尚未形成上下衔接的法律体系，仅有 2015 年修订通过的《中华人民共和国大气污染防治法》等少数法律法规中有涉及跨域治理方面的相关规定。至今尚缺乏一部统领性的关于跨域治理方面的专项法律，对于跨域公共服务治理的组织模式、合作范围、合作机制、合作方式、经费预算、职责配置等均没有做出具体规定，致使跨县域公共服务治理较多地表现为暂时性的合作，缺乏长期性的制度化保障。以水环境治理为例，现行的《中华人民共和国水法》《中华人民共和国水污染防治法》仅规定县级以上地方人民政府应对本行政区域内的水资源监管和水环境质量负责。这实际上是河段式的分工治水模式，没有体现流域性的合作治水思维。虽然浙江省在治水过程中不断重视制度化建设，并出台了《关于加强跨行政区域联合治水的指导意见》等行政规范性文件，但并未上升到地方性法规的高度，离跨县域治水的法制化进程还有较长的距离。由于跨县域公共服务合作治理尚缺乏相关法律法规的指导和约束，在治理职能划分、治理责任追究、治理方式选择等方面均存在着不确定性，因此，面对跨县域公共服务治理问题，各县级政府会出于维护本地利益及对自身治理偏好的考量出现推诿扯皮现象，导致治理陷入“囚徒困境”。

三、 跨县域公共服务合作治理的行动逻辑

跨县域公共服务合作治理既要协调好政府间的内部关系，又要处理好政府、市场、社会、公民间的外部关系，治理场域更为复杂，会面临政府间利益协调不畅、职责归属不明、治理主体间合作互动不够、治理碎片化等问题，亟需培养整体性治理思维来实现精诚合作之目的。整体性治理由佩里·希克斯和帕却克·登力维等学者于 20 世纪 90 年代末提出，旨在化解新公共管理运动导致的碎片化问题。新公共管理理论片面注重跨域公共服务供给主体之间的竞争，忽视了跨域政府组织之间的合作，从而导致跨域公共服务治理的碎片化。整体性治理在反思和批判新公共管理理论的基础上，提出通过协调利益关系、整合政府机构、重视制度化建设、重塑责任意识、借助信息技术等方式来破解碎片化难题。柯克·艾默森等甚至认为整体性治理实际上就是一种跨域治理，这种治理超越了政府内部各层级、各部门的界限乃至公私部门的界限，多元治理主体为实现共同愿景而共同努力。① 因此，笔者认为跨县域公共服务合作治理有必要汲取整体性治理的思想内核，优化合作治理的行动逻辑，即通过发挥高层级政府的政治逻辑优势，加强各县级政府间的协调，激发市场逻辑的治理活力，辅之以法治逻辑的规范引导，共同推动政府、市场、社会等多元治理主体采取合作行动（见图 6−2）。浙江省“五水共治”能够取得成效，离不开治水的精细化设计和整体性安排，浙江省水环境治理的实践可以为跨县域公共服务合作治理提供经验启示。

① Emerson K，Nabatchi T，Balogh S. An integrative framework for collaborative governance. Journal of Public Administration Research and Theory，2012，22（1）.

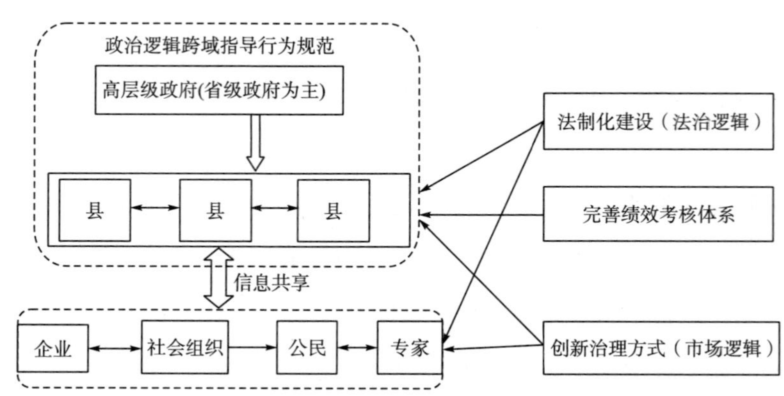

图 6-2　跨县域公共服务合作治理的行动逻辑框架

（一）加强县级政府间的协调，凝聚合作治理共识

协调是整体性治理的两大要义之一，整体性治理所倡导的协调包括治理主体间利益的协调、价值观的协调等。在跨县域公共服务的诸多治理主体当中，政府间关系的协调至关重要，直接决定着跨县域公共服务合作治理的成败。因此，第一，高层级政府要注重县级政府间的关系调适，加强跨县域工作的指导，发挥政治逻辑的优势效应，破解县级政府跨域治理的“懒政”现象。“跨界（域）合作治理需要构建政府与各治理主体间的良性关系，构建市场、社会及公民的合作治理道路”①，其中，政府间关系是构成跨县域公共服务合作治理的关键变量。跨县域公共服务的治理情形复杂多样，既要加强高层级政府的纵向指导，又须重视县级政府之间的横向协调，才能形成良性的府际关系，引导其他治理主体采取集体行动。第二，要发挥行政协议的作用，凝聚各县级政府的合作治理共识。行政协议是地方政府合作最常用的方式②，行政协议的签署旨在克服县级政府间的推诿扯皮，明晰各自的责任归属，提高协调合作意愿。行政边界相邻的县级政府之间可以就跨县域公共服务的治

① 王颖，杨利花：《跨界治理与雾霾治理转型研究——以京津冀区域为例》，《东北大学学报（社会科学版）》2016 年第 4 期。

② 苏苗罕：《地方政府跨区域合作治理的路径选择》，《国家行政学院学报》2015 年第 5 期。

理签署行政协议，明确规定治理的分担比例，共担治理成本，共享治理收益，防止资源浪费和重复建设，促进区域公共服务均等化。行政协议不同于法律法规，它既有利于提高县级政府间协调的灵活性，又有利于塑造跨县域公共服务合作治理的契约精神，从而避免县级政府消极观望的“搭便车”心理，促使县级政府在处理跨域公共服务问题时由消极治理转变为积极治理，由零和博弈转变为正和博弈。

（二）注重多元治理主体的整合，构建复合型治理模式

整合是整体性治理的另一核心要义。整体性治理是一种既注重“内合”又注重“外联”的治理模式。对内，整体性治理强调上下级政府间、同级政府间、政府内各部门间的整合联动；对外，整体性治理注重政府部门与私人部门、第三部门间的合作共治。面对多元治理主体并存的后工业化时代，需要建构一种合作治理模式。[①] 在希克斯看来，整合指的是通过确立共同的组织结构和合并在一起的专业实践来贯彻这些想法。[②] 跨县域公共服务合作治理存在边界模糊性、职责交叉性、利益冲突性等特性，因而很有必要搭建长效的组织合作载体，对治理主体及治理方式进行有效整合，构建复合型治理模式，提升跨县域公共服务合作治理的实效。复合型治理模式具体表现为对以下三种治理模式的组合运用（见表 6—1）。

表 6—1　跨县域公共服务复合型治理模式的具体内容

治理模式	组织载体	治理主体	治理特色
平级政府间的府际治理模式	县级政府间成立跨域治理委员会	县级政府及其部门	县级政府间自主协商、对话合作
自上而下的专项治理模式	上级政府专门设立跨县域治理机构	专门机构或派出机构	上级政府主导跨域治理，行政控制色彩较重

① 张康之：《合作治理是社会治理变革的归宿》，《社会科学研究》2012 年第 3 期。

② Perri，Dinna Leat，Kimberly Seltzer，Gerry Stoker. Towards holistic governance：The new reform agenda. New York：Palgrave，2002.

续表6－1

治理模式	组织载体	治理主体	治理特色
上下互动的多元治理模式	多元治理主体成立跨县域治理综合机构	县级政府、社会组织、企业、专家、公民	多元主体共治，注重社会力量参与

第一种是平级政府间的府际治理模式。县级政府间及其部门间在涉及跨域公共服务问题时，可以成立跨县域公共服务治理委员会，加强县级政府间的协调沟通，开展对话合作。第二种是自上而下的专项治理模式。上级政府通过设立专门的组织机构来治理跨县域公共服务问题，该模式行政控制色彩较为浓厚，便于整合有限资源，凝聚治理合力。第三种是上下互动的多元治理模式。县级政府、社会组织、企业、专家、公民等可以就某类跨域公共服务问题成立跨县域治理综合机构。该模式注重整合政府、市场和社会等多元力量来共同解决跨县域公共服务治理问题，形成多元治理主体合作共治的局面。针对不同的治理情形，需要整合运用各类治理模式即构建复合型治理模式，才能凝聚优势、整合力量，提升合作治理实效。今后，浙江省治水除了要发挥自上而下的专项治理优势外，更要重视县级政府间的协同和多元治理主体的互动，形成复合型的治理模式。

（三）推进跨县域治理的制度化进程，健全法律法规体系

跨县域公共服务合作治理的制度化水平是治理成效的有力保障。希克斯特别强调整体性治理需要不断被制度化，唯有制度化的治理才能发挥力量。[①]协调和整合必须纳入法制化轨道才具有生命力，才能有助于形塑合作治理的法治逻辑。一方面，要不断完善县级政府间的定期联席会议制度。建立县长、秘书长、县级政府各部门等多层级的联席会议制度，共商跨县域治理问题，通过互动协商、对话谈判等方式，建立健全跨县域公共服务治理的长效沟通机制。同时，要组建跨县域公共服务合作治理的执法机构，加强跨县域公共

① 竺乾威：《公共行政理论》，上海：复旦大学出版社，2012 年。

问题的联合执法行动，及时规避集体行动中的“搭便车”现象。另一方面，要建立健全跨域治理的法律法规体系，运用法治逻辑规范跨域治理主体的行为选择，促使运动式治理转变为常态化治理。首先，全国人大可以考虑制订《跨域治理法》，为地方政府的跨域治理提供法律向导，对跨区域治理的主体、原则、情形、职责配置、纠纷协调等做出原则性规定。其次，国务院可进一步制订《跨区域公共服务合作治理条例》，对地方各级政府跨域公共服务治理做出具体性规定，如跨域公共服务治理的组织载体、运作模式、预算安排等。最后，省级人大可以根据当时当地的治理情境，制订具有地方特色的有关跨县域公共服务的地方性法规，为本辖区内的跨县域公共服务合作治理做出更加翔实合理的规定。总之，多层级、全方位的法律保障体系可以为跨县域公共服务合作行动的实施赋予更多的法治逻辑。

（四）完善绩效考核体系，强化治理责任

加强各治理主体的责任意识是整体性治理的内在诉求。希克斯认为，整体性治理最重要的就是责任感①，责任感的落实需要依托一套严格完善的绩效考核体系。关于公共池塘治理的责任问题，埃莉诺·奥斯特罗姆曾做出精辟的论断：“当人们面对公共池塘资源问题时，通常都会有很强的规避责任、‘搭便车’和以机会主义方式行事的诱惑。在这样的条件下，我们决不能保证这些问题可以得到解决。”② 因此，在跨县域公共服务问题愈发凸显的今天，为了加强治理主体的责任，有必要健全绩效考核体系，以考核促治理。第一，高层级政府可以发挥政治逻辑的下压效应，将跨县域公共服务治理列入县级政府及官员的年度政绩考核。政绩考核具有风向标的作用，通过上级政府的考核必然倒逼县级政府及官员更加重视跨域公共服务的合作治理。浙江省全面实施河长制，由各级党政主要领导干部担任具体河流的河长，明确了考核对象，加强了责任落实，治理成效显著。2016 年底，中央层面出台了《关于

① 竺乾威：《从新公共管理到整体性治理》，《中国行政管理》2008 年第 10 期。

② 埃莉诺·奥斯特罗姆著，余逊达，陈旭东译：《公共事务的治理之道》，上海：上海三联书店，2000 年。

全面推行河长制的意见》，标志着河长制在全国范围内的推广普及，并对强化领导干部的考核问责做出了具体规定。第二，建立独立的第三方绩效考评制度。吸引具备考核资质的社会组织、科研院所等第三方机构参与考核评价，保证跨县域公共服务治理绩效考核的客观性和专业性。第三，优化公民参与绩效考核的渠道。在考核中增加相关县域公民的评价意见，鼓励公民参与的积极性，提升跨县域公共服务治理绩效考核的科学性和民主性。

（五）借助信息技术，创新治理方式

整体性治理是在信息化时代下催生的治理模式，帕却克·登力维认为数字时代治理的关键在于服务信息的重新整合、整体决策的方式及电子政务的广泛化。① 跨县域公共服务合作治理有必要借助信息技术，创新治理方式，响应智慧化治理的时代诉求。一方面，跨县域公共服务合作治理需要运用大数据等信息技术整合跨县域的信息资源，搭建信息共享平台，打破信息“孤岛”，实现信息资源的共建共享。例如，浙江省开发的河长制管理信息系统，有效整合了上下游河道的治理信息，通过信息技术的运用突破了狭隘的地方保护主义。另一方面，要创新治理方式，灵活运用政府机制、市场机制和社会机制。跨县域公共服务合作治理方式要由政府倒逼的单一方式转向市场激励与法治保障并举，充分发挥政治逻辑、市场逻辑和法治逻辑的互补优势，优化合作治理的行动逻辑。由于跨域水环境治理具有明显的外部性，因此有必要不断完善排污权交易机制和生态补偿机制，发挥市场逻辑的治理活力，弥补政治逻辑的治理缺陷。目前，浙江省已经在全省推行排污权有偿使用制度，积极践行“谁污染，谁付费”的原则。总之，面对跨县域公共服务问题的日益凸显，在传统协调整合方式越发难以奏效的治理情形下，必须审时度势，巧用信息技术，创新治理方式，积极打造智慧化治理方案，提升跨县域公共服务合作治理的实效。

---

① Dunleavy P. Digital era governance：IT corporations，the state，and e-government. Oxford：Oxford University Press，2006.